제과 & 제빵

기능사 이론

몽블랑 2차 발효 후 설탕 뿌리기

머리글

　요리도 설거지도 필요없고 보관도 용이한 제과와 빵! 요즘 젊은 세대에겐 주식인 쌀보다 더 인기를 끌고 있는 빵! 빵은 참 배울 것이 많습니다. 『아~보인다. 자격증 제과&제빵기능사』라는 책을 쓰게 된 동기는 대학과 직업전문학교에서 수업을 진행했던 전문성을 되살려 느낀 점들을 수강생들에게 도움이 되고자 출간합니다.

　미식 문화는 지루해지면 안됩니다. 상처도 위로도 미각으로부터 오기 때문입니다. AI가 커피를 내리고 빵을 굽는 세상이라지만 모름지기 가장 풍미있는 제과제빵은 인간이 두 손으로 정성껏 빚은 작품입니다. 누구나 쉽게 베이커리 카페나 제과점을 방문하여 내가 원하는 빵과 커피를 즐길 수 있습니다. 처음에는 바쁜 생활로 간단한 식사를 대신하기 위해 먹기 시작하지만, 시간이 흐르고 여유가 생기면 자기 계발을 위해 스스로 빵이나 과자를 만들어 보고자하는 욕구가 생깁니다.

　오리엔테이션 시 과정명에 따라 수업을 듣게 된 동기가 무엇인지 소개하는 시간이 있습니다. 대부분 수강생이 하는 말은 거의 같습니다. "어렸을 때 먹었던 빵이 맛있어서 그 맛을 잊지 못해 오게 되었다"고 하는 분, "저속노화를 위해 오가닉 유기농 빵을 먹기 위해 왔다"는 분, "빵 먹는 것을 너무 좋아해서 배우러 왔다"고 하는 분, "제2의 인생 즉 미래에 창업을 목적으로 하기 위해 오신 분"들입니다, 지금도 기억나는 또 한 분은 "반려견 간식을 만들어 주려고 왔다"고 하셔서 놀랐지만 빵이나 과자를 배우려는 이유도 참 여러 가지가 있다는 것을 알 수 있었습니다.

　이 많은 사연을 보면서 누구나 쉽게 접근하여 열심히 배울 수 있는 건강한 환경을 만들어야겠다고 결심하였습니다. 자격증에 도전하는 모든 수강생들이 『아~보인다. 자격증 제과&제빵기능사』를 통해 그 꿈을 이루어 나가기를 진심으로 바랍니다. 『아~보인다. 자격증 제과&제빵기능사』 책은 NCS기반으로 새롭게 변경된 출제기준에 맞춰 문제를 출제하였습니다.

'밀'이라는 단순 재료를 만 가지 방법으로 섞어 성공을 굽는 제과제빵 기능사!
맛있는 파티시에! 행복을 매일 굽는 기능사!
여러분들이 제과&제빵기능사 이론시험에 합격하여 미래에 꿈을 펼칠 수 있도록 응원합니다. 진정한 즐거움을 원하는 사람들에게 이 책을 권합니다. 이 책에 실린 문제들은 저자의 소유가 아닙니다. 한 편 한 편을 풀고 감동을 일으켰다면 그건 분명 그 문제를 푼 수강생들의 것이 되는 것입니다.

도파민 팡팡 터지게 만들어 주는 미래의 제3, 제4, 제5의 기능사를 기대하며 박수와 함께 완전 강추 드립니다. 끝으로 본 서적이 세상에 나와 빛을 보게 도와주신 분들께 진심으로 머리 숙여 감사드립니다. 누구나 부담 없이 제과제빵 기능사에 쉽게 접근할 수 있도록 초단기 원큐패스! 합격전략집을 출간합니다. 총정리는 저자가 직접 작성한 것으로 기본으로 꼭 알고 시험에 응시하면 좋은 최근의 문제들로 출제한 것입니다.

『아~보인다. 자격증 제과&제빵기능사』책의 구성은 총정리, 제1장 빵류·과자류 재료, 제2장 빵류·과자류 위생 안전관리, 제3장 빵류·과자류제품 저장관리 등은 공통과목으로 구성되었다. 제4장 빵류제조, 제4장 과자류 제조, 제5장 실전문제 등으로 이루어졌습니다.

총정리에는 5과목이 모두 정리되어 있습니다. 제과이론, 제빵이론, 재료학, 영양학, 식품위생 등입니다. 이것을 기본으로 귀에 쏙쏙 들어오는 제 강의를 열심히 수강하시면 한 번에 붙는 높은 합격률은 보장됩니다. 책 속의 사진 이미지는 저자가 직접 수업시간에 진행했던 제품 사진입니다.
감사합니다. 화이팅!!!

시험안내

- **시험응시 자격**
  - 남녀노소 성별, 연령, 학력 등 시험응시 자격 제한이 없고 누구나 제과 · 제빵기능사에 관심 있으면 응시할 수 있다.

    ☞ 시험과정 과목 제과 · 제빵기능사
    ☞ 우리나라 기능사 필기시험은 시험장의 Computer Based Test도 실시되고 있다.
    ☞ 실시기관명

  - 한국산업인력공단 홈페이지
  - http://www.q-net.or.kr

- **시험일정**
  - 기능사 상시시험
  - 시험 일정 확인 방법 : Q-net
  - 제과기능사 이론 : 60문제 중 36개 합격 ⇒ 실기 접수 ⇒ 시험 ⇒ 제과기능사 자격증 취득
  - 제빵기능사 이론 : 60문제 중 36개 합격 ⇒ 실기 접수 ⇒ 시험 ⇒ 제빵기능사 자격증 취득

- **검정방법**
  - 객관식 4지 선택형, 60문항

- **시험시간**
  - 1시간(60분)

- **합격기준**
  - 100점 만점에 60점 이상

- **합격자 발표**
  - 이론 CBT 시험으로 제출 후 바로 확인됨.
  - 실기시험 후 2주 후 실기발표
  - 수검원서를 접수한 한국산업인력공단 홈페이지에서 확인할 수 있다.
  - 자동안내 전화 : 1644-8000
  - 홈페이지 : http://www.q-net.or.kr

• 시험과목

- 제빵기능사 이론시험
- 제과기능사 이론시험

과목명	활용 NCS 능력단위	과목명	활용 NCS 능력단위
빵류재료 제조 및 위생관리	빵류제품 재료혼합	과자류제품 제조 및 위생관리	과자류제품 재료혼합
	빵류제품 반죽발효		과자류제품 반죽정형
	빵류제품 반죽정형		과자류제품 반죽익힘
	빵류제품 반죽익힘		과자류제품 포장
	빵류제품 마무리		과자류제품 저장유통
	빵류제품 위생안전관리		과자류제품 위생안전관리
	빵류제품 생산작업준비		과자류제품 생산작업준비

• 출제기준

- 자격종목 : 제빵기능사
- 이론 과목명 : 빵류 재료, 제조 및 위생관리

1. 재료준비	
재료 준비 및 계량	배합표 작성 및 점검, 재료준비 및 계량 방법, 재료성분 및 특징 기초재료과학, 재료 영양학적인 특징

2. 빵류제품 제조	
반죽 및 반죽관리	반죽법 종류 및 특징, 반죽결과 온도, 반죽 비용적
충전물 및 토핑물 제조	재료특성 및 전처리, 충전물, 토핑물 제조 방법 및 특징
반죽 발효 관리	발효 조건 및 상태 관리
분할	반죽 분할
둥글리기	반죽 둥글리기
중간발효	발효 조건 및 상태 관리
정형	정형하기
팬닝	팬닝 방법
반죽 익힘	반죽 익히기 방법 종류 및 특징, 익힘에 따라 성분의 변화 특징

3. 제품 저장관리	
제품 냉각 및 포장	제품 냉각방법 및 특징, 포장재별 특성, 불량제품관리
제품 저장 및 유통	저장방법 종류 및 특징, 제품유통, 보관방법, 제품저장, 유통 중 변질 및 오염원 관리방법

4. 위생안전관리	
식품위생관련 법규 및 규정	식품위생법 관련 법규, HACCP 등 개념 및 의의, 공정별 위해요소 파악 및 예방, 식품첨가물
개인위생관리	개인위생관리, 식중독의 종류, 특성 및 예방방법, 감염병의 종류, 특징과 예방방법
환경위생관리	작업환경 위생관리, 소독제, 미생물 종류와 특징 및 예방방법, 방충, 방서 관리
공정 점검 및 관리	공정의 이해 및 관리, 설비 기기.

- 자격종목 : 제과기능사
- 이론 과목명 : 과자류 재료, 제조 및 위생관리

1. 재료준비	
재료 준비 및 계량	배합표 작성 및 점검, 재료준비 및 계량 방법, 재료성분 및 특징 기초재료과학, 재료 영양학적인 특징

2. 제과류제품 제조	
반죽 및 반죽관리	반죽법 종류 및 특징, 반죽결과 온도, 반죽 비중
충전물 및 토핑물 제조	재료특성 및 전처리, 충전물, 토핑물 제조 방법 및 특징
팬닝	분할 팬닝 방법
정형	제품별 정형 방법 및 특징
반죽 익힘	반죽 익히기 방법 종류 및 특징, 익히기에 성분에 변화 특징

3. 제품 저장관리	
제품 냉각 및 포장	제품 냉각방법 및 특징, 포장재별 특성, 불량제품 관리
제품 저장 및 유통	저장방법 종류 및 특징, 제품유통, 보관방법, 제품저장, 유통 중 변질 및 오염원 관리방법

4. 위생안전관리	
식품위생관련 법규 및 규정	식품위생법 관련 법규, HACCP 등 개념 및 의의, 공정별위해 요소 파악 및 예방, 식품첨가물
개인위생관리	개인위생관리, 식중독의 종류, 특성 및 예방방법, 감염병의 종류, 특징과 예방방법
환경위생관리	작업환경 위생관리, 소독제, 미생물 종류와 특징 및 예방방법, 방충, 방서 관리
공정 점검 및 관리	공정의 이해 및 관리, 설비 기기,

Contents

Ⅰ. 총정리 ··· 10

제1장 빵류·과자류제품 재료 준비 및 계량

제1절 배합표 작성 및 점검 ·· 21
  1. 배합표 작성 및 점검
  2. 재료 준비 및 계량 방법
  3. 성분 및 특징
  4. 기초재료과학
  5. 재료 영양학적 특성
  6. 충전물·토핑물 제조

제2장 빵류·과자류 위생관리

제1절 식품위생 관련 법규 및 규정 ··· 60
  1. 식품위생이란
  2. 식품위생법 관련 법규
  3. HACCP 등의 개념 및 의의
  4. 식품첨가물

제2절 개인위생관리 ·· 63
  1. 개인위생관리
  2. 식중독의 종류·특성 및 예방 방법
  3. 감염병의 종류·특성 및 예방 방법

제3절 환경위생 관리 ·· 69
  1. 작업환경 위생관리
  2. 소독
  3. 미생물의 종류와 특징 및 예방 방법
  4. 방충·방서 관리

제4절 공정 점검 및 관리 ··· 71
  1. 공정의 이해 및 관리
  2. 설비 및 기기

제3장 빵류·과자류제품 저장관리

제1절 제품 냉각 및 포장 ·· 83
  1. 제품 냉각방법 및 특징
  2. 포장재별 특성
  3. 제품의 노화

제2절 제품의 저장 및 유통 ·· 89
  1. 저장방법의 종류 및 특징
  2. 냉장·냉동저장
  3. 제품의 저장·유통 중의 변질 및 오염원 관리방법

제4장 과자류 제조

제1절 과자류제품 재료혼합 ·· 92
  1. 반죽 및 반죽관리

제2절 과자류제품 반죽정형 ·· 96
  1. 팬닝
  2. 정형

제3절 과자류제품 반죽익힘 ·· 106
  1. 반죽익힘

제4장 빵류 제조

제1절 빵류제품 재료혼합 ·· 116
  1. 반죽 및 반죽관리

제2절 빵류제품 반죽발효 ·· 127
  1. 반죽 및 발효관리

제3절 빵류제품 반죽정형 ·· 130
  1. 분할
  2. 둥글리기
  3. 중간발효
  4. 정형
  5. 팬닝
  6. 2차 발효

제4절 빵류제품 반죽익힘 ·· 134
  1. 반죽익힘

총정리

- 식품의약품안전처장 지정함 : 식품첨가물, HACCP(해썹), 합성보존료(방부제)
- 방부제(보존료) : 합성 보존료라 부름.
    예) 디하이드로초산(치즈, 버터, 마가린), 프로피온산 칼슘(빵류), 프로피온산 나트륨(과자류, 빵류), 안식향산(간장, 청량음료), 소르브산(어육연제품, 식육제품, 된장, 고추장)
- 살균제 : 표백분, 차아염소산나트륨(살,표,차)
- 산화방지제 : 유지의 산패에 의한 이미, 이취, 변색방지
    예) 비타민 E(토코페롤)
- 표백제 : 퇴색, 착색으로 인한 품질저하방지
    예) 과산화수소, 무수아황산, 아황산나트륨
- 밀가루 개량제 목적 : 밀가루의 표백과 숙성기간단축, 제빵효과의 저해물질파괴, 품질개량
- 호료(증점제) : 식품 점착성 증가
- 발색제 : 색을 안정화 시키고, 선명하게 한다.
- 영양강화제 : 식품에 영양소를 강화할 목적
    예) 비타민류, 무기염류, 아미노산류
- 피막제 : 과일, 채소류 표면에 수분 증발 방지
- 소포제 : 기포 제거
- 이형제 : 빵 반죽에 달라붙지 않게 바름
    예) 유동파라핀
- 생산관리 3요소 : 사람, 자본, 재료
- 소화란 : 여러 영양소를 흡수하기 쉬운 형태로 변화시키는 과정
- 곰팡이독 : 아플라톡신, 시트리닌, 파툴린, 오크라톡신
- 부패 : 단백질 = 부, 단
- 발효 : 빵, 술, 간장, 된장
- 변패 : 탄수화물 = 변, 탄
- 산패 : 지방의 산화
- 수분활성도 : 세균(0.95) 〉 효모(0.87) 〉 곰팡이(0.80)
- 저온균 : 0~20℃, 중온균 : 20~40℃, 고온균 : 50~70℃
- pH : 산성 4~6(효모, 곰팡이), 약산성~중성 6.5~7.5(일반세균), 알카리 8.0~8.6(콜레라)
- 세균 : 구균, 간균, 나선균 = 구, 간, 나
- 곰팡이 : 진균류이며 사상균에 속함
- 바이러스 : 가장 작다, 살아있는 기생 생활

- 세균 : 분열식 증식
- 효모 : 출아법
- 곰팡이 : 포자
- 락토 바실루스 : 젖산균
- 알콜 : 70% 작업 전, 후 금속, 유리 기구, 손소독
- 요충 : 어린이의 항문에 많다.

- 세균성 식중독 분류와 성질
  · 경구 감염병   세균성 감염병은 반대이다. 한 가지만 외우자.

균량	소량
감염	2차 있다.
잠복기	길다.
면역	많다.

균량	대량
감염	2차 있다.
잠복기	짧다.
면역	없다.

- 감염형 식중독
  · 살모넬라 증상 : 급성 위장염
  · 장염 비브리오 : 여름철, 해조류
  · 병원성 대장균 : 환자, 보균자 분변
- 독소형 식중독
  · 포도상구균 원인 : 화농(고름) 독소명 : 엔테로톡신
  · 보툴리누스균 : 병조림, 통조림, 소시지, 증상 신경독(신경마비), 높은 치사율, 독소 뉴로톡신
  · 웰치균 : 독소 엔테로톡신
- 미생물 증식의 3대조건 : 영양소, 수분, 온도
- 대장균: 분변오염지표(식품이나 수질의 분변오염지표)
- 교차오염정의 : 식재료, 기구, 용수 등에 오염되어 있는 미생물이 오염되어 있지 않은 식재료 종사자 등 접촉 또는 작업과정 중 혼입으로 오염됨.
- 부패 판정 시 관능검사 항목 : 색, 맛, 냄새
- 살균의 정의 : 사멸
- 소독의 정의 : 약화
- 제1군 법정 감염병 : 마시는 물, 식품의 매개로 발생, 집단 발생 우려
  예) 콜레라, 장티푸스, 파라티푸스, 세균성이질, 장출혈대장균감염증, A형감염:콜,장,파,세,장,A

총정리

- 바이러스에 의해 일어나는 질병 : 유행성 간염, 급성회백수염(폴리오)일명 소아마비
- 쥐에 의한 감염병의 종류 : 산중후군출혈열(유행성출혈열), 렙토스파라증, 쯔쯔가무시증
- 경구감염병 : 소화기계 감염병의 종류
  예) 장티푸스, 유행성 간염, 콜레라, 세균성이질, 파라티푸스, 디프테리아, 성홍열, 폴리오
- 노로바이러스 : 오염음식물을 섭취, 감염자와 접촉, 잠복기 24~28시간, 증상:급성장염,복통
- AS(비소) : 밀가루로 오인하고 섭취해 발생
- Sn(주석) : 통조림관 내부의 도금재료
- 감염병 발생의 3대요소 : 병원체(병인), 환경, 인간(숙주)
- 장티푸스 특징 : 40℃ 고열
- 급성회백수염 : 소아마비(폴리오)라 한다. 특징 : 감기시작해서 사지마비, 예방 : 예방접종
- 택 1일 1개만 외우자

산이 강한 경우	알카리가 강한 경우
너무 고운 기공	거친 기공
여린 껍질색	어두운 껍질색과 속색
연한 향	강한 향
톡 쏘는 신맛	소다 맛
빈약한 부피	부피가 정상보다 크다.

- **포장 시** : 방수성이 있고 통기성이 없어야 한다.
- **파운드 케익** : 밀가루, 설탕, 유지, 계란 각각 100%
- **스펀지 케익** : 밀가루 100, 소금, 2%, 설탕, 계란 166
- **엔젤푸드케익** : 흰자 이용, 밀가루 15~18%
- **구조형성재료** : 밀가루, 계란, 우유, 분유
- **연화작용** : 설탕, 유지, B/P, 노른자
- **거품형(계란) 케익** : 스펀지, 엔젤푸드, 카스테라, 롤케익(비중 0.4)가장 낮다, 시폰, 머랭
  ↕ 택 1일 1개만 외우자
- **반죽형반죽** : B/P, B/S, 화학적팽창제 사용, 파운드, 머핀, 과일케익, 레이어, 케익도넛
- **파이롤러로 밀수 있는 제품** : 케익도넛, 스위트롤, 퍼프 페이스트리, 데니시
- **파이제품** : "냉장고 옆에서 작업"
- **작업 시 테이블 위치** : 중앙
- **상대적 감미도 비교**
☞ **과당**(175) 전화당(130) 자당(100) 포도당(75) 맥아당(32) 갈락토오스(32) 유당(16)

- **단당류** : 당이 1개 포도당, 과당, 갈락토오스(포,과,갈)
- **이당류** : 설탕(자당), 맥아당(엿당), 젖당(유당)(설,젖,맥)
- **다당류** : 전분, 섬유소, 펙틴
- **전분**

아밀로펙틴(찹쌀)	
용액반응	적자색
호화, 노화	느림
분자량	많다
포도당결합	a-1.4, 1.6

- **밀가루** : 아밀로펙틴 72~83%, 아밀로오스 17~28%
- **전분의 노화** : **빵껍질 변화, 풍미저하, 내부수분보유** 상태를 a-전분 → B-전분으로 변화

★★★★★ 경수 & 연수 택 1 일 1개 외우자

- **경수** : 180ppm 이상 짠물, 센물 종류 광천수, 바닷물, 온천수
  - ☞ 반죽에 사용하면 질겨지고 발효시간 길다
  - ☞ 조치사항 : 이스트 사용량 증가, 맥아첨가, 이스트 푸드 감소
  - ☞ 경수의 종류 : 일시적 경수는 탄산칼슘의 형태를 끓이면 연수 된다.

- **연수** : 60ppm이하, 단물, 빗물, 증류수
  - ☞ 반죽 사용 시 글루텐 연화시켜 연하고 끈적거린다.
  - ☞ 연수 조치 사항 : 끈적거려 2% 흡수율 낮춘다, 이스트푸드와 소금증가
- **아경수** : 120~180ppm미만 제빵에 적합하다. pH 5.2~5.8 약산성
- **소금** : 구성은 나트륨과 염소(염화나트륨) Nacl
  - ☞ 소금 사용량 목적 : 점탄성 증가, 건조 속도 빠름, 방부효과
- **향신료의 종류**
  - ☞ 넛메그 : 육두구과 두 가지 향신료은 메그와 메이스
  - ☞ 계피(시나몬) : 특징은 껍질, 녹나무과
  - ☞ 오레가노 : 피자소스
  - ☞ 박하 : 시원한 향

총정리

- ☞ 카다몬 : 생강과 푸딩, 케이크, 페이스트리
- ☞ 올스파이스 : 케이크, 카레, 파이 비스킷, 일명 : 자메이카 후추
- ☞ 정향 : 크림소스
- ☞ 생강 : 매운맛과 특유의 향

- **영양소의 종류**
  - ☞ 열량, 구성, 조절영양소
- **수용성 비타민(물)**
  - ☞ 비타민 B_1티아민) – 각기병
  - ☞ 비타민 B_2(리보플라민) – 구순구각염
  - ☞ 비타민 B6– 피부염
  - ☞ 비타민 B12 –빈혈
  - ☞ 비타민 C– 괴혈병(아스코르브산)
  - ☞ 니아신– 펠라그라비타민 = 니– 펠
- **지용성 비타민(동물성)**
  - ☞ 비타민 A – 야맹증
  - ☞ 비타민 D – 구루병
  - ☞ 비타민 E – 쥐의 불임증
  - ☞ 비타민 K – 혈액응고지연
- **지방(지질)** : C,H,O (구성) 탄소, 수소, 산소
  - ☞ 유기화합물 : 3 분자의 지방산과 1분자의 글리셀린(롤)
- **지방(지질)분류** : 단순지방 : 중성지방, 납, 복합지방 : 인지질, 당지질, 지단백
- **지방산의 화학적 분류**
  - ☞ 포화지방산 : 이중결합이 없다(숫자)(동물성)
    - 예) 뷰티르산(4개 가장작다), 카프르산, 미리스트산, 스테아르산, 팔미트산
  - ☞ 불포화지방산 : 이중결합 1개이상 있다(식물성)
    - 예) 올레산 1, 리놀레산 2, 리놀렌산 3, 아라키돈산 5
  - ☞ 필수지방산 : 리놀레산, 리놀렌산, 아라키돈산
- **단백질** : N(원소)구성
- **단순단백질** : 알부민, 글로불린, 글루텔린, 프롤라민
- **효소** : 단백질 구성
- **이당류 분해 효소(두개로 나눔)**

- ☞ 인베르타아제(설탕) = 포도당 + 과당
- ☞ 말타아제(맥아당) = 포도당 + 포도당(이분자)
- ☞ 락타아제(유당)젖당 = 포도당 + 갈락토오스
- **다당류 분해 효소**
  - ☞ 아밀라아제 : 전분
  - ☞ 셀룰라아제 : 섬유소(채소)
  - ☞ 이눌라아제 : 이눌린을 과당 분해
- **요구르트** : 설사하는 사람 마심(설사하는 현상을 유당불내증)
- **오염된 우유 섭취 시** : Q열, 결핵, 파상열
- **우유살균법**
  - ☞ 저온 장시간 : 60~65℃ 30분
  - ☞ 초고온 순간 : 130~150℃ 3분
  - ☞ 고온 단시간 : 71℃ 15초
- **이스트 푸드 사용 목적**
  - ☞ 반죽 조절제, 물조절제, 이스트 영양소인 질소공급, 반죽의 pH 조절
- **HLB(크기와 강도)**
  - ☞ HLB 수치가 9 이하면 친유성 용해
  - ☞ HLB 수치가 11 이상 친수성 용해
- **팽창제 : 천연품(생물학적) – 이스트, 합성품(화학적) – B/P, 탄산수소나트륨, 암모늄**
- 만두, 만주, 찐빵 속색 하향게 : 암모늄계 팽창제인 이스파타
- 만두, 만주, 찐빵 속색 누렇게 : 탄산수소나트륨(중조, B/S)
- **초콜릿 템퍼링 잘못하면 지방블룸**, 보관잘못하면 설탕(슈가)블룸, 블룸은 "흰꽃이다"뜻
- **치(찌)마아제** : 포도당, 갈락토오스, 과당과 같은 단당류를 알콜과 이산화탄소(CO_2)분해
- **지방분해효소**
  - ☞ 리파아제 : 지방산과 글리세린
  - ☞ 스테압신 : 지방산과 글리세린
- **단백질효소** : 프로테아제 → 아미노산분해
- **밀의 구조** : 배아, 껍질(14%), 내배유(83%)
- **단백질** : 밀가루로 빵을 만들 때 품질 좌우
- **펜토산** : 흡수율이 가장 크다(자기중량의 15배)
- **회분** : 타고 남은 재

총정리

- 부드러운 제품을 만들고자 할 경우 낮은 회분 : (0.33~0.38%)
- **이스트 학명** : Saccharomyces. Cerevisiae
- **계란 구성 비율(%)** : 껍질(10), 노른자(50), 흰자(60)
- **수분 비율(%)** : 전란(70), 노른자(50), 흰자(88)
- **당밀의 주재료** : 럼주
- **설탕효소** : 인베르타아제(포도당 + 과당) = 포, 과
- **유당** : 락타아제(포도당 + 갈락토오스) = 포, 갈
- **맥아당(식혜)** : 말타아제(포도당 +포도당) = 포,포
- **단백질** : 프로테아제, 구성성분은 아미노산
- **전분** : 아밀라아제
- **지방** : 리파아제, 스테압신 = 지방산 + 글리세린(롤)
- **제빵전용기기** : 분할기, 라운더, 성형기, 발효기, 도우컨디셔너
- **믹서의 구성** : 믹서본체, 휘퍼, 비터
- **수직믹서** : 소매점에서 자주 사용하는 믹서로 거품형, 빵반죽 가능
- **스파이럴(나선형)믹서기** : 독일빵, 프랑스빵, 유럽빵 된반죽, 글루텐 형성이 어려운 반죽
- **오븐** : 공장 설비의 기준
- **대류** : 오븐 내에서 뜨거워진 공기를 강제 순환시키는 열전달방식
- **디핑포크** : 초콜릿 제품을 생산하는데 필요한 도구
- **2번 굽는 제품** : 브라운 앤 서브 롤
- **넓은 의미의 정형** : 분할—둥글리기—중간발효—정형—팬닝
- **좁은 의미의 정형** : 밀기—말기—봉하기
- **소금 사용량** : 2%, 설탕 3%, 이스트 1.5~5%, 유지 0~5%
- **표준 스트레이트법의 생이스트양** : 2~3%
- **비상 스트레이트법의 생이스트양** : 4~5%
- **반죽(스트레이트법)에서 반죽시간에 영향을 주는 요인** : 밀가루종류, 물의 양, 쇼트닝양
- **스트레이트법의 식빵유지 최적 사용범위** : 3~4%
- **비상반죽법에서 가장 많은 시간을 단축 할 때의 공정** : 1차 발효
- **냉동 반죽의 해동방법** : 실온, 라타더해동, 도우컨디셔너
- **물의 종류** : 연수 흡수율 2%↓, 경수 흡수율 ↑
- **반죽온도** : 반죽온도 ↑, 수분흡수율 ↓
    - ☞ 반죽온도 ↓, 수분흡수율 ↑

- ☞ 반죽온도 5℃↑, 수분 흡수율 3%↓
- ☞ 반죽온도 5℃↓, 수분흡수율 3%↑
- **흐름성** : 반죽이 팬 또는 용기에 가득 차는 성질
- **후염법의 장점** : 반죽시간 단축
- **비상반죽법 필수조치**
  - ☞ 1차발효 줄임, 믹싱시간 20~25분 늘림, 이스트 사용량 2배 늘림, 반죽온도 30℃, 물 양 1% 줄임
  - ☞ **선택적 조치** : 소금량 1.75% 줄임, 분유 1% 감소
- **액종의 발효완료점** : pH 4.2~5.0 산도측정
- **산화제 비타민 C 브롬산 칼륨(지효성), 요오드칼륨**
- **노타임법** : 산화제와 환원제 사용해 믹싱시간과 발효시간 감소
- **냉동반죽법** :
  - ☞ 분할 후 급속냉장고 -40~-18℃ 유지
  - ☞ 해동 : 5~10℃ 냉장고에서 15~16시간
  - ☞ 냉동반죽 : 이스트 사용량 2배

- **고율배합/저율배합 비교**

택 1 일 1개만 외우자

상태	고율배합	저율배합
공기혼입	많다	적다
비중	낮다	높다
화학팽창제사용량	줄인다	늘인다
굽기온도	낮다	높다

공통과목
제과기능사 & 제빵기능사

제1장 빵류·과자류 재료

제2장 빵류·과자류 위생관리

제3장 빵류·과자류 저장관리

독일빵 뷔글에서 유래 베이글

공통과목
제과기능사 & 제빵기능사

제1장 빵류·과자류 재료

갈데드 데 루아(왕의 케익)

# 제1장 빵류·과자류제품 재료 준비 및 계량

제1절 배합표 작성 및 점검

배합표라고 하며 일명 우리가 잘 알고 있는 레시피 라고 하면 쉬울 것이다. 제품을 만드는데 필요한 재료의 종류, 비율과 무게를 숫자로 표시한 표를 말한다.

1. 배합표 종류
1) Baker's % : 밀가루 양을 100% 보고 각 재료가 차지하는 양을 % 표시한다.
2) True % : 모든 재료의 양을 100% 보고 각 재료가 차지하는 양을 % 표시한다.

2. 배합량을 조절하는 계산법

1) 각 재료의 무게(g) = 밀가루 무게(g) × 각 재료의 비율(%)

2) 밀가루무게 = $\dfrac{\text{밀가루 비율(\%)} \times \text{총 반죽무게(g)}}{\text{총 배합률(\%)}}$

3) 총 반죽무게(g) = $\dfrac{\text{총 배합률(\%)} \times \text{밀가루 무게(g)}}{\text{밀가루 비율}}$

제2절 재료 준비 및 계량 방법

1. 재료 준비
빵과 과자는 제품 종류에 따라서 사용하는 기본재료가 다르며 각 재료를 한 덩어리로 만든 다음 팬에 옮겨 오븐에 넣어 굽는다. 제빵은 주식이 가능하나 과자는 기호식품에 속한다.

▶ 과자와 빵의 차이점

분류기준	빵	과자
팽창형태	생물학적	화학적/물리적
이스트 사용 여부	사용	사용 안함
설탕기능	이스트먹이, 적다	많다
반죽상태	글루텐 생성, 발전	글루텐 생성 가능한 억제
밀가루 종류	강력분	박력분

1) 밀가루

　빵과 과자 제품의 모양과 형태를 유지하는 가장 기본이 되는 재료로 구조 형성제이다.
　　- 박력분 : 케이크류 단백질 함량 7~9%, 회분함량 0.4% 이하, PH 5.2
　　- 고급 박력분 : 부드럽고 더 가벼운 케이크 회분 함량 0.35% 이하
　　- 파운드 케이크 : 박력분 사용하나 쫄깃한 식감을 원하면 강력분과 중력분을 혼합사용
　　- 강력분 : 퍼프 페이스트리는 반죽이 늘어나는 신장성 때문에 사용한다.

2) 유지
　　- 크림성 : 유지를 믹싱 시 공기를 혼입해 포집하는 성질
　　- 가소성 : 유지가 상온에서 고체 상태 유지하는 성질(퍼프, 쇼트페이스트리)
　　- 신장성 : 유지를 반죽에 감싸 밀어펴기 하는 성질
　　- 안정성 : 지방의 산패와 산화를 장기간 억제하는 성질(건과자류, 튀김)
　　- 쇼트닝성 : 제품에 부드러움이나 바삭함을 주는 성질(크래커, 쇼트 브레드쿠키)

3) 설탕
　　- 연화제 : 반죽의 글루텐 생성, 발전을 방해하여 제품의 식감을 부드럽게 한다.
　　- 수분보유제 : 수분을 잡아두는 수분보유력이 있어 노화지연, 신선도 유지
　　- 감미제 : 단맛을 준다.
　　- 착색제 : 당분이 열을 받아 갈색을 통해 캐러멜화 작용으로 껍질에 착색된다.
　　- 흐름성 : 제품 굽기 시 흐름작용으로 과자 제품을 만든다.
　　- 천연착향제 : 설탕의 향과 갈변 반응 때문에 냄새로 향을 준다.

4) 우유
　　- 수분 보유제 : 우유는 수분 보유력이 있어 제품의 노화지연과 신선도를 준다.
　　- 구조 형성제 : 단백질을 가지고 있으나 수분이 88%로 구조력이 어렵다.
　　- 착색제 : 우유는 유당을 함유해 캐러멜화를 일으켜 제품 껍질에 착색을 낸다.

5) 계란
　　- 수분공급제 : 계란을 구성하는 고형분과 수분 75%가 물로 되어 수분공급제 역할을 한다.
　　- 농후화제 : 커스터드 크림 제조 시 계란이 열에 의해 응고되어 걸쭉하게 해 준다.
　　- 팽창제 : 제품 제조 시 공기를 혼입해 반죽을 부풀리는 작용을 한다.
　　- 구조 형성제 : 밀가루와 혼합해 결합작용으로 제품의 구조를 형성한다.

6) 소금
　　- 설탕양을 많이 사용하면 단맛을 순화시킨다.
　　- 설탕양이 적으면 단맛을 증진 시킨다.
　　- 함께 사용한 재료들이 향미를 내게 해준다.
　　- 제품의 잡균 번식을 억제 시킨다.
　　- 빵 반죽을 탄력성 있게 하고 반죽의 물성을 좋게 해 준다.

7) 물
- 반죽 되기를 조절하고 식감을 결정한다
- 원료를 분산시키고 글루텐 형성을 한다.
- 제품 특성에 적합하게 반죽 온도를 조절한다.
8) 베이킹파우더
- 제품 식감을 부드럽게 하고 연화 작용을 한다.

2. 재료계량

제과제빵 분야는 재료계량 시 무게 계량법을 이용한다. 재료계량 측정방법에는 무게를 재는 방법, 부피를 측정하는 방법이 있다.

제3절 재료의 성분 및 특징

1. 밀가루

1) 밀의 구조
- 배유 : 밀의 83% 비율을 차지하고, 내배유와 외배유로 나눈다. 내배유가 밀가루가 된다.
- 배아 : 밀 2~3%를 차지하며, 지방이 있어 밀가루 저장성을 나쁘게 해 제분 분리하여 사료용, 식용, 약용으로 이용된다.
- 껍질 : 밀의 14% 비율을 차지하고 셀룰로오스, 회분(무기질)은 소화가 되지 않아 제빵제조에 적합하지 않고 알부민과 글로불린, 메소닌 등 단백질을 함유한다.

2. 제분과 제분수율

1) 제분과 템퍼링
- 제분이란 밀의 내배유에서 배아, 껍질 부위를 분리하고 내부유 부위를 부드럽게 제조해 전분이 손상되지 않게 고운 가루로 만든 것이다. 템퍼링은 밀의 내배유에서 배아, 껍질를 분리하고 내배유를 부드럽게 만드는 공정을 말한다.
2) 제분수율

밀을 제분하여 밀가루를 제조할 때 밀에 대한 밀가루 양을 %로 나타낸다.
- 제분수율이 증가하면 밀가루 양이 많지만 소화율이 감소한다.
- 제분수율이 증가하면 비타민 B1, B2 함량과 회분(무기질)함량이 증가한다.
- 제분수율이 증가하면 섬유소와 단백질 함량이 증가한다.

> **Tip** 리듀싱롤은 밀 제분공정 중 정선기에 온 밀가루를 다시 분쇄하여 작은 입자로 만든다.

3) 밀가루 분류

> **Tip** 강력분과 박력분의 파종 시기 차이점

- 강력분(경춘밀) : 따뜻한 봄에 파종을 하고 밀알의 색은 적색이며 단단하다.

밀가루 종류	단백질 함량(%)	용도	제품된 밀 종류
강력분	11–13	빵용	경질춘맥, 초자질
중력분	9–10	면류, 우동	연질동맥, 중자질
박력분	7–9	제과용	연질동맥, 분상질
듀럼분	11–12	마카로니, 스파게티	듀럼분, 초자질

- 박력분(연동밀) ; 추운 겨울에 파종을 하고 밀알의 색은 흰색이며 부드럽다.

밀가루 등급별 분류기준은 회분함량		
등급	효소활성도	회분함량(%)
특등급	아주낮다	0.3–0.4
1등급	낮다	0.4–0.45
2등급	보통	0.46–0.60
최저등급	아주높다	1.2–2.0

4) 밀가루 성분

(1) 단백질 : 밀가루로 제빵을 만들 때 제품의 품질을 알 수 있는 가장 중요한 지표이다.
단백질 중에 글리아딘(신장성)과 글루테닌(탄력성)이 물과 결합해 글루텐을 형성한다.

> **Tip** 글루아딘 36% : 알콜 70%에 녹고, 반죽의 신장성이 있고, 제품의 부피에 영향을 준다.

글루테닌 20% : 묽은 산과 알칼리에 녹고, 반죽의 탄력성을 만들어 준다.
젖은 글루텐 반죽과 밀가루의 건조 글루텐 양
밀가루와 물의 비율을 2:1로 혼합 후 물로 전분을 씻어 낸 글루텐 덩어리를 젖은 글루텐 반죽이라 부른다. 젖은 글루텐 반죽 중량을 알면 밀가루의 글루텐양을 구할 수 있다.
- 젖은 글루텐(%) = (젖은 글루텐 반죽의 중량 ÷ 밀가루 중량) × 100
- 건조 글루텐(%) = 젖은 글루텐(%) ÷ 3

(2) 탄수화물 : 밀가루 함량 70%를 차지하고 대부분 전분이며, 나머지 셀룰로오스, 덱스트린, 당류, 펜토산이다.

> **Tip** 밀가루의 구성성분 중에 수분을 흡수하는 성분과 흡수율 비교
> 펜토산 : 자기 중량의 15배 흡수율 / 단백질 : 자기 중량의 1.5배~2배 흡수율
> 전분 : 자기 중량의 0.5배 흡수율 / 손상된 전분 : 자기 중량의 2배 흡수율

(3) 회분 : 회분을 구성하는 성분은 무기질이라 한다. 껍질에 많고 함유량에 따라서 정제정도를 알 수 있다. 껍질 부위가 적을수록 밀가루 회분 함량이 낮아진다.

(4) 지방 : 밀가루에 1~2%가 지방이 포함되어 있다.

(5) 효소 : 밀가루에는 여러 효소가 함유되어 있으나 제품에 중요한 영향을 주는 효소는 단백질을 분해는 프로테아제와 전분을 분해하는 아밀라아제가 있다.

> **Tip** 제분 후 프로테아제의 특징
> - 잉글리시 머핀, 햄버거 번스 반죽의 흐름성을 부여
> - 제빵 반죽의 글루텐 조직을 연화시키며, 반죽을 숙성시키는데 작용
> - 프로테아제가 많으면 활성도가 과하여 글루텐 조직이 끊어져 끈기가 사라진다.

(6) 수분
- 밀가루의 수분함량이 1% 감소 시 반죽 흡수율은 1.3~1.6% 증가
- 밀가루에 함유되어 있는 수분함량이 10~14%

5) 밀가루의 표백 및 숙성
 (1) 밀가루 표백
    - 제분 후, 밀가루는 내배유 속에 카로티노이드계 지용성 색소인 크산토필로 인해 크림색을 나타낸다. 대기 중의 산소로 산화시켜서 탈색시키는 공정을 말한다.
 (2) 밀가루 숙성
    - 제분 후, 밀가루는 성질과 빛깔이 일정치 못해 생화학적으로 불안한 상태로 밀가루를 공기 중의 산소에 의해 산화시켜 표백과 제빵적성을 향상시킨다.
    - 밀가루 숙성을 통해, 반죽의 장력을 증가시키고, 제품의 부피 증대와 기공, 조직, 속색을 개선해 준다.
 (3) 영양강화제
    - 무기질, 비타민 등 밀가루에 부족한 영양소를 보강해 주는 것을 영양강화제라 한다.

6) 밀가루 저장방법과 주의점
- 밀가루 습도는 55~65%, 온도는 18~24℃ 보관
- 밀가루 사용은 선입선출을 잘 해야 한다. 즉 입고가 오래된 것부터 사용한다.
- 환기가 잘 되고, 서늘한 곳에 보관하고 석유, 암모니아, 휘발유 이상한 냄새에 주의한다.

7) 강력분 제빵에 적합한 밀가루 선택기준
- 흡수량이 많을 것, 품질이 안정된 것, 2차 가공이 내성이 좋은 것, 단백질 함량, 질이 좋은 것, 제품의 특성을 파악한 후 등급에 맞는 밀가루를 선택

8) 기타 가루
 (1) 호밀가루
    - 글리아딘과 글루테닌 밀은 전체 단백질 90%, 호밀은 25%, 신장성과 탄력성이 부족하기 때문에 밀가루와 혼합해 사용한다.
    - 단백질이 밀가루와 양적인 차이가 없으나 질적으로 차이가 난다.

- 펜토산 함량이 높아 반죽을 끈적이게 하고 글루텐 탄력성을 약화 시키므로 호밀빵을 만들 때 천연발효종이나 샤워종을 넣고 반죽하면 좋다.

(2) 활성 밀 글루텐
- 밀가루에 비해 단백질 함량이 매우 높아 주로 제과, 제빵 산업에서 빵의 볼륨을 증가시키며, 질감이 개선하며, 반죽의 점성을 높이는 데 사용된다.

(3) 옥수수 분말
- 단백질인 제인은 트립토판, 리신이 부족한 불완전 단백질이지만 일반 곡류에 부족한 트레오닌, 함황 아미노산인 메티오닌이 함유되어 있어, 다른 곡류와 혼합하면 좋다.

3. 감미제

다양한 단맛을 내는 감미제는 제과·제빵에서 기본재료로 단맛을 제공하며, 안정제, 영양소, 발효조절제, 연화작용, 수분보유, 노화지연 등의 역할을 한다.

1) 설탕(자당 : Sucrose)
- 사탕수수나 사탕무에서 얻은 원당을 정제공장에 투입해 만든 천연 감미료로 수크로스(자당)을 주성분으로 한다. 과자나 빵에는 꼭 필요한 재료이다.

(1) 정제당
- 분당 : 설탕을 마쇄한 분말로 3%의 옥수수 전분을 혼합해 덩어리 방지를 예방한다.
- 전화당 : 자당을 산이나 효소로 가수분해해 생성되는 포도당과 과당의 시럽형태 혼합물이다.
- 황설탕 : 약식, 약과, 캐러멜색소 원료로 이용된다.

2) 전분당
(1) 포도당
- 전분을 가수분해하여 만든 전분당이다.
- 정제 포도당은 흰색의 결정형으로 감미도가 설탕 100에 대해 75 정도이다.
- 시원한 느낌을 준다.

(2) 물엿
- 물엿의 특징은 포도당, 맥아당, 다당류, 덱스트린, 물이 혼합해 점성과 보습이 끈끈한 액체이다.

(3) 이성화당
- 포도당과 과당이 혼합된 액상의 감미제를 말한다.

3) 당밀
사탕수수나 사탕무를 설탕으로 가공 시 남은 부산물로 찐득한 시럽을 말한다.

(1) 제과·제빵에 당밀을 첨가하는 이유
  - 제품의 노화를 지연시킨다
  - 당밀의 특유한 단맛을 준다.
  - 당밀의 독특한 풍미를 준다.
  - 향료의 조화를 위해 사용한다.
(2) 럼주 : 제과에서 자주 사용하는 럼주는 당밀을 발효시켜 만든 것이다.

4) 맥아(Malt) 및 맥아 시럽(Malt Syrup)
  (1) 맥아
    - 탄수화물 분해효소, 단백질 분해 효소 등이 있다.
    - 발아시킨 보리(엿기름)의 낱알을 말한다.
    - 발효성 탄수화물의 증가로 발효가 촉진된다.
  (2) 맥아시럽
    - 맥아분(엿기름)에 물을 혼합해 열을 가해 만든다.
    - 캐러멜, 캔디, 젤리 등을 만들 때 넣어 설탕의 재결정화를 방지해 준다.
    - 물엿에 비해 흡습성이 적은 편이다.
  (3) 올리고당
    - 청량감이 있고 설탕에 비해 항 충치성이 있다.
    - 소화효소에 의해서 분해되지 않고 대장까지 도달해서 비피더스균의 먹이가 되어서 장활동을 원활하게 해 준다.
  (4) 유당(젖당 : Lactose)
    - 동물성 이당류로 단세포 생물인 이스트에 의해서 발효되지 않으며, 잔당으로 남아 갈변 반응을 일으켜 제품의 껍질색을 진하게 한다.
  (5) 제과·제빵에 영향을 주는 감미제의 기능
    - 빵에서 감미제 기능
      ☞ 빵의 노화를 지연시키고 저장 기간을 연장시킨다.
      ☞ 빵속에 수분을 보유하는 보습제 기능이 있다.
      ☞ 빵의 속결과 기공을 부드럽게 해 준다.
      ☞ 캐러멜화와 메일라드 반응이 일어나 껍질색을 형성하고 향을 준다.
    - 과자에서 감미제 기능
      ☞ 윤활작용으로 흐름성, 퍼짐성, 절단성 등을 조절해 준다.
      ☞ 제품의 기공, 조직 속을 부드럽게 하고, 노화지연, 신선도를 유지해 준다.

4. 유지류

유지의 구조는 3분자 지방산과 1분자의 글리세린(글리세롤)으로 결합된 유기화합물과 단순 지질이 이에 속한다. 불포화지방산 또는 포화지방산인지에 따라서 실온에서 액체인 기름(Oil)과 고체지방(Fat)으로 나눈다. 이를 유지라 부른다.

1) 유지의 종류

   (1) 버터
   - 우유지방 80~85%, 수분 14~17%, 소금 1~3%, 카제인, 단백질, 광물질, 유당을 광물질을 포함해 1%이다.
   - 우유의 유지방으로 제조해 수분함량은 16% 정도이다.
   - 포화지방산 중 탄소의 수가 가장 적은 뷰티르산으로 구성된 버터는 융점이 낮고 가소성이 좁다.

   (2) 튀김기름
   - 튀김 온도 180~190℃, 유리지방산이 0.1% 이상이며 발연 현상이 일어난다.
   - 튀김기름은 100%의 지방으로 이뤄져 있어 수분이 0%이다.
   - 도넛튀김용 유지는 발연점이 높은 면실유(목화씨 기름)가 적당하다.
   - 유지를 고온으로 계속 가열하면 유리지방산이 많아 발연점이 낮아진다.

   > **Tip** 튀김기름의 4대적 : 공기(산소), 이물질, 온도, 수분(습도)
   > 튀김기름의 요건 :
   >   - 발연점이 높아야 한다.   - 산패에 대한 안정성이 있어야 한다.
   >   - 산가가 낮아야 한다.   - 여름은 융점이 높고, 겨울은 낮아야 한다.

   (3) 마가린
   - 버터 대용으로 마가린은 대두유, 면실유 등 식물성 유지로 만든다.
   - 지방 80%, 소금 3%, 우유 16.5%, 색소는 약간 있다.

   (4) 쇼트닝
   - 케이크 반죽의 유통성, 기공과 조직, 부피, 저장성을 개선해 준다.
   - 라드의 대용품으로 동식물성 유지에 수소를 첨가해 경화유로 제조해 수분함량 0%, 무색, 무미, 무취이다.

   (5) 라드
   - 돼지의 지방조직을 분리해 정제한 지방으로 품질이 일정치 않으며 보존성이 떨어진다.
   - 쇼트닝가(부드럽고 바삭한 식감)를 주기 위해 빵, 파이, 쿠키, 크래커에 이용된다.

2) 유지의 화학적 반응

(1) 가수분해

유지는 효소인 리파아제, 스테압신 등 가수분해를 통해 모노글리세리드, 디-글리세리드와 같은 중간산물을 만들며, 지방산과 글리세린이 된다.

(2) 산패 : 유지를 공기 중에 오래 두면 산화되어 불쾌한 냄새가 나고 맛이 떨어지며 색이 변화는 현상이다. 유지가 대기 중의 산소와 반응하여 산패되는 것을 자가 산화라 한다.

> **Tip** 유지의 산패 정도를 나타내는 값
> - 아세틸가, 산가, 과산화물가, 카르보닐가

(3) 건성

지방의 불포화도를 측정하는 요오드가 100 이하는 불건성유, 100~130 반건성유, 130 이상 건성유이다. 요오드가가 높으면 지방의 불포화도가 높은 것이다.

3) 유지의 안정화

(1) 산화방지제(항산화제)

산화방지제는 산화적 연쇄반응을 방해해 유지의 안정효과를 갖게 하는 물질이다. 식품첨가용 항산화제에는 비타민 E(토코페롤), PG(프로필갈레이트), NDGA, BHA, BHT, 구아검이 있다.

> **Tip** 항산화제 보완제
> - 구연산, 비타민 C, 주석산, 인산 등은 혼자만으로 효과가 없어 항산화제와 함께 사용해 항산화 효과를 높여준다.

(2) 수소첨가(유지경화)

불포화지방산의 이중결합에 니켈을 촉매로 수소를 첨가해 지방의 불포화도를 감소시키고 경화된 유지는 쇼트닝, 마가린 등이 있다.

4) 유지의 물리적 특성과 제과·제빵 품목

(1) 안정성 : 지방의 산화, 산패를 장기간 억제하는 성질(튀김기름, 팬기름, 유지가 많은 쿠키)
(2) 가소성 : 유지가 실온에서 고체모양을 유지하는 성질(데니시, 퍼프 페이스트리, 파이)
(3) 크림성 : 유지가 믹싱 조작 중에 공기를 포집하는 성질(파운드 케이크, 버터크림)
(4) 쇼트닝성 : 과자는 바삭함을 주고, 빵에는 부드러움을 주는 성질(크래커, 식빵)
(5) 유화성 : 유지가 물을 흡수해 보유하는 성질(파운드 케이크, 레이어 케이크)

> **Tip**
> - 감마(r)형 : 17℃
> - 알파(a)형 : 21~24℃
> - 베타 프라임(B')형 : 27~29℃
> - 베타(B)형 : 34℃

5. 유제품

1) 우유의 물리적 성질과 구성성분

- 비중 : 우유는 평균 1.030 전·후, PH(수소이온농도) : pH 6.6~6.7

- 수분 : 87.5%, 고형분 12.5%   - 단백질 : 3.4%, 유지방 3.65%, 유당 4.75%, 회분 0.7%
- 유단백질 중 약 80% 정도 차지하는 단백질은 카세인으로 산과 레닌의 효소에 의해 응고
- 유당 : 이스트에 의해 발효되지 않으며 젖산균, 대장균에 의해 발효된다.

> **Tip** 우유 살균법(가열법)

- 저온 장시간 : 60~65℃, 30분 살균
- 고온 단시간 : 71℃, 15초 살균
- 초고온 순간 : 130℃~150℃, 3초 살균

> **Tip** 우유 단백질인 카제인은 정상적인 우유 pH 6.6에서 pH 4.6으로 내려가면 Ca(칼슘)과 화합물 형태로 응고가 된다.

2) 유제품의 종류와 특징
   - 시유 : 음용하기 위해 가공된 액상우유로 시장에서 파는 마켓(Market milk)를 말한다.
   - 농축우유 : 우유의 수분함량을 감소해 고형질 함량을 높인 것으로, 연유, 생크림이 농축 우유이다.
     ☞ 생크림 : 우유의 지방을 원심 분리해 농축한 것으로 만든다.
     ☞ 연유
   - 가당 연유 : 우유에 40% 설탕을 첨가해 1/3부피로 농축시킨 것
   - 무당 연유 : 우유를 그대로 1/3부피로 농축시킨 것으로, 물을 첨가해 3배 용적으로 하면 우유와 같이 된다.

3) 분유 : 우유 수분을 제거해 분말 상태로 제조한 것이다.
   - 탈지분유 : 우유의 수분과 유지방을 제거해 분말 상태로 만든 것
   - 전지분유 : 우유의 수분만 제거해 분말 상태로 만든 것

4) 요구르트 : 우유나 유즙에 젖산균을 넣어 카제인을 응고 후, 발효, 숙성시켜 만든다.

5) 치즈 : 우유나 유즙에 레닌을 넣어 카제인을 응고 후, 발효, 숙성시켜 만든다.

6) 버터 : 크림을 휘핑 하여 엉기게 한 뒤 굳힌 것으로 유지방 함량은 80~81% 된다.

7) 빵·과자에 영향을 주는 유제품의 기능
   - 제품에 맛을 준다.
   - 우유 단백질에 의해 믹싱 내구력을 향상시킨다.
   - 껍질색을 진하게 한다.
   - 밀가루에 부족한 필수아미노산인 리신과 칼슘을 보충해 준다.

- 발효 시 완충작용으로 반죽의 pH가 떨어지는 것을 방지해 준다.

8) 빵 제조 시 4~6%의 탈지분유 사용이 제품에 미치는 영향
   - 제품의 기공과 결이 좋아진다
   - 빵의 영양 가치를 높이고 맛과 풍미를 좋게 해 준다.
   - 분유 속의 유당이 껍질색을 개선 시킨다.

> **Tip** 스펀지법에서 분유를 스펀지에 첨가하는 이유는
>   - 밀가루가 쉽게 지칠 때   - 아밀라아제 활성이 과할 때
>   - 단백질 함량이 적거나, 약한 밀가루를 사용할 때

6. 계란

1) 계란의 구성
   - 껍질 : 노른자 : 흰자 = 10% : 30% : 60%

2) 수분비율
   - 전란 : 노른자 : 흰자 = 75% : 50% : 88%

3) 성분
   - 흰자 : 콘알부민(철과 결합 능력이 강해 미생물이 이용하지 못하는 항세균 물질)
   - 노른자 : 레시틴(유화제), 트리글리세리드, 인지질, 콜레스테롤, 카로틴, 지용성 비타민
   - 껍질 : 탄산칼슘 94%, 탄산마그네슘 1%, 인산칼슘 1% 등

4) 계란의 기능
   - 농후화제 : 계란이 가열되면 열에 의해 응고되어 제품을 걸쭉하게 해 준다.(커스터드크림)
   - 결합제 : 점성과 계란 단백질의 응고성이 좋다.
   - 팽창제 : 흰자의 단백질은 표면활성으로 기포를 형성한다.
   - 유화제 : 노른자에 있는 인지질인 레시틴이 기름, 수용액을 혼합 시 유화제 역할을 한다.

5) 계란의 신선도 측정
   - 신선한 난황 계수는 0.36~0.44의 범위이고 숫자가 높을수록 신선하다.
   - 껍질의 윤기가 없고 까칠까칠하다.
   - 소금물(소금 6~10%)에 넣을 때 가라앉는다.
   - 흔들었을 때 소리가 없고 햇빛을 통해 볼ㄸ 속이 맑게 보인다.

> **Tip** 난황 계수
> 난황 계수 = 난황의 높이 ÷ 난황의 지름

7. 이스트(Yeast)

제빵 팽창제이며 일명 효모라고 불리며 출아증식을 하는 단세포 생물로 반죽 내에서 발효하여 탄산가스와 알콜, 유기산을 생성하며 반죽을 팽창시키고 빵의 향미 성분을 준다. 제빵용 이스트의 학명은 Saccharomyces. cerevisiae(사카로미세스. 세레비시아)이다.

1) 이스트의 구성성분
    - 단백질 : 11.6~14.5%
    - 수분 : 68~83%, 회분 : 1.7~2.0%, 인산 : 0.6~0.7%, pH : 5.4~7.5
    - 발육 최적 온도 : 28~32℃

2) 이스트의 종류와 특성
    - 생이스트 : 압착 효모라도 하며 고형분 30~35%, 수분은 70~75% 을 함유한다.
    - 활성 건조효모
    ☞ 생이스트의 수분을 7.5~9% 건조 시킨 것이다.
    ☞ 생이스트의 40~50% 사용한다.
    ☞ 수화법 : 40~50℃ 물을 이스트양 기준 4~5배 용해 후 5~10분간 수화시켜 사용한다.
    ☞ 활성 건조효모의 장점는 균일성, 정확성, 편리성, 경제성, 저장성 등이 있다.

3) 이스트에 들어있는 효소
    - 인베르타아제 : 자당을 포도당가 과당으로 분해
    - 말타아제 : 맥아당을 2분자의 포도당으로 분해시켜 지속적인 발효가 진행된다.
    - 치마아제 : 포도당과 과당을 분해시켜 이산화탄소와 알콜을 만든다.
    - 프로테아제 : 단백질을 분해시켜 펩티드, 아미노산을 생성한다.

4) 이스트의 번식조건
    - 공기 : 호기성으로 산소가 필요하다.
    - 먹이 : 질소, 당, 무기질(인산과 칼륨)
    - 온도 : 28~32℃
    - 산도 : pH 4.5~4.8

5) 취급과 저장 시 주의점
    - 소량의 물에 풀어 사용하면 분산 시킬 수 있다.
    - 소금, 설탕에 직접 닿지 않게 한다.
    - 사용 후 밀봉하여 냉장고 온도(0~5℃)보관한다.

- 48℃에서 파괴되므로 높은 물과 직접 닿지 않게 한다.

8. 물
1) 물의 기능
    - 재료 원료를 분산하고 글루텐을 형성하며 반죽 되기 조절을 한다.
    - 제품별 특성에 맞게 반죽 온도를 조절해 준다.
    - 효모, 효소의 활성을 제공해 준다.

2) 경도에 따른 물의 종류
    경도란 물에 녹아 있는 칼슘염과 마그네슘을 탄산칼슘의 양으로 환산해 백만분율인 ppm으로 표시한다. 이유는 칼슘은 빵을 만들 때 반죽의 개량효과를 가지고 있고, 마그네슘은 반죽의 글루텐을 단단하게 하기 때문이다.
    (1) 경수(180ppm 이상)
        - 일명 센물이라고 하며 종류는 바닷물, 광천수, 온천수가 있다.
        - 반죽에 사용하면 반죽이 질겨지고, 발효시간이 길어지는 점이 단점이다.
        - 경수 사용시 조치사항
        ☞ 이스트 사용량을 증가하고 발효 시간 길게 한다.
        ☞ 맥아 첨가로 발효 촉진 시킨다.
        ☞ 이스트 푸드, 소금, 무기질을 감소한다.
        ☞ 물의 양을 증가한다.
    (2) 연수(60ppm이하)
        - 일명 단물이라고 하며, 증류수, 빗물이 있다.
        - 연수물을 반죽에 사용하면 글루텐을 연화시켜 반죽이 연하고 끈적거리게 된다.
        - 연수 사용시 조치사항
        ☞ 반죽의 가스 보유력이 적어 이스트 푸드와 소금을 증가한다.
        ☞ 반죽이 연하고 끈적이므로 2% 정도 흡수율을 낮춘다.
        ☞ 발효 시간을 단축한다.
    (3) 아경수(120~180ppm미만)
        - 아경수은 제빵에 가장 적합한 물이다.

3) pH에 의한 물의 분류
    반죽의 효소작용과 글루텐의 물리성에 영향을 미친다. 약산성의 물(pH 5.2~5.6)이 제빵에 가장 적합한 물이다.

9. 초콜릿

초콜릿은 껍질부위, 배유, 배아 등으로 구성된 카카오 빈을 볶아서 마쇄하여 외피, 배아를 제거한 다음 페이스트상의 카카오 메스를 만든 다음, 미립화하여 기름을 채취한 것이 카카오 버터이다. 나머지 카카오 박으로 분리한다. 카카오 박을 분말로 만든 것이 코코아이다.

1) 초콜릿 구성분
    - 카카오 버터(코코아 버터) : 37.5% (3/8)
    - 코코아 : 62.5% (5/8)
    - 유화제 : 0.2~0.8%

    > **Tip** 비터 초콜릿의 비터란 "맛이 쓰다"라는 의미다
    > 초콜릿의 풍미, 감촉, 구용성, 맛 등을 결정하는 중요한 구성 성분은 카카오 버터이다.

2) 초콜릿의 종류와 배합 조성에 따른 분류
    (1) 코코아 : 카카오 매스를 압착해 카카오 버터와 카카오 박으로 분리하여 카카오 박을 분말로 만든 제품이 코코아이다.
    (2) 다크 초콜릿 : 순수한 쓴맛의 카카오 매스에 설탕, 카카오버터, 레시틴, 바닐라 향을 혼합해 만든 것이다.
    (3) 카카오 매스 : 다른 재료가 혼합되지 않아 카카오 빈 특유의 쓴맛이 살아있다.
    (4) 밀크초콜릿 : 다크초콜릿 구성성분에 분유를 첨가한 것으로 초콜릿 중 가장 부드럽다.
    (5) 코팅용초콜릿(파타글라세) : 카카오 매스에서 카카오 버터를 제거 후 식물성 유지, 설탕을 혼합하여 만든 것으로 템퍼링을 하지 않고 바로 사용할 수 있다.

3) 커버추어 초콜릿의 특징 및 사용법
    - 초콜릿의 온도를 40~45℃로 처음 용해한 다음 27~29℃로 냉각시킨 후 30~32℃로 용해 시켜 초콜릿을 사용한다.
    - 지방 블룸 : 템퍼링이 잘못되면 카카오 버터에 의한 지방 블룸이 생긴다.
    - 설탕 블룸 : 온도가 적합하지 않아 보관이 잘못되면 설탕 블룸이 생긴다.
    - 초콜릿의 보관 온도와 습도 : 온도 15~18℃, 습도 40~50%

4) 과실주 및 주류
    (1) 증류주 : 발효시킨 양조주를 증류한 것으로 알콜 농도가 높다.
    (2) 혼성주 : 증류주를 기본으로 정제당을 혼합해 과일 등의 추출물로 향미를 낸 술로 알콜 농도가 높다.
        - 오렌지 리큐르, 체리 리큐르, 커피 리큐르 등이 있다.

10. 소금

나트륨과 염소의 화합물로 염화나트륨(NaCl)이라 한다. 제품의 점탄성 증가, 건조 시 건조속도를 빠르게 하고, 방부효과가 있다.

1) 제빵에서 소금의 역할
   - 빵의 잡균 번식을 억제하는 방부효과가 있다.
   - 점착성을 방지한다.
   - 빵 내부를 누렇게 만든다.
   - 껍질색을 조절해 준다.
   - 글루텐 막을 얇게 하여 기공을 좋게 해 준다.

11. 이스트 푸드

요즘은 이스트 푸드 대신 반죽 개량제를 밀가루 중량대비 1~2% 사용하며, 빵의 품질과 기계성을 증가시킬 목적으로 첨가한다.

1) 이스트 푸드의 역할과 구성성분
   (1) 물 조절제 (칼슘계)
      - 물의 경도를 조절하여 제빵성을 좋게 한다.
      - 인산칼슘, 황산칼슘, 과산화칼슘
   (2) 반죽 pH 조절
      - 반죽은 pH 4~8 정도 가스발생력과 가스보유력이 좋다.
      - 효소제, 산성인산칼슘
   (3) 이스트의 영양소인 질소 공급 (암모늄계)
      - 이스트에 부족한 질소를 공급한다.
      - 황산암모늄, 염화암모늄, 인산암모늄
   (4) 반죽 조절제
      반죽의 물리적 성질을 좋게하기위해 산화제와 효소제를 이용한다.
      - 산화제 : 반죽의 구조인 글루텐을 강화시켜 부피를 증가시킨다.
         ☞ 아스코르브산(비타민C), 브롬산칼륨
      - 효소제 : 반죽의 신장성을 강화한다.
         ☞ 프로테아제, 아밀라아제
      - 환원제 : 반죽의 글루텐을 연화시켜 반죽시간을 단축시킨다.
         ☞ 시스테인, 글루타치온

12. 계면활성제

계면활성제는 친수기와 친유기를 가지며 액체표면의 장력을 줄일 수 있는 물질로써 기포력, 분산력, 유화력, 세척력, 삼투력을 가지고 있다.

1) 계면활성제 역할
   - 물과 유지를 균일하게 분산시켜 반죽 기계내성을 향상시켜 준다.
   - 조직과 부피를 개선 시키고 노화를 지연시켜준다.

2) 계면활성제의 종류
   (1) 레시틴
      - 마가린과 쇼트닝과의 유화제로 사용된다.
      - 빵 반죽에 넣으면 유동성이 커진다.
   (2) 모노-디 글리세리드
      - 지방의 가수분해로 생성되는 중간산물이다.
      - 제과에서 가장 널리 사용하는 유화제
      - 빵·과자의 노화를 낮춘다.

      > **Tip** 모노-디 글리세리드는 지방의 가수분해로 식품을 유화 및 분산시키며 유화식품을 안정시키려는 식품첨가물이다. 그 외 아실락테이트, SSL 등이 있다.

   (3) 화학적 구조
      친유성단에 대한 친수성단의 크기 및 강도의 비를 'HLB'로 표시를 한다. HLB의 값이 9이하면 친유성이고 기름에 용해되며, HLB 수치가 11 이상이면 친수성으로 물에 용해된다.

3) 팽창제
과자·빵 제품을 부풀려서 부피를 크게 하고 제품의 부드러움을 주기 위해 첨가하는 것으로 종류에 따라 팽창제의 양을 조절해 사용한다.
   1) 팽창제의 종류
      (1) 화학적(합성팽창제) : 베이킹파우더, 암모늄계 팽창제
         - 계량 오차가 큰 영향을 끼친다.
         - 사용하기가 간단 하지만 팽창력이 약하다.
         - 과자에 사용되며 부피 팽창, 연화 작용은 있지만 향은 좋지 않다.
      (2) 생물학적(천연팽창제) : 이스트
         - 빵에 사용되며 가스 발생력이 크다.
         - 부피 팽창, 연화작용, 향을 개선

> **Tip** 화학 팽창제를 과다 사용한 제품의 결과
> - 속결이 거칠다
> - 속색이 어둡다
> - 밀도가 낮고 부피가 크다
> - 노화가 빠르다

   (3) 베이킹파우더의 특징
     - 탄산수소나트륨(중조, 소다)에 산성제를 배합하고 완충제로서 전분을 첨가한 팽창제이다.
     - 베이킹파우더 무게 12% 이상의 유효 탄산가스가 발생되어야 한다.
     - 중화가 : 산 100g을 중화시키는데 필요한 중조(탄산수소나트륨)의 양으로, 산에 대한 중조의 비율로 적정량의 유효 탄산가스를 발생시켜 중성이 되는 수치이다.

13. 안정제

  유동성이 있는 혼합물의 불안정한 상태를 액체의 점도를 증가시켜 안정적인 상태의 구조로 바꾸는 역할을 한다.
   - 겔화제, 안정제, 농후화제라 한다.

1) 빵·과자에 안정제를 사용하는 목적
   - 아이싱의 끈적거림과 부스러짐을 방지한다.
   - 크림 토핑의 거품을 안정시키고 제품을 부드럽게 한다.
   - 제품의 수분 흡수력과 수분 보유력을 증가시켜 노화를 방지한다.

2) 안정제의 종류
  (1) 한천
     - 해조류인 우뭇가사리에서 추출하여 건조시킨 안정제이다.
     - 물에 대해 1~1.5% 정도 사용한다.
  (2) 젤라틴
     - 동물의 껍질이나 연골 속에 있는 콜라겐을 추출하는 동물성 단백질이다.
     - 물과 함께 가열하면 대략 30℃ 이상에서 녹아 친수성 콜로이드를 형성한다.
     - 무스나 바바루아의 안정제로 사용된다.
  (3) 펙틴
     - 과실이나 채소류 등의 세포막이 사이의 엷은 층에 존재한다.
     - 펙틴은 산과 당의 존재하에서 젤리나 잼을 만든다.
     - 당분 60~65%, 펙틴 1.0~1.5%, pH 3.2의 산이 되면 젤리가 된다.
  (4) 검류
     - 유화제, 안정제, 점착제 등으로 사용한다.
     - 구아검, 로커스트 빈 검, 카라야 검, 아라비아 검, 등이 있다.

           - 식물이나 종자에서 추출한 다당류이다.
     (5) 기타 안정제
           - 밀가루, 전분, 달걀 등은 커스터드 크림이나 파이용 크림의 농후화제로 사용한다.
           - 시엠시(C.M.C) : 식물의 뿌리에 있는 셀룰로오스로 냉수에 쉽게 팽윤된다.
           - 밀 전분, 옥수수 전분, 타피오카 등 제과의 아이싱에서 안정제로 이용된다.

14. 향료와 향신료

 1) 성분에 따른 분류
     - 천연향료 : 천연의 재료에서 추출해 정제, 농축된 것
     - 합성향료 : 천연향료에서 향을 내는 성분과 향 물질을 합성한 것
     - 조합향료 : 천연향료와 합성향료를 조합한 향료

 2) 향신료
     (1) 향신료의 사용 목적
         직접 향을 내기보다는 주재료와 어울려 불쾌한 냄새를 막아 주고 풍미를 향상시키고, 보존성을 높여주는 기능을 한다.
         - 계피 : 시나몬이라고 하며 특징은 녹나무과의 껍질이다.
         - 넛메그 : 육구두과의 열매를 나무껍질로 일광건조 시킨 것으로 메그와 메이스를 만든다.
         - 오레가노 : 피자소스에 꼭 들어가는 것으로 톡 쏘는 향이 특징이다.
         - 생강 : 매운맛과 특유의 방향을 가지고 있는 향신료이다.
         - 올스파이스 : 열매를 익기 전에 말린 것으로 케이크, 카레, 파이에 사용한다.

제4절 기초재료과학

1. 탄수화물(당질)

3원소로 구성된 유기화합물로 탄소(C) 수소(H), 산소(O)의 일반식은 $C_mH_{2n}O_n$이다. 일명 당질이라고 한다.

 1) 탄수화물의 분류와 특성
     (1) 단당류
         - 포도당(glucose)글루코오스 : 과일즙, 포도 등에 함유되어 있고 혈액 중에 0.1% 해당된다.
         - 갈락토오스(galactose) : 젖당의 구성 성분으로 물에 잘 녹지 않고 뇌신경조직의 성분이다.
         - 과당(fructose)프락토오스 : 모든 당류 중에서 단맛이 강하고 꿀과 과일에 함유되어 있다.

(2) 이당류
- 유당(젖당) lactose 락토오스 : 락타아제 효소에 의해 포도당+갈락토오스로 가수분해되고 장내에서 번식하고 잡균을 막아 정장작용을 한다.
- 자당(설탕) sucrose) 수크로오스 : 인베르타아제에 의해 포도당+과당으로 가수분해되고 비환원당이다.
- 맥아당(엿당) maltose) 말토오스 : 말타아제에 의해 포도당+포도당으로 가수분해되고 발아한 보리(엿기름)에 함유되어 있다.

(3) 다당류
- 글리코겐 : 동물의 에너지원으로 이용되며 동물성 전분으로 근육이나 간에 저장된다.
- 섬유소(셀룰로오스) : 채소류와 해조류에 많고 초식동물만 에너지원으로 이용된다.
- 펙틴 : 과일의 껍질에 많이 있고 젤리나 잼을 만드는데 점성을 갖는다.
- 전분(녹말) starch 스타치 : 고구마, 곡류, 감자에 있고 식물의 에너지원으로 사용되어 수천 개의 포도당이 결합되어 한 개의 전분립을 만든다.

> **상대적 감미도 순서**
> 과당(175) 전화당(130) 자당(100) 포도당(75) 맥아당(32) 갈락토오스(32) 유당(16)

2) 전분의 특성
- 전분은 식물 조직에 함유된 대표적인 저장 다당류로 아밀로오스와 아밀로펙틴으로 나눠진다.
- 찬물에 쉽게 녹지 않고 더운물에는 부풀어 호화가 된다.
- 식혜, 엿 등은 전분의 효소작용을 이용한 식품에 해당된다.
- 달지 않고 온화한 맛을 낸다.

  (1) 전분의 구성
  (2) 아밀로오스와 아밀로펙틴의 비율
     - 밀가루 : 아밀로펙틴 72~83%, 아밀로오스 : 17~28%
     - 찹쌀과 찰옥수수 : 아밀로펙틴으로 구성됨.
  (3) 전분의 호화(a화)
     전분에 물을 넣고 가열하면 수분을 흡수하면서 팽윤 되어 점성이 커지는데 투명도가 증가해 반투명의 a-전분 상태가 된다.
  (4) 전분의 가수분해
     전분에 묽은 산을 넣고 가열하면 가수분해되어 당화된다. 전분에 효소를 넣고 호화 온도(55~60℃)를 유지 시켜도 가수분해되어 당화된다.

구분	아밀로오스	아밀로펙틴
결합구조	a-1.4 결합.직쇄상구조	a-1.4결합, a-1.6 결합
요오드반응	청색	적색
호화/노화	빠르다	느리다
분자량	적다	많다

(5) 전분의 노화(B화)

빵의 노화는 빵의 풍미저하, 빵 껍질의 변화, 내부조직의 수분보유 상태를 변화시키는 것으로 a-전분(익힌 전분)이 B-전분(생전분)으로 변화한다. 이 현상을 노화라고 한다.

- 노화 방지법
  - ☞ 제품을 -18℃ 이하로 급냉하거나 수분의 함량을 10% 이하로 저장한다.
  - ☞ 계면활성제는 표면장력을 변화시켜 빵, 과자의 부피 및 조직을 개선하며 노화를 지연한다.
  - ☞ 아밀로펙틴은 아밀로오스보다 노화가 잘 안 된다.
  - ☞ 레시틴은 유화작용과 노화를 지연한다.
- 노화 최적상태
  - ☞ 전분의 노화대 : 전분의 노화가 빠르게 진행되는 것
  - ☞ 수분함량 : 30~60%
  - ☞ 노화 최적 온도 : -7~-10℃

3) 지방(지질)

탄소(C), 수소(H), 산소(O)로 구성되었으며 유기화합물로 3분자의 지방산과 1분자의 글리세린(글리세롤)이 결합되어 만들어진 에스테르(트리글리세리드)이다.

(1) 지방의 분류
- 단순지방 : 중성지방, 납(왁스)
- 복합지방 : 인지질은 난황, 콩, 간 등에 함유되어 있고 유화제로 이고 노른자의 레시틴이 대표적이다. 당지질은 뇌, 신경조직에 존재한다.
- 유도지방 : 지방산, 글리세린, 콜레스테롤, 에르고스테롤(비타민 $D-D_2$) 등이 있다.

4) 지방의 구조

(1) 지방산
- 포화지방산
  - ☞ 동물성 유지에 함유되어 있다.
  - ☞ 탄소와 탄소의 결합이 이중 결합이 없이 이루어진 지방산이다.
  - ☞ 융점이 높고 상온에서 고체 상태이다.
  - ☞ 종류 : 뷰티르산, 카프르산, 미리스트산, 스테아르산, 팔미트산
  - ☞ 뷰티르산 : 일명 닉산이고, 천연의 지방을 구성하는 탄소 수가 4개 가장 작다. 자연계에 분포하고 지방산 중 융점이 가장 낮다.
- 불포화지방산
  - ☞ 산화되기 쉽고 융점이 낮아서 상온에서 액체상태이다.
  - ☞ 탄소와 탄소의 결합에 의해 이중결합이 1개 이상 결합하는 지방산이다.

- ☞ 식물성 유지에 함유되어 있다.
- ☞ 종류 : 올레산 1개, 리놀레산 2개, 리놀렌산3개, 아라키돈산4개
- ☞ 필수지방산 : 체내에서 합성이 되지 않아 음식물로 섭취한다.
- ☞ 필수지방산 종류 : 리놀레산, 리놀렌산, 아라키돈산

(2) 글리세린
- ☞ 무색, 무취, 감미를 가진 시럽형태의 액체
- ☞ 물보다 비중이 크고 글리세린이 물에 가라앉는다.
- ☞ 수분보유력이 커서 식품의 보습제로 이용된다.

5) 단백질

N(질소), 탄소(C), 수소(H), 산소(O) 원소로 유기화합물로 질소가 단백질의 특성을 규정한다.
- 함황 아미노산(황)포함하는 아미노산 : 시스테인, 시스틴, 메티오닌
- 필수아미노산 : 체내에서 합성되지 않아 음식물에서 섭취한다.
- 종류 : 트립토판, 리신,, 페닐알라닌, 류신, 이소류신, 트레오닌, 메티오닌, 발린

(1) 단순단백질 : 가수분해에 의해서 아미노산이 생성된다.
- 알부민 : 묽은 염류나 물에 녹고, 열과 강한 알콜에 응고 된다.
- 글로블린 : 물에는 녹지 않으나, 묽은 염류 용액에 녹는다.
- 글루텔린 : 묽은 산, 알칼리에 녹고 중성 용매에는 녹지 않는다. 밀의 글루테닌에 있다.
- 프롤라민 : 70%의 알콜에 용해 되며 밀의 글리아딘, 옥수수의 제인, 보리의 호르데인이 있다.

(2) 복합단백질 : 단순단백질에 다른 물질이 결합되어 있는 단백질이다.
- 핵단백질, 당단백질, 인단백질, 색소단백질, 금속단백질등이 있다.

6) 효소

(1) 탄수화물 분해효소
- 이당류 분해효소
  - ☞ 인베르타아제 : 설탕을 포도당+과당으로 분해하고, 이스트에 존재한다.
  - ☞ 말타아제 : 맥아당을 포도당+포도당 2분자로 분해하고, 이스트에 존재한다.
  - ☞ 락타아제 : 유당을 포도당+갈락토오스로 분해하고, 이스트에는 존재하지 않는다.
- 다당류 분해효소
  - ☞ 아밀라아제 : 전분을 글리코겐을 덱스트린, 맥아당으로 분해한다. (a- 아밀라아제:액화효소 / B-아밀라아제 : 당화효소)
  - ☞ 셀룰라아제 : 섬유소를 포도당으로 분해한다.
  - ☞ 이눌라아제 : 이눌린을 과당으로 분해한다.
- 산화효소

☞ 치마아제 : 포도당, 갈락토오스, 과당과 같은 단당류를 알콜과 이산화탄소로 분해 시키는 효소로 제빵용 이스트에 존재한다.
☞ 퍼옥시다아제 : 카로틴계의 황색 색소를 무색으로 산화

(2) 지방분해효소
☞ 스테압신 : 췌장에 있고 지방을 지방산과 글리세린으로 분해
☞ 리파아제 : 지방을 지방산과 글리세린으로 분해

(3) 단백질 분해효소
☞ 프로테아제 : 단백질을 펩톤, 펩티드, 아미노산으로 분해
☞ 레닌 : 위액에 존재하는 단백질 응고효소

7) 제빵에 관계되는 효소
☞ 말타아제 : 맥아당을 2분자 포도당+포도당
☞ 치마아제 : 포도당+과당을 분해 탄산가스와 알콜
☞ 인베르타아제 : 자당(설탕) 포도당+과당
☞ 프로테아제 : 단백질 분해 아미노산 생성
☞ 리파아제 : 지방을 지방산과 글리세린

제5절 재료의 영양학적 특징

1. 영양소

영양소란 식품에 함유되어 있는 여러 성분 중에 체내에 흡수되어 생활 유지를 위한 생리적 기능에 이용되는 것을 정의한다. 열량 영양소, 구성 영양소, 조절 영양소로 나눈다.
1) 열량 영양소 : 우리 몸의 에너지원으로 이용되는 탄수화물, 지방, 단백질
2) 구성 영양소 : 근육, 골격, 호르몬, 효소 등 신체구성의 성분이 되는 단백질, 무기질, 물
3) 조절 영양소 : 체내 생리 작용을 조절하고 대사를 원활하게 하는 무기질, 비타민, 물

2. 영양과 건강

1) 에너지 대사
 인체가 필요로 하는 총 에너지는 기초대사량(60~70%), 활동대사량(20~40%), 특이동적 대사량(5~10%) 세 가지 요소에 의해 산출된다.
 (1) 기초대사량
  우리가 살아가는데 생명유지에 꼭 필요한 최소의 에너지 대사량으로 체온유지나 호흡, 심장 박동

등 무의식적인 활동에 필요한 열량이다.
- 1일 기초대사량 : 성인 남자 1,500~2,000kcal, 성인 여자 1,200~1600kcal

(2) 활동대사량
일상생활에서 운동이나 노동 활동을 하면서 소모되는 에너지량이다.

(3) 특이동적 대사량
식품 자체의 흡수, 소화, 대사를 위해서 이용되는 에너지 소비량으로 당질을 섭취 시 6%, 지방 4%, 단백질 30%로 소비된다.

(4) 1일 총 에너지 소요량 계산
1일 기초대사량 + 특이동적 대사량 + 활동대사량
- 성인 남자 2,500kcal, 성인 여자 2,000kcal, 청소년 남자 2,600kcal, 청소년 여자 2,100kcal
- 성인의 에너지 비율
  ☞ 단백질 : 15%, 지방 : 20%, 탄수화물 : 65%

2) 에너지원 영양소의 1g당 kcal
지방 : 9kcal, 탄수화물 : 4kcal, 단백질 : 4kcal, 알콜 : 7kcal
- kcal 계산법 : [(탄수화물의 양 + 단백질의 양) × 4kcal]+지방의 양 × 9kcal)

3. 재료의 영양학적 특성

1. 탄수화물(당질)
   1) 탄수화물의 종류와 영양학적 특성
     (1) 단당류
       - 포도당
         ☞ 각 조직에 보내져 에저지원이 되고 사용하고 남은 과잉의 포도당은 지방으로 전환 된다.
         ☞ 여분의 포도당은 글리코겐의 형태로 간장의 조직 중에서 2~4% 이가 간장에 저장되고 근육의 조직 중에서 0.7%가 근육으로 저장된다.
       - 과당
         ☞ 당류 중에서 가장 빨리 소화, 흡수된다.
         ☞ 포도당을 섭취하면 안 되는 당뇨병 환자에게 감미료로 이용된다.
       - 갈락토오스
         ☞ 지방과 결합해 뇌, 신경 조직에 성분이 되어 유아에게 필요하다.
     (2) 이당류
       - 자당(설탕)
         ☞ 당류의 단맛을 비교할 때 표준이 된다.

- 맥아당(엿당)
  - ☞ 쉽게 발효하지 않아 위 점막을 자극하지 않고 어린이나 소화기 계통의 환자에게 좋다.
- 유당(젖당)
  - ☞ 장내에서 잡균의 번식을 막아 정장작용을 주고, 칼슘의 흡수를 돕는다.

(3) 다당류
- 글리코겐
  - ☞ 동물이 사용하고 남은 에너지를 간장이나 근육에 저장해 두는 탄수화물이다.
- 셀룰로오스(섬유소)
  - ☞ 체내에서 소화되지 않으나 장의 연동작용을 자극하여 배설작용을 촉진시킨다.
- 전분(녹말)
  - ☞ 단맛이 없으며, 찬물에 잘 풀어진다.
  - ☞ 전분은 물에 용해되지 않는다.

2) 탄수화물의 기능
- 1g당 4kcal의 에너지 공급원이다.
- 단백질 절약작용을 한다.
- 간장 보호와 해독작용을 한다.
- 한국인 영양섭취기준에 의해 1일 총열량 55~70%를 섭취해야 한다.

3) 과잉 섭취 시 질병
- 비만, 당뇨, 동맥경화증

2. 지방(지질)

1) 지방의 종류와 영양학적 특성

(1) 단순지방
- 중성지방
  - ☞ 3분자 지방산과 1분자 글리세린이 결합되고 고체인 지방과 액체인 기름으로 나눈다.
- 납(왁스)
  - ☞ 식물의 줄기, 종자, 동물의 체조직의 표피부분, 뇌, 뼈 등에 있으나 영양적 가치 없다.

(2) 복합지방
- 인지질
  - ☞ 레시틴, 세팔린, 스핑고미엘린
- 당지질
  - ☞ 뇌, 신경조직
- 단백지질
  - ☞ 중성지방에 단백질이 결합 된 것

2) 지방의 기능
   - 지방 1g당 9kcal의 에너지를 발생한다.
   - 외부로부터 인체 내장 기관을 보호해 준다.
   - 체온의 발산을 막아 체온을 조절한다.
   - 지용성 비타민의 흡수를 촉진한다.
   - 장내의 윤활제 역할을 해서 변비를 방지한다.

3) 과잉 섭취 시 질병
   비만, 유방암, 대장암, 동맥경화

3. 단백질

1) 단백질 질소계수
   질소는 단백질만 가지고 있는 원소로서, 단백질에 평균 16%가 있다. 식품의 질소 함유량 6.25 곱한다.
   (1) 단백질 양 = 질소의 양 × 100 ÷ 16
   (2) 질소의 양 = 단백질 양 × 16 ÷ 100

2) 필수아미노산의 영양적 가치
   - 체조직의 구성과 성장 발육에 필요하다.
   - 체내 합성이 되지 않으므로 음식물로 섭취해야 한다.
   - 어린이와 회복기 환자에게는 8종류 외에 히스티딘을 함유 9종류가 있다.

3) 단백질의 영양학적 분류
   (1) 완전단백질 : 종류는 카세인, 락토알부민(우유), 오브알부민, 오보비텔린(계란), 미오신(육류), 미오겐(생선), 글리시닌(콩)
   (2) 부분적 완전단백질 : 글리아딘(밀), 호르데인(보리), 오리제닌(쌀)

4) 단백질의 영양가 평가법
   (1) 생물가(%)
       체내 단백질 이용률을 나타낸 것으로 생물가가 높을수록 체내 이용률이 높다.
       체내에 보유된 질소량 ÷ 체내에 흡수된 질소량 × 100 = 생물가(%)
   (2) 단백가(%)
       식품 중 필수아미노산 함량 ÷ 표준 단백질 필수아미노산 함량 × 100 = 단백가(%)
   (3) 제한아미노산

식품에 함유되어 있는 필수아미노산 중 이상형보다 적은 아미노산을 제한아미노산이라 한다. 2종 이상일 때는 가장 적은 아미노산을 제 1 제한아미노산이라 한다.

 (4) 단백질의 상호보조

  단백가가 낮은 식품이라도 부족한 필수아미노산(제한아미노산)을 상호보안 할 수 있는 식품과 함께 섭취하면 체내 이용률이 높아진다.

5) 단백질의 기능
- 1g당 4kcal의 에너지원을 발생시킨다.
- 체조직과 혈액단백질 효소, 호르몬 등을 구성한다.
- 체내 수분 함량을 조절하고 체액의 pH를 유지한다.
- 면역체 역할을 한다.
- 한국인의 1일 단백질 권장량은 체중 1kg당 단백질의 생리적 필요량은 1.13g이다.
- 1일 총열량의 10~20% 필요

6) 단백질 대사
- 남은 아미노산은 간으로 운반되어 저장했다가 필요 시 분해한다.
- 최종 분해산물인 요소와 그 외 질소 화합물은 소변으로 배출된다.
- 흡수된 아미노산은 각 조직에 운반되어 조직 단백질을 구성한다.

7) 과잉 섭취 시 질병

 장시간 결핍되면 발육장애, 피부염, 간질환, 저항력 감퇴 등의 증상과 콰시오카, 마라스무스 질병이 발생한다.

4. 무기질

1) 무기질의 영양학적 특징
- 체내에 합성이 되지 않아 음식물로 섭취해야 한다.
- 인체 4~5%가 무기질이다.
- 산성을 가지는 무기질 S, P, Cl
- 알카리 가지는 무기질 Ca, Na, K, Mg, Fe

2) 무기질의 기능

 (1) 구성소 역할
- 연조직(근육, 신경) : S, P
- 경조직(뼈, 치아) : Ca, P

- 체내 기능물질 구성 : 갑상선 호르몬 I, 헤모글로빈 Fe
(2) 조절소 역할
- 삼투압 조절기능 : 칼륨(K), 나트륨(Na), 염소(CI)
- 체액 중성 유지 : 칼슘(Ca), 나트륨(Na), 마그네슘(Mg), 칼륨(K)s
- 혈액 응고 기능 : 칼슘(Ca)
- 신경안정 기능 : 나트륨(Na), 칼륨(K), 마그네슘(Mg)

> **Tip** 칼슘흡수를 돕는 비타민 : 비타민 D
> 칼슘흡수를 방해하는 인자 : 시금치에 함유된 옥살산(수산)

(3) 무기질의 급원식품과 결핍증 및 과잉증
- 칼슘(Ca) : 우유 및 유제품, 계란, 뼈째 먹는 생선 – 구루병
- 철(Fe) : 동물의 간, 난황, 살코기, 녹색채소 – 빈혈
- 요오드(I) : 해조류(다시마, 미역, 김) – 갑상선종
- 나트륨(Na) : 소금, 우유, 육류 – 동맥경화증

5. 비타민

1) 비타민의 영양학적 특성
- 음식물을 통해 섭취해야 한다.
- 탄수화물, 지방, 단백질의 대사에 조효소 역할을 한다.
- 신체 기능을 조절한다.

2) 비타민의 분류와 특징
(1) 수용성 비타민의 종류
- 비타민 B_1(thiamine), 비타민 B_2(riboflavin), 비타민 C(ascorbicacid)
(2) 지용성 비타민의 종류
- 비타민 A(retinol), 비타민 D(calciferol), 비타민 E(tocopherol), 비타민 K(phylloquinone)
(3) 수용성 비타민과 지용성 비타민의 비교

항목	수용성 비타민	지용성 비타민
용매의 종류	물에 용해	기름과 유기용매
과잉 시 생체작용	소변배출	체내 저장
결핍 시 증세	빠르게 나타남	서서히 나타난다
공급횟수	매일 매시 공급	필요시에 공급

3) 비타민의 급원식품과 결핍증
(1) 지용성 비타민

종류	급원식품	지용성 비타민
비타민 A	버터, 간유, 난황	야맹증
비타민 D	청어, 연어, 간유	구루병
비타민 E	곡류의 배아유, 면실유	쥐의 불임증
비타민 K	양배추, 시금치, 난황	혈액 응고 지연

(2) 수용성 비타민

종류	급원식품	지용성 비타민
비타민 B1	쌀겨, 난황, 간, 대두	각기병
비타민 B2	우유, 치즈, 간, 계란, 효모	구순구각염
니아신	간, 육류, 콩, 효모, 생선	펠라그라병
비타민 B6	육류, 시금치, 과일류	피부염, 신경염
비타민 C	과일류, 딸기, 감귤류	괴혈병

6. 물

1) 물의 기능
   - 영양소와 노폐물을 운반하고, 체온을 조절한다.
   - 인체의 중요한 구성 성분으로 체중의 2/3를 차지한다.
   - 소화액 등의 여러 분비액의 주요성분으로, 체내 모든 대사과정의 매체가 되어 촉매작용을 한다.
   - 영양소 흡수로 세포막에 농도차이가 생기면 물이 이동하여 체액을 정상으로 유지 시킨다.

2) 물의 섭취, 흡수, 배설
   - 소변, 대변으로 물을 배설하거나 피부로 수분을 증발시켜 배출한다.
   - 물을 흡수하는 신체기관은 대장이다.
   - 음료수, 식품, 대사과정에서 생성되는 산화수 등을 통해 물을 섭취한다.
   - 폐를 통한 호흡과정에서 수분을 배출한다.

3) 물의 손실로 인한 증상
   - 맥박이 빠르거나 약해지며 호흡이 가빠지고 짧아진다.
   - 허약, 무감각, 근육부종이 일어나며, 손발이 차고 창백하고 식은 땀이 난다.
   - 심한 경우에는 혼수상태에 이른다.

제6절 충전물·토핑물 제조

1. 재료의 특성 및 전처리

반죽을 만들기 전에 준비하는 모든 작업을 전처리라 한다.

1) 가루재료 : 이물질을 제거하고 뭉친 것이나 골고루 혼합하기 위해 밀가루, 분유 등 가루는 체로 쳐서 사용한다.
2) 가루 재료 체치는 목적

- 불순물 제거, 공기의 혼입, 재료의 고른 분산, 밀가루의 15%까지 부피 증가, 흡수율 증가
3) 이스트 : 잘게 부수어 사용하거나 물에 녹여 사용한다.
4) 이스트 푸드 : 가루 재료에 직접 혼합해 사용한다.
5) 우유 : 살균한 후 차게 해서 사용한다.
6) 물 : 반죽 온도에 영향을 미치므로 물의 온도에 유의해 사용한다.
7) 탈지분유 : 설탕, 밀가루에 분산해서 사용한다.

2. 충전물, 토핑물, 제조 방법

제품에 채우거나 위에 뿌리고 바르고 얹는 재료를 말한다.

1) 커스터드 크림
　　- 계란, 우유, 설탕을 혼합해 안정제로, 옥수수 전분이나 박력분을 넣어 끓인 커스터드크림
　　- 농후화란 교질용액의 상태를 만드는 것을 말하며, 계란, 전분, 박력분이다.

2) 디프로매트 크림
　　- 무가당 생크림과 커스터드크림 1 : 1 비율로 혼합하는 크림

3) 휘핑크림 : 식물성 지방 40% 이상인 크림을 거품 낸 것으로 4~6℃에서 거품 형성.

4) 생크림 : 우유의 지방 함량 35~40% 생크림을 휘핑해 사용하고, 생크림 보관 시 온도 3~7℃ 냉장
　　　　　보관 한다.

5) 버터크림
　　- 버터에 시럽(설탕 100%에 물 25~30%)를 넣고 시럽온도 114~118℃로 끓여 넣고 휘핑해 크림 상
　　　태로 만든다.

6) 가나슈 크림
　　- 생크림 80℃ 이상 끓여 살균한 생크림에 초콜릿을 1 : 1 비율로 혼합해 만든다.

7) 아이싱
　　- 장식할 재료를 말하며 설탕을 포함한 재료를 빵과 과자 제품에 덮거나 씌우는 것을 한다.
　　(1) 아이싱의 종류와 특성
　　　　- 아이싱의 종류
　　　　　　☞ 단순아이싱 : 분설탕, 물, 물엿, 향료를 혼합해 43℃의 되직한 페이스트 상태로 만든 것

- 크림아이싱
    - ☞ 퍼지 아이싱 : 설탕, 버터, 초콜릿, 우유를 주재료로 크림화시켜 만든 것
    - ☞ 퐁당 아이싱 : 설탕, 시럽을 교반하여 기포를 넣어 만든 것
    - ☞ 마시멜로 아이싱 : 흰자에 설탕 시럽을 넣어 거품을 올려 만든 것

(2) 굳은 아이싱을 풀어주는 방법
- ☞ 35~43℃로 중탕한다.
- ☞ 아이싱에 최소의 액체를 넣는다.
- ☞ 굳은 아이싱은 데우는 정도로 안 되면 설탕 시럽(설탕 2 : 물 1)을 넣는다.

(3) 아이싱의 끈적거림을 방지하는 법
- ☞ 전분, 밀가루 같은 흡수제를 사용한다.
- ☞ 젤라틴, 식물성 검 등 안정제를 사용한다.

8) 글레이즈

과자류의 표면에 광택을 내는 일이며, 표면이 마르지 않도록 젤라틴, 젤리, 시럽, 퐁당, 초콜릿 등을 바르는 일과 이런 모든 재료를 말한다.

> **Tip** 도넛과 케이크의 글레이즈는 45~50℃가 적당하다.
> 도넛에 설탕으로 아이싱하면 40℃ 전후가 좋고 퐁당은 38~44℃가 좋다.

9) 머랭

계란 흰자를 거품 내어 만든 제품으로 공예 과자나 아이싱 크림으로 사용된다.
- 머랭의 종류
    - ☞ 이탈리안 머랭 : 계란 흰자를 거품낸 후 설탕 시럽(설탕 100에 물 30을 넣고 114~116℃ 끓임)을 투입하여 만든 머랭으로 무스나 냉과 제조 시 사용한다.
    - ☞ 냉제 머랭 : 튼한 거품체를 만든다. 흰자 100, 설탕 200을 넣고, 거품 안정을 위해 소금 0.5와 주석산 0.5를 넣기도 한다.
    - ☞ 온제 머랭 : 계란 흰자와 설탕을 혼합해 43℃로 중탕 후 거품을 내다 안정되면 분설탕을 혼합한다. 흰자 100, 설탕 200, 분설탕 20을 넣는다. 공예과자, 세공품을 만들 때 사용한다.
    - ☞ 스위스 머랭 : 계란 흰자 1/3와 설탕 2/3을 혼합 해 43℃로 중탕 후 거품을 내 레몬즙을 첨가하고 나머지 흰자에 설탕을 혼합해 거품을 낸 후 냉제 머랭을 혼합한다. 1일 지나도 사용 가능하다.

10) 퐁당 : 설탕 100에 대해 물 30을 넣고 114~118℃로 끓인 후 희뿌연 상태로 재결정화 시킨 것으로 38~44℃에 사용한다.

핵심문제

1. 베이커스 퍼센트(Baker's Percent)에 대한 설명으로 맞는 것은?
① 전체 재료의 양을 100%로 하는 것이다.
② 물의 양을 100%로 하는 것이다.
③ 밀가루의 양을 100%로 하는 것이다.
④ 물과 밀가루의 양의 합을 100%로 하는 것이다.

2. 제빵 배합률 작성 시 베이커스 퍼센트에서 기준이 되는 재료는?
① 밀가루　　　② 물　　　③ 설탕　　　④ 유지

3. 생리기능의 조절작용을 하는 영양소는?
① 탄수화물, 지방질　② 탄수화물, 단백질　③ 지방질, 단백질　④ 무기질, 비타민

4. 제과에서 설탕의 기능이 아닌 것은?
① 감미제
② 밀가루 단백질의 연화
③ 알콜 발효의 탄수화물 급원
④ 수분보유로 노화시킨다.

5. 다음 혈당의 저하와 가장 관계가 깊은 것은?
① 인슐린　　　② 리파아제　　　③ 프로테아제　　　④ 펩신

6. 다음 중 단당류가 아닌 것은?
① 갈락토오스　　　② 포도당　　　③ 과당　　　④ 맥아당

7. 다음 케이크에서 설탕의 역할과 거리가 먼 것은?
① 껍질색을 진하게 한다.
② 수분 보유력이 있어 노화 지연된다.
③ 감미를 준다.
④ 제품 형태를 유지한다.

8. 박력 밀가루의 단백질 함량은?
① 7~9%　　　② 9~10%　　　③ 11~13%　　　④ 14~20%

9. 케이크 제조에 있어 계란 기능으로 적절하지 못한 것은?
① 글루텐 형성　　　② 결합작용　　　③ 팽창작용　　　④ 유화작용

10. 제과에서 소금이 미치는 영향이 아닌 것은?
① pH를 조절한다. ② 잡균의 번식을 억제한다.
③ 향을 좋게 한다. ④ 반죽의 물성을 좋게 한다.

11. 다음 물의 기능이 아닌 것은?
① 원료를 분산하고 글루텐을 형성시킨다.
② 반죽의 되기를 조절한다.
③ 반죽 온도를 조절한다.
④ 효모와 효소의 활성에 제공하지 못한다.

12. 밀알의 구조가 아닌 것은?
① 배아 2~3% ② 껍질 밀의 14% ③ 내배유 83% ④ 제분소율 5%

13. 다음 제빵에 사용되는 강력밀가루의 단백질 함량은 얼마인가?
① 7~9% ② 9~10% ③ 11~13% ④ 14~18%

14. 밀가루의 등급은 무엇을 기준으로 하는가?
① 단백질 ② 회분 ③ 유지방 ④ 탄수화물

15. 빵 반죽의 특성인 글루텐을 형성하는 밀가루의 단백질 중 탄력성과 관계있는 것은?
① 글루테닌 ② 글리아딘 ③ 알부민 ④ 글루불린

16. 50g의 밀가루에서 15g의 글루텐을 채취했다면 밀가루의 건조 글루텐 함량은?
① 20% ② 30% ③ 50% ④ 10%
★ (15÷50)×100=30÷3=10

17. 다음 밀가루에 함유되어 있는 수분함량은 어느 정도인가?
① 10~14% ② 15~18% ③ 19~20% ④ 24~29%

18. 다음 밀가루의 단백질에 작용하는 효소는 무엇인가?
① 프로테아제 ② 말타아제 ③ 리파아제 ④ 지방분해효소

19. 밀가루 자연 숙성 시 기간은 어느 정도인가?
① 2~3개월 ② 1~4개월 ③ 1달 ④ 4~5개월

20. 밀가루 표백과 숙성을 위해 이용되는 첨가물은?
① 개량제　　　② 유화제　　　③ 점착제　　　④ 팽창제

21. 다음 호밀분에 대한 설명으로 적합하지 않은 것은?
① 호밀 단백질은 밀가루 단백질에 비해 글루텐을 형성하는 능력이 떨어진다.
② 호밀분에 지방의 함량이 높으면 저장성이 낮아진다.
③ 제분율에 따라 백색, 중간색, 흑색 호밀가루로 분류된다.
④ 밀가루에 비해 펜토산 함량이 낮아 반죽이 끈적거린다.

22. 옥수수 단백질인 제인에 부족한 아미노산은 무엇인가?
① 트립토판, 리신　　② 트레오닌, 류신　　③ 페닐알라닌, 트레오닌　　④ 트립토판, 발린

23. 밀가루에서 단백질을 추출하여 만든 미세한 분말로 연한 황갈색이며 부재료로 사용되는 성분은 무엇인가?
① 활성 밀 글루텐　　② 호밀가루　　③ 땅콩가루　　④ 면실분

24. 제과·제빵용 건조 재료와 팽창제 및 유지 재료를 알맞은 배합으로 균일하게 혼합한 원료는 무엇인가?
① 팽창제　　　② 프리믹스　　　③ 향신료　　　④ 개량제

25. 전화당에 대한 설명으로 적합하지 않은 것은?
① 케이크와 쿠키의 저장성을 지연시킨다.
② 수분 보유력이 높아 신선도를 유지 시킨다.
③ 포도당과 과당이 동일하게 혼합되어 있는 혼합물이다.
④ 전화당의 상대적 감미도는 70이다.

26. 설탕을 분쇄한 분말로 덩어리 방지를 위해 옥수수 전분을 몇 % 첨가하는가?
① 3%　　　② 5%　　　③ 6%　　　④ 7%

27. 다음 전분을 가수분해하여 만든 당은 무엇인가?
① 포도당　　　② 물엿　　　③ 이성화당　　　④ 당밀

28. 다음 보기 중 전분당이 아닌 것은 무엇인가?
① 포도당　　　② 설탕　　　③ 물엿　　　④ 이성화당

29. 다음 제빵용 효모에 의해 발효되지 않는 당은?
① 유당   ② 포도당   ③ 과당   ④ 맥아당

30. 제빵에서 설탕의 기능이 아닌 것은 무엇인가?
① 이스트 영양공급   ② 껍질색 개선   ③ 향을 향상   ④ 노화촉진

31. 다음 유지의 품온 온도는 몇 ℃인가?
① 22℃   ② 30℃   ③ 35℃   ④ 40℃

32. 버터의 수분함량은 얼마인가?
① 14~17%   ② 20~22%   ③ 25~28%   ④ 30~34%

33. 포화지방산 중 탄소의 수가 가장 적은 것은 무엇인가?
① 뷰티르산   ② 팔미트산   ③ 미리스트산   ④ 스테아르산

34. 튀김 온도는 보통 몇 ℃인가?
① 180~190℃   ② 200~220℃   ③ 230~235℃   ④ 240~245℃

35. 튀김기름의 조건이 아닌 것은 무엇인가?
① 저장성과 안정성이 높다.   ② 발연점이 높다.
③ 천연 항산화제가 있다.   ④ 수분이 11% 있다.

36. 유지를 공기 중에 오래 두었을 때 산화되어 불쾌한 냄새가 나고 맛이 떨어지는 현상은?
① 산패   ② 가수분해   ③ 건성   ④ 크림화

37. 다음 보기 중 유지의 산패 정도를 나타내는 값이 아닌 것은 무엇인가?
① 요오드가   ② 산가   ③ 아세틸가   ④ 과산화물가

38. 다음 유지의 산패를 촉진하는 요인이 아닌 것은?
① 공기   ② 온도   ③ 자외선   ④ 질소

39. 다음 중 유지의 산패와 거리가 먼 것은 무엇인가?
① 온도   ② 비타민 E   ③ 공기   ④ 수분

40. 다음 유지의 경화 공정과 관련이 없는 것은 무엇인가?
① 콜레스테롤　　② 수소　　③ 촉매제　　④ 불포화지방산

41. 우유의 비중은 평균 얼마인가?
① 1.030　　② 1.110　　③ 1.221　　④ 1.322

42. 다음 우유의 pH 얼마인가?
① 4.5~5　　② 3.0~4.1　　③ 5.0~5.9　　④ 6.5~6.6

43. 다음 우유 중에 가장 많이 들어있는 단백질은 무엇인가?
① 카제인　　② 시스테인　　③ 글루테닌　　④ 알부민

44. 다음 보기 중 우유 살균법이 다른 것은 무엇인가?
① 저온 장시간 : 60~65℃ 30분간
② 고온 단시간 : 71℃ 15초
③ 초고온 순간 : 130~150℃ 3초
④ 고온 장시간 : 100℃ 10초

45. 다음 음용하기 위해 가공된 액상우유로 시장에서 파는 Market milk은 무엇인가?
① 농축우유　　② 시유　　③ 생크림　　④ 치즈

46. 다음 분유 중 지방을 제거한 것은 무엇인가?
① 전지분유　　② 탈지분유　　③ 요구르트　　④ 유장

47. 다음 치즈 제조와 관련이 있는 효소는 무엇인가?
① 펩신　　② 레닌　　③ 프로테아제　　④ 아밀로펙틴

48. 다음 빵과 과자에 우유가 미치는 영향이 아닌 것은 무엇인가?
① 껍질색을 진하게 한다.
② 영양을 강화시켜 준다.
③ 이스트에 생성된 향을 착향 시켜준다.
④ 보수력이 없어서 노화 촉진 역할을 한다.

49. 다음 수분을 제거한 분유는 무엇인가?
① 탈지분유　　② 요구르트　　③ 치즈　　④ 전지분유

50. 다음 빵을 만들 때 4~6%의 분유 사용이 제품에 미치는 영향이 아닌 것은?
① 제품의 기공과 결이 좋아진다.
② 부피를 증가시킨다.
③ 분유 속의 유당이 껍질색을 개선 시킨다.
④ 제품의 겉면이 균열이 생긴다.

51. 다음 스펀지법에서 분유를 스펀지에 첨가하는 경우가 아닌 것은 무엇인가?
① 아밀라아제 활성이 과도할 때
② 밀가루가 쉽게 지칠 때
③ 단시간에 걸쳐 스펀지 발효를 한 후 본 발효시간을 길게 하고자 할 때
④ 단백질 함량이 적거나, 약한 밀가루를 사용할 때

52. 다음 계란 껍질을 제외한 전란의 고형질 함량은 몇 %인가?
① 12%   ② 7%   ③ 25%   ④ 50%
★ 100% - 75%(수분비율) =25%

52. 다음 계란의 구성 비율이 아닌 것은? (껍질 % : 노른자 % : 흰자 %)
① 10 30 60   ② 13 20 50   ③ 15 28 50   ④ 10 25 60

53. 계란의 수분 비율이 맞은 것은 무엇인가? (전란 % : 노른자 % : 흰자 %)
① 75 50 88   ② 70 40 88   ③ 71 44 88   ④ 75 45 88

54. 다음 계란의 신선도 측정 시 올바르지 않은 것은?
① 껍질은 윤기가 없으며 까슬까슬하다.
② 소금물(소금 6~10%)에 넣었을 때 가라앉는다.
③ 흔들어 보았을 때 소리가 있으며 햇빛을 통해 볼 때 속이 어둡게 보인다.
④ 깨었을 때 노른자가 바로 깨지지 않아야 한다.

55. 계란의 특징적 성분으로 지방의 유화력이 강한 성분은 무엇인가?
① 스테롤   ② 세팔린   ③ 레시틴   ④ 아비딘

56. 이스트의 학명은 무엇인가?
① Saccharomyces. cerevisiae   ② 비브리오균
③ 젖산균   ④ 파툴린

57. 효모의 증식하는 방법은 무엇인가?
① 포자법　　　　② 출아법　　　　③ 이분법　　　　④ 기생생활

58. 압착 효모의 고형분 함량은 몇 %인가?
① 30%　　　　② 10%　　　　③ 60%　　　　④ 70%

59. 건조 이스트는 같은 중량을 사용할 생이스트보다 활성이 약 몇 배 더 강한가?
① 5배　　　　② 9배　　　　③ 2배　　　　④ 15배

60. 다음 이스트의 보관 온도는 몇 ℃인가?
① 0℃~5℃　　　　② 10℃　　　　③ 15℃　　　　④ 18℃

61. 다음 보기 중 물의 기능이 아닌 것은?
① 원료를 분산하고 글루텐을 형성시켜 반죽의 되기를 조절한다.
② 효모와 효소의 활성을 제공한다.
③ 반죽 온도를 조절한다.
④ 유화작용을 한다.

62. 제빵 시 경수를 사용할 때 조치사항이 아닌 것은 무엇인가?
① 급수량 감소　　　　② 이스트 사용량 증가
③ 맥아 첨가　　　　④ 이스트 푸드 감소

63. 다음 보기 중 경수의 ppm은 무엇인가?
① 180ppm이상　　　　② 120ppm이하　　　　③ 60ppm이하　　　　④ 150ppm이상

64. ppm을 나타낸 것으로 옳은 것은 무엇인가?
① g당 중량 백분율
② g당 중량 만분율
③ g당 중량 백만분율
④ g당 중량 십이만분율

65. 연수의 조치사항이 아닌 것은?
① 2% 흡수율을 낮춘다　　　　② 이스트 푸드 증가
③ 소금증가　　　　④ 가스 보유력이 많다.

66. 제빵에 가장 적합한 물은 무엇인가?
① 아경수(120~180ppm)
② 연수(60ppm)
③ 경수(180ppm)
④ 아연수(61~100ppm)

핵심문제정답
1.③ 2.① 3.④ 4.③ 5.① 6.④ 7.④ 8.④ 9.① 10.① 11.④ 12.④ 13.③ 14.② 15.① 16.④ 17.① 18.①
19.① 20.① 21.④ 22.① 23.① 24.② 25.④ 26.① 27.① 28.② 29.① 30.④ 31.① 32.① 33.① 34.①
35.④ 36.① 37.① 38.④ 39.② 40.① 41.① 42.④ 49.④ 50.① 51.③ 52.① 53.① 54.③ 55.③ 56.①
57.② 58.① 59.③ 60.① 61.④ 62.① 63.① 64.③ 65.④ 66.①

공통과목
제과기능사 & 제빵기능사

제2장 빵류·과자류 위생관리

코코넛 버터롤

# 제2장 빵류·과자류 위생관리

제1절 식품위생 관련 법규 및 규정

1. 식품위생이란
1) 식품위생의 의의 및 목적
   식품위생이란 W.H.O 식품원료의 재배와 식품의 생산 및 제조로부터 유통과정을 거쳐 최종적으로 사람에게 섭취되기까지의 모든 단계에 있어 식품의 안정성, 건전성, 완전무결성을 확보하기 위한 모든 수단을 말한다.
2) 우리나라의 식품위생법
   - 식품이란 모든 음식물을 말하나 의약으로 섭취하는 것은 예외로 한다.
   - 식품위생이란 식품, 식품첨가물, 기구, 용기, 포장을 대상으로 음식 관련의 위생을 말한다.
3) 식품위생의 목적
   - 식품영양의 질적 향상을 도모
   - 식품으로 인해 생기는 위생상의 위해를 방지
   - 식품에 관한 올바른 정보를 제공한다.
   - 국민보건의 향상과 증진에 이바지한다.

2. 식품위생법 관련 법규
1) 식품위생법과 관련 업종
   (1) 식품의약품안전처
       식품, 의약품, 의료기기, 의약외품, 위생용품, 마약 등의 안전관리에 대해 사무를 관장하는 국무총리실 산하 중앙행정기관이다.
2) 우리나라 식품위생법 내용
   (1) 식중독에 관한 조사보고
       - 한의사, 의사는 식중독 환자나 식중독이 의심되는 증상을 보이는 사람의 혈액, 배설물을 보관하는 데 필요한 조치를 하고, 지체 없이 관할 시장, 군수, 구청장에게 보고해야 한다.
       - 시장, 군수, 구청장은 지체없이 식품의약품안전처장 및 시·도지사에게 보고하고 원인을 조사하여 보고해야 한다.
   (2) 건강진단
       - 영업을 하려는 자는 사전 식품위생교육을 받아야 한다.(영양사, 조리사의 면허 소지자 제외)

- 식품 취급자는 1년에 1번 건강검진을 실시한다.
- 식품 영업에 종사하지 못하는 질병이 있다고 인정된 자는 영업에 종사하지 못한다.
- 완전포장된 식품, 식품첨가물을 운반하거나 판매하는 일에 종사하는 사람은 제외한다.

(3) 조리사 및 영양사 면허
- 100명 이상 집단급식소 운영자는 자격증이 있는 영양사가 있어야 한다.
- 식품접객업 중 복어를 조리ㆍ판매하는 자는 자격증이 있는 전문 복어조리사가 있어야 한다.

4) 식품관련 업종
  (1) 식품관련 영업의 종류
    식품제조가공업, 즉석판매제조가공업, 식품운반업, 식품첨가물제조업, 식품소분판매업, 식품보존업, 용기포장류제조업, 식품접객업등이 있다.

3. HACCP(Hazard analysis critical control point)의 개념과 의의

1) HACCP의 정의 : 식품안전관리인증기준
  (1) HACCP은 위해요소분석(Hazard analysis)과 중요관리점(critical control point)의 해썹 또는 식품안전관리인증기준이라 한다.
  (2) 식품의 원료, 제조, 가공, 조리 및 유통의 전 과정에서 위해물질이 해당식품에 혼입되거나 오염되는 것을 사전에 방지하기 위해 각 과정을 중점적으로 관리하는 기준을 말한다.
  (3) 식품의약품안전처장은 식품안전관리인증기준(HACCP)을 식품별로 정해 고시하고 있다.

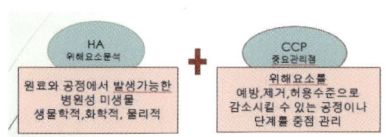 

2) HACCP의 12 절차

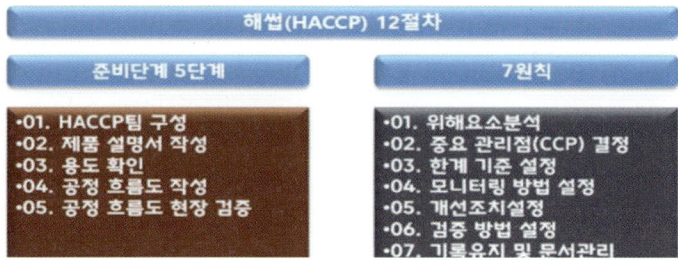

4. 식품첨가물

1) 식품첨가물의 정의
인위적으로 식품첨가물을 사용하여 식품의 품질을 개량할 뿐만 아니라 보존성과 기호성을 향상시켜 주는 것이며, 영양적인 가치의 질을 높여주는 목적이며, 식품첨가물의 규격과 사용 기준은 식품의약품안전처장이 정한다.

2) 식품첨가물의 조건
   - 독성이 없거나 극히 적을 것
   - 미량으로 효과가 클 것
   - 무미, 무취, 자극성이 없을 것
   - 사용하기 간편하고 경제적일 것
   - 식품의 영양가를 유지할 것
   - 식품에 나쁜 이화학적 변화를 주지 않을 것
   - 공기, 빛, 열에 대한 안정성이 있을 것
3) 식품첨가물의 종류와 특징
   - **방부제(보존료)** : 미생물의 번식으로 인해 식품의 변질을 방지하기 위해 사용
     예) 디하이드로초산, 안식향산, 소브르산, 프로피온산 칼슘, 프로피온산 나트륨
   - **살균제** : 식품 표면의 미생물을 단시간 내에 사멸시키는 작용을 하는 식품첨가물
     예) 표백분, 차아염소산나트륨
   - **산화방지제** : 산화에 의한 식품의 품질 저하를 방지하는 식품첨가물
     예) 비타민E(토코페롤), BHT, BHA, 프로필갈레이트, 에르소르브산
   - **표백분** : 식품의 색을 제거하기 위해 사용되는 식품첨가물
     예) 과산화수소, 무수 아황산, 아황산나트륨
   - **밀가루개량제** : 밀가루나 반죽에 첨가되어 제빵 품질이나 색을 증진시키는 식품첨가물
     예) 이산화염소, 과황산암모늄, 브롬산칼륨, 과산화벤조일
   - **호료(증점제)** : 식품에 점착성 증가, 유화안정성, 선도유지, 형체보존에 도움을 준다.
     예) 카세인, 메틸셀룰로오스, 알긴산나트륨
   - **착색료** : 식품에 색을 부여 또는 복원시키는 식품첨가물로 인공적인 화합물과 천연적인 추출물 등이 있다. 예) 벤질, 알콜, 바닐린, 멘톨, 계피알데히드
   - **발색제** : 식품의 색을 안정시키거나, 유지 또는 강화시켜 기호성 및 보존성을 높이는 목적으로 사용한다. 예) 아질산나트륨, 질산나트륨, 질산칼륨
   - **영양강화제** : 밀가루나 반죽에 첨가되어 제빵 품질이나 색을 증진 시키는 식품첨가물
     예) 비타민류, 무기염류, 아미노산류
   - **유화제** : 물과 기름의 계면에 작용하여 계면 장력을 낮춤으로써 분산상의 응집을 막는 것을 계면활성제라 한다.
   - **조미료** : 조미료는 맛의 종류에 따라서 감미료, 산미료, 염미료, 신미료 등으로 분류할 수 있다.
   - **팽창제** : 가스를 방출하여 반죽의 부피를 부풀게 하여 적당한 형체를 갖추게 하기 위하여 사용되는 첨가물이다.
   - **피막제** : 과실 및 채소류의 선도를 장기간 유지하기 위하여 표면에 피막을 형성시켜 광택을 내 외관을 보기 좋게 하고, 호흡작용을 억제시킴으로써 수분의 증발을 방지하는 보호막을 형

성시키는 역할로 사용되고 있다
- **추출용제** : 식품의 어떤 성분을 추출하거나 용해시킬 목적으로 사용하는 것
- **이형제** : 식품의 형태를 유지하기 위해 원료가 용기에 붙는 것을 방지하여 분리하기 쉽도록 하는 식품첨가물

4) 식품첨가물 사용량 기준
  (1) ADI(Acceptable Dally Intake) 1일 섭취 허용량)
    식품첨가물, 농약을 매일 섭취해도 허용이 되는 화학물질의 1일 섭취량을 의미
  (2) LD_{50}(Lethal Dose 50 치사량) : LD_{50} 값이 적을수록 독성이 강하다.

제2절 개인위생관리

1. 개인위생관리

1) 개인위생관리 사항
   - 원료나 제품을 직접 접촉하는 종사자는 1년 1회 정기적인 건건강검진을 받아야 하고 설사, 복통, 외상 등이 있을 때는 식품제조 작업을 중지해야 한다.
   - 제품에 교차오염이 발생하는 것을 방지하기 위해서 종사자는 귀, 입, 코, 머리 등 신체부위를 만지거나, 깨끗하지 않은 기구, 작업표면, 청결하지 못한 옷, 행주, 걸레 등을 만졌을 경우 작업하는 제품이 변경되었을 경우 세척 및 소독을 실시해야 한다.
   - 제품에 이물이 혼입될 수 있는 반지, 시계, 머리핀, 귀걸이 등 장신구는 음식에 들어가지 않게 착용하지 않는다.
   - 설사, 손에 화농성 질환이 있는 사람의 조리를 원칙적으로 금지 시킨다.
   - 종사자는 작업장 출입 전 위생복(위생복, 위생화, 위생모자)을 착용한다.
   - 작업장 입실 시에 위생복장에 묻어 있는 이물을 제거하고 교차오염을 방지하기 위해 세척, 건조, 소독을 실시한다.
   - 청결구역 위생복장을 착용한 상태에서는 제조 외 식사, 화장실, 출입, 운동, 외출, 출퇴근 시 다른 활동을 금하고 철저히 관리해야 한다.
   - 손 씻기는 30초 이상 손톱 주변과 손가락 사이를 신경 써서 씻는다.

2. 식중독의 종류

1) 식중독의 정의
   식품 섭취로 인하여 인체에 유해한 미생물 또는 유독물질에 의하여 발생하였거나 발생한 것으로 판단되는 감염성 질환 또는 독소형 질환
2) 식중독의 종류·특징 및 예방 방법
   (1) 세균성 식중독

① 감염형 식중독 : 식중독의 원인이 직접 세균에 의해 발생하는 중독을 말하며, 열에 약함.
- 살모넬라(Salmonela)균 식중독
  ☞ 62~65℃에서 30분 가열하면 사멸한다.
  ☞ 오염된 식품 섭취 시 발열과 급성 위장염이 나타난다.
  ☞ 어패류, 유가공류, 육류 등으로 식품에 감염된다.
- 장염 비브리오(Vibrio)균 식중독
  ☞ 여름철에 해조류, 패류, 어류 등에 의해 감염된다.
  ☞ 구토, 복통, 발열, 설사 증상이 나타난다.
- 병원성 대장균 식중독
  ☞ 그람음성균이며 환자나 보균자의 분변에 의해 감염되어 구토, 설사, 식욕부진, 두통이 있고 치사율이 거의 없다.

② 독소형 식중독 : 세균이 직접 분비하는 독소에 의해 발생하는 식중독이며 독이 강하다.
- 포도상구균 식중독
  ☞ 원인이 화농에 의한 황색 포도상구균이며 체외로 분비하는 독소인 엔테로톡신은 내열성이 강해 100℃에서 30분 가열해도 파괴되지 않는다. 증상 : 구토, 복통, 설사
  ☞ 독소 : 엔테로톡신
- 보툴리누스균 식중독(클로스트리디움 보툴리눔 식중독)
  ☞ 병조림, 통조림, 소시지, 훈제품 등을 섭취 시 발병 한다. 균이 내열성 포자를 형성하여 100℃ 6시간 가열해도 존재 한다. 증상 : 신경마비, 구토, 설사, 호흡곤란
  ☞ 독소 : 뉴로톡신
- 웰치균(Welchii)식중독
  ☞ 인간의 분변이나 식품취급자, 하수, 쥐의 분변 등에 의해 오염된다. 증상 : 설사, 복통
  ☞ 독소 : 엔테로톡신

Tip 세균성 식중독과 경구 감염병(소화기계 전염병)비교

구분	세균성 식중독	경구 감염병
균량	대량/독소에 의해 발병	소량/숙주 체내에서 발병
감염	2차 없다	있다
잠복기	짧다	길다
면역	없다	많다

(2) 자연독 식중독
① 식물성 식중독
- 독버섯 : 무스카린
- 감자 독성분 : 솔라닌 녹색(싹튼)부위에 있다.
- 기타 식물성 자연독

- ☞ 불순 면실유 : 고시풀
- ☞ 청매, 은행, 살구씨 : 아미그달린
- ☞ 수수 : 두린
- ☞ 고사리 : 브렉큰 펀 톡신
- ☞ 독미나리 : 시큐톡신
- ☞ 독보리 : 테믈린
- ☞ 땅콩 : 플라톨신

② 동물성 식중독
- 복어 독성분 : 테트로도톡신 독부위는 난소, 고환, 산란기 직전 독이 강하다.
- 모시조개, 굴, 바지락 : 베네루핀
- 섭조개, 대합 : 삭시톡신

(3) 화학적 식중독
① 유해 첨가물질에 의한 식중독
- 메틸알콜(메탄올) : 중독 시 두통, 현기증, 설사, 시신경 염증을 유발시켜 실명의 원인
- 유해 방부제 : 붕산, 포름알데히드(포르말린, 승홍, 우로트로핀)
- 유해 인공착색료 : 로다민 B(핑크색 합성색소), 아우라민(황색 합성색소)
- 유해 표백제 : 롱가리트(감자, 연근, 우엉), 아황산과 포름알데히드가 잔류해 독성을 발생

② 중금속에 의한 식중독
- 수은(Hg) : 미나마타병
- 카드륨(Cd) : 이타이이타이병
- 비소(As) : 밀가루 오용으로 섭취 시 발병
- 납(Pb) : 도료, 안료, 농약에 의해 오염되거나 수도관의 납관에서 발병

(4) 곰팡이독
- 아플라톡신
  - ☞ 대표적인 곰팡이 독으로 식품에서 검출되지 않게 규제되고 있다.
  - ☞ 저장 시 수분함량은 곡류는 13% 이하로 유지한다.
- 맥각 중독 : 호밀이나 보리에 곰팡이의 균핵이 혼입되어 있는 것을 맥각이라 한다.
- 황변미 중독
  - ☞ 쌀의 수분함량이 14~15%이면 곰팡이가 생육해 쌀을 황색으로 변하는데 이를 섭취하면 중독을 일으킨다.

(5) 알러지(알레르기)식중독
- 원인균 : 모르간 균(프로테우스 균)
- 원인식품 : 신선도가 저하된 꽁치, 청어, 등푸른생선
- 증상 : 상반신 홍조, 안면홍조, 두드러기, 두통
- 치료 : 수 시간에서 1일이 지나면 회복되고 항히스틴민제를 복용하면 치료된다.

3. 감염병의 종류특성 및 예방 방법

1) 감염병의 3대요소
   (1) 병원체(병인) : 질병 발생의 직접 원인
   (2) 환경 : 병인과 숙주 간의 역할
   (3) 인간(숙주) : 인종, 유전인자, 연령, 성별, 직업 상태와 면역에 따라 다른 감수성이 보인다.

2) 경구 감염병
   식품, 물, 손, 식기류, 곤충 등에 의해서 세균이 입을 통해(경구감염)몸 속에 침입하는 소화기계 감염병
   (1) 경구 감염병의 종류 및 특징
   - 장티푸스
     ☞ 특징 : 고열이 특징이며 두통, 오한 40℃ 증상은 급성 전신감염질환
   - 콜레라
     ☞ 잠복기 가장 짧다. 10시간 ~ 5일
     ☞ 제1군 법정감염병 환자 분변, 구토물에 균이 배출, 어패류를 오염시키고 경구 감염된다.
   - 유행성 간염
     ☞ 잠복기가 가장 길다. 경구감염
     ☞ 잠복기 : 20~25일
     ☞ 발열, 두통, 복통
   - 세균성 이질
     ☞ 환자, 보균자의 변에 의해 오염된 물, 우유
        잠복기 : 2~3일, 증상은 오한, 발열, 구토
   - 파라티푸스
     ☞ 환자, 보균자와의 직접접촉, 식품을 매개로 간접접촉
     ☞ 잠복기 : 3~6일 증상은 고열 지속과 전신쇠약이 주 증상 장티푸스와 비슷
   - 디프테리아
     ☞ 환자, 보균자의 비인후부의 분비물에 의한 오염된 식품의 경구감염
     ☞ 잠복기 : 2~5일, 증상은 편도선 이상, 발열, 심장장애, 호흡곤란
   - 성홍열
     ☞ 환자, 보균자의 분비물에 의한 오염된 식품 경구감염
     ☞ 잠복기 : 1~7일, 증상은 발열, 두통, 발진
   - 소아마비, 급성회백수염(폴리오)
     ☞ 감염경로 : 감염자의 변이나 분비물에 오염된 식품을 통해 감염
     ☞ 잠복기 : 7~21일

☞ 증상 : 감기로 시작해 열이 내리면서 사지마비, 근육통

> **Tip** 병원체에 의한 감염병의 분류

- 바이러스성 감염병 : 폴리오, 유행성 간염, 천열, 홍역, 전염성 설사증
- 세균성 감염병 : 콜레라, 세균성 이질, 장티푸스, 파라티푸스, 디프테리아
- 원충성 감염병 : 아메바성 이질

2) 경구 감염병의 예방법
  (1) 경구 감염원에 대한 대책
    - 식품취급자는 장신구를 착용하지 않고 화장실, 사용 시 위생복을 착용하지 않는다.
    - 환자를 조기 발견해 격리 치료하고 접촉자의 대변을 검사한다.
    - 식품취급자는 정기적으로 1년 회 건강진단을 받고 개인위생과 소독을 철저하게 한다.
  (2) 감염 경로에 대한 대책법
    - 하수도 시설을 준비하고 수세식 화장실을 설치한다.
    - 환자와 보균자의 배설물 및 주위환경을 소독한다.
    - 식기, 용기, 행주 등 주방기구 소독을 한다.
    - 병에 걸린 이환된 고기는 폐기하고 공기소독과 주위환경을 청결하게 유지한다.
  (3) 숙주에 대한 감수성 대책법
    - 예방접종을 실시하고 면역력을 증강시킨다.
    - 위생교육을 정기적으로 실시한다.

3) 인축(수)공통감염병
  동물과 사람 사이에 상호 전파되는 병원체에 의해 발생되는 전염병을 말한다.
  (1) 인축(수)공통감염병의 종류와 특성
    - **파상열(브루셀라증)** : 소, 돼지, 산양, 개, 닭
    - **탄저병** : 소, 말, 양 등 포유동물, 원인균 : 바실러스 안트라시스(Bacillus anthracis)
    - **야토병** : 산토끼, 양
    - **돈단독** : 돼지
    - **결핵** : 소, 산양
    - **Q열** : 쥐, 소, 양
    - **리스테리아증** : 주로 냉동된 육류에 발생하고 저온에서도 생존력이 강해 수막염이나 임신부의 자궁에 패혈증이 나타난다.

> **Tip** 불안전 살균우유로 감염되는 병

    - Q열, 결핵, 파상열
  (2) 인축(수)공통감염병의 예방법

- 수입되는 가축은 공항, 항구에서 검역을 실시한다.
- 가축의 예방접종과 우유의 멸균처리를 실시한다.

4) 채소에 의한 기생충
- **요충** : 어린이의 항문주위에 산란
- **회충** : 야채나 채소를 통해 경구감염
- **구충(십이장충)** : 경구감염 및 경피감염
- **편충** : 맹장에 기생
  (1) 어패류를 통한 기생충
  - **폐디스토마(폐흡충)** : 제1중간숙주 → 다슬기 → 제2중간숙주 → 민물가재, 게
  - **간디스토마(간흡충)** : 제1중간숙주 → 왜우렁이 → 제2중간숙주 → 민물고기
  - **요꼬가와흡충(천흡충)** : 제1중간숙주 → 다슬기 → 제2중간숙주 → 민물고기
  - **광절열두조충(긴촌충)** : 제1중간숙주 → 물벼룩 → 제2중간숙주 → 농어, 연어
  (2) 육류를 통한 기생충
  - **무구조충(민촌충)** : 소고기를 날것으로 섭취의 원인
  - **유구조충(갈고리촌충)** : 돼지고기 날것으로 섭취의 원인
  - **선모충** : 쥐 → 돼지고기가 원인

5) 위해동물
  (1) 위해동물
  식중독의 미생물을 보유한 진드기, 파리, 쥐, 바퀴벌레 등 감염원이 인간의 건강을 위해하는 동물을 말한다.
  (2) 위생동물의 일반적인 특성
  - 발육기간이 짧으며 미생물을 식품에 감염시키는 것도 있다.
  - 범위가 넓어 음식물과 농작물에 피해를 많이 준다.
  (3) 위생동물의 종류 및 질병
  - 쥐 : 렙토스피라증, 유행성출혈열(신증후군출혈열), 쯔쯔가무시병, 페스트
  - 파리 : 콜레라, 장티푸스, 파라티푸스, 세균성이질
  - 모기 : 말라리아, 일본뇌염, 황열, 사상충증
  - 이 : 재귀열, 발진티푸스
  - 진드기 : 쯔쯔가무시병, 유행성출혈열
  (4) 해충구제
  철저한 위생관리와 내부청소를 통해 해충이 번식할 수 있는 음식물, 물 장소를 제거한다. 매일 청소와 소독은 해충방지의 가장 중요한 방지책이다.

(1) 해충구제방법
　　　- 침입방지
　　　　☞ 해충의 침입을 방지하고 잠재적 번식처를 제거하기 위해 건물 위생을 정비한다.
　　　　☞ 외부의 쥐나 벌레의 유입을 방지하기 위해 출입구와 창문의 틈새를 없앤다.
　　　　☞ 깨진 콘크리트 벽의 구멍을 통해 쥐가 건물 안으로 들어올 수 없게 메꿔준다.
　　(2) 해충의 서식지 관리
　　　- 배출된 쓰레기는 냄새가 나거나 넘칠 때 까지 쌓아두지 말고 바로 처리한다.
　　　- 재활용 쓰레기(병, 캔, 종이봉투, 박스)는 주방과 멀리 떨어진 곳에 보관한다.

제3절 환경위생관리

1. 작업환경 위생관리

1) 작업환경 위생관리 사항

　작업환경 중 유해요인을 제거해 작업자를 위험으로부터 방지하기 위한 기본 대책법.
　(1) 작업장 관리 : 작업 특성상 필요한 경우를 제외하고 마른 상태를 유지한다.
　(2) 바닥, 벽, 천장 : 환경이나 식품을 오염시키지 않는 자재로 마감하고 바닥은 액체가 바깥으로 흘러 배수가 되기에 충분하게 구배(기울기)가 확보되어야 한다.
　(3) 환기 시설 : 증기, 수증기, 열, 먼지, 오염 공기, 악취, 유해 가스, 매연 등을 환기시키고 축적되는 것을 방지하기 위해 환기 시설이 구비되어야 한다.
　(4) 건물 및 설비 : 시설물 내에 원재료가 도착되는 시점부터 최종 제품에 이르기까지 해당공정에서 규정된 진행 절차에 의해 위생적인 작업을 쉽게 할수 있도록 설계한다.
　(5) 용수 : 분원성 대장균, 살모넬라 등의 병원성 미생물, 납, 불소, 비소 등의 중금속, 페놀 등의 유해 물질, 잔류 염소 등의 소독제 등에 의한 오염이 있어 상수도 사용을 한다.
　(6) 화장실 : 휴게 장소가 있고, 남녀 화장실은 분리 설치하고 작업장에 근접해야 한다.
　전용 신발을 비치하며, 휴지통은 항상 청결한 상태로 유지한다. 탈의실은 개인별로 칸막이 옷장을 사용하며 청결한 옷만 보관한다.
　(7) 작업장 내에서 옷을 환복할 때에는 제품에 이물질이 혼입되거나 식중독균이 교차오염 될 수 있기 때문에 작업장 외부에 옷을 갈아입을 수 있는 공간을 설치한다.

2. 소독

1) 소독과 살균이 차이
　(1) 소독의 정의 : 병원균을 대상으로 병원 미생물을 죽이거나 병원 미생물의 병원성을 약화 시키는 것
　(2) 살균의 정의 : 모든 미생물을 사멸시켜 완전한 무균상태로 만든다.
2) 물리적 살균 소독법

(1) 자외선 살균법 : 물이나 공기, 용액의 살균, 도마, 조리기구의 표면살균에 이용
(2) 열을 이용한 방법
- 자비소독 : 기구, 용기, 식기, 조리기구 등의 살균, 소독에 이용, 100℃ 30분 끓인다.
- 증기소독 : 증기발생 장치로 세척할 조리대나 기구에 생증기를 뿜어 살균한다.

3) 소독제의 종류 · 특성
(1) 알콜 : 70% 수용액을 금속, 조리기구, 유리, 손 소독에 사용된다.
(2) 역성비누 : 공장의 소독과 종업원의 손을 소독할 때, 식기류, 식품 등에 사용된다.
(3) 석탄산(페놀) : 손, 조리기구, 오물, 의류 등의 소독에 사용되며 다른 소독제의 표시 기준
(4) 염소 : 수돗물(상수원) 소독에 사용되며 자극성 금속의 부식성이 된다.
(5) 차아염소산나트륨 : 조리기구, 음료수, 설비소독에 사용된다.
(6) 크레졸 비누액 : 50% 비누액에 1~3% 수용액을 혼합해 오물 소독, 손 소독에 이용된다.
(7) 과산화수소 : 3% 수용액을 피부, 상처 소독에 이용된다.
(8) 포르말린 : 30~40% 수용액을 오물 소독에 사용된다.

3. 미생물의 종류와 특징 · 예방방법

1) 세균(Bacteria)
(1) 세균의 형태
- **구균** : 연쇄상구균, 포도상구균, 단구균
- **간균** : 결핵균
- **나선균** : 나선 형태

(2) 세균의 종류
- **비브리오(Vibrio)속** : 혐기성 간균, 무아포, 콜레라, 장염비브리오균
- **락토바실루스(Lactobacillus)속** : 젖산균
- **바실루스(Bacillus)속** : 빵의 점조성 원인이 되는 로프균, 호기성 간균
  ☞ 로프균 : 산에 약해 pH 5.5의 약산성에 사멸(Bacillus Subtilis)
- **리케차(Rickettisa)** : 세균과 바이러스의 중간 형태, 발진열, 발진티푸스

2) 진균류
(1) **곰팡이** : 식품 변패 원인이 된다. 술, 된장, 간장 등 양조에 이용되는 누룩곰팡이가 유용되는 것도 있다.
(2) **효모(Yeast)** :   제빵에 생물학적 팽창제로 이용되고 출아법으로 증식한다.
(3) **바이러스(Virus)** : 미생물 중에서 가장 작다. 살아있는 세포에 기생 생활한다.
(4) 교차오염
식품이 오염되지 않은 식자재나 음식이 이미 오염된 음식 재료, 조리기구, 조리사와 접촉, 작업과정으로 인해서 미생물의 전이로 발생하는 오염 현상을 말한다.
- **교차 오염의 예방법**

☞ 조리 전 손 세척과 위생복, 앞치마 착용은 반드시 지킨다.
☞ 식자재 보관 시 식품 간에 오염원이 옮겨가지 않도록 종류별 구분 보관해야 한다.
☞ 식자재에 따른 칼·도마는 교체로 사용한다.
☞ 조리 전 육류와 채소류는 접촉되지 않도록 구분해서 사용한다.
☞ 원재료와 완성품을 분류해서 보관한다.
☞ 바닥과 벽으로부터 일정 거리를 두고 보관한다.
☞ 장갑은 오염물질이 묻으면 자주 바꿔 사용한다.

4. 방충 · 방서 관리

- 해로운 벌레가 침범해서 우리에게 해를 미치지 않도록 도구를 설치하거나 시설을 관리하여 피해를 방지하도록 한다.
- 해충이 제품에 혼입되는 것을 방지하기 위해 출입문, 창문, 벽, 천장 등의 작업장은 해충이나 설치류가 침입하지 못하게 관리한다.
- 배수구와 트랩에 0.8cm 이하 그물망을 설치한다.
- 배수구는 시설에서 멀리 떨어진 곳에 설치한다.
- 침입 및 서식 흔적이 있는지 정기적으로 점거한다.

제4절 공정 점검 및 관리

1. 공정의 이해 및 관리

식품의 원재료로부터 생산과 최종소비자에게 섭취되기 전까지 각 단계에서 화학적, 물리적, 생물학적 위해요소가 해당 식품에 혼입되거나 오염되는 것을 방지하기 위해요소가 해당 식품에 혼입되거나 오염되는 것을 사전에 방지하기 위한 위해요소 관리 시스템으로 재료 배합 성형 후 가열 등의 공정을 거쳐 생산된 제품으로 원료의 취급과정에서 오염이나 불충분한 가열 교차오염 등 식중독균에 오염되거나 원료와 제조과정에서 이물이 혼입될 수 있다. 위험요소를 사전에 예방하기 위해 지켜야 하는 공정이 가열공정이다. 제품의 내포장 공정이후 금속이나 이물 혼입도 확인해야 한다.

1) 작업환경관리

- 제과 · 제빵 조도기준(Lux)

작업내용	표준조도	한계조도
☞ 발효	50	30~70
☞ 장식, 마무리	500	300~700
☞ 계량, 반죽, 성형	200	150~300
☞ 굽기, 포장, 장식	100	70~150

2) 생산관리

생산관리는 기업 경영에 3요소인 재료(Material), 사람(Man), 자본(Money)을 유효 적절하게 사용해 좋은 제품을 저렴한 비용으로 만들고 필요한 물건을 필요한 시기에 만들어내기 위한 관리, 경영을 말한다.

(1) 생산 활동의 구성요소(5M)
- 기계(machine), 사람(man), 재료(Material), 관리(management), 방법(method)

(2) 기업활동의 구성요소
- 1차 관리 : Man(사람, 질과 양), Money(자금, 원가), Material(재료, 품질)
- 2차 관리 : Method(방법), Minute(시간, 공정), Machine(기계, 시설), Market(시장)

3) 생산관리의 목표
- 원가관리 : 생산성을 향상시켜 원가를 낮춘다.
- 품질관리 : 최고의 품질을 위한 생산 시스템을 설계하고 감시한다.
- 유연성 : 수요에 따른 생산량을 조절, 소비자의 요구에 신속한 대응
- 납기관리 : 고객의 요구에 따라 납기를 맞출 수 있는 생산 시스템을 갖춘다.

4) 생산 시스템
- 원재료를 투입하여 제품을 생산하는 전 과정을 관리하는 것을 말한다.
- 생산가치 분석 : 생산가치는 생산금액에서 원가 및 제비용과 부대 경비를 제외하고 남는 것을 말한다.
  생산가치 = 생산금액 − (재료비, 제조경비, 인건비)
  생산가치율(%) = 생산가치/생산금액 × 100, 1인당 생산가치 = 생산가치/인원수

5) 원가와 비용
- 원가 : 제품의 제조, 판매, 서비스의 제공을 위해 소비된 경제적 가치
- 비용 : 일정 기간 내에 기업의 경영 활동으로 발생한 경제적 가치의 소비액
- 직접비(직접원가) = 직접재료비 + 직접노무비 + 직접경비
- 제조원가 = 직접비 + 제조간접비
- 총원가 = 제조원가 + 판매비 + 일반관리비

6) 손익분기점
- 매출액과 총비용(고정비+변동비)이 일치하여 이익과 손실이 발생하지 않는 지점을 말한다.
- 매출이 손익분기점 이상으로 늘어나면 이익이 발생하고 이하로 줄어들면 손실이 발생한다.

$$\text{손익분기점매출액} = \text{고정비} \div \left(1 - \frac{\text{변동비}}{\text{매출액}}\right)$$

$$\text{손익액} = \text{매출액} \times \left(1 - \frac{\text{변동비}}{\text{매출액}}\right) \text{고정비}$$

7) 원가를 절감하는 방법
- 원료비의 원가절감

- 작업관리를 개선하여 불량률을 감소시켜 원가절감
- 노무비의 절감

2. 설비 및 기기
1) 설비 및 기기의 종류
   (1) 제과제빵 설비 기기
   - **믹서의 종류**
     - ☞ 스파이럴 믹서 : 나선형 훅이 내장되어 나선형 믹서라 하며 제빵 전용 믹서기라 한다.
     - ☞ 에어 믹서 : 제과 반죽에 기포를 형성하는 제과 전용 믹서기이다.
     - ☞ 수직 믹서 : 소규모 제과점에서 제과와 제빵을 만들 때
     - ☞ 수평형 믹서 : 많은 빵을 반죽할 때
     - ☞ **연속식 믹서** : 한편에서는 재료를 연속적으로 공급하고, 반대쪽는 반죽이 나오는 믹서
   - **믹서부속기구**
     - ☞ 믹서 볼 : 반죽을 하기 위해서 재료를 혼합하는 원통형의 기구
     - ☞ 반죽 날개 : 믹서 볼에서 여러 가지 재료를 혼합해 반죽을 만드는 역할을 하는 기구
     - ☞ 반죽 날개의 종류 : 훅(제빵용), 비터(크림용), 휘퍼(거품기용)
   - **파이롤러**
     반죽을 일정한 두께로 밀어 펼 때 사용하는 기계로 롤러 간격을 점차 좁게 조절해 반죽을 얇게 밀어 펴는 기계이다.
   - **오븐**
     - ☞ 오븐의 생산능력은 오븐 내 매입 철판 수로 계산한다.
     - ☞ 공장 설비 중 제품의 생산능력을 나타내는 중요한 기준이 된다.
   - **터널오븐** : 반죽이 들어가는 입구와 나오는 출구가 서로 다른 오븐, 대량생산
   - **데크오븐** : 소규모 제과점에서 많이 사용하는 오븐으로 반죽을 넣는 입구, 출구가 같다.
   - **컨백션 오븐** : 내부에 팬이 부착되어 열풍을 강제 순환시키면서 굽는 타입으로 대류식오븐
   - **데포지터** : 크림, 과자 반죽을 일정한 모양짜기로 성형하여 팬닝 한다.
   - **도우 컨디셔너** : 빵의 냉장, 냉동, 해동, 발효하는 것으로 자동으로 온도와 시간 조절 가능
   - **발효기** : 온도와 습도를 조절하여 발효가 원활히 이루어지는 기기
   - **분할기** : 1차 발효가 끝난 반죽을 정해진 용량의 반죽 크기로 분할 하는 기기
   - **라운더** : 분할된 반죽을 둥그렇게 말아 하나의 피막을 형성되게 하는 기기
   - **정형기** : 중간발효를 마친 반죽을 밀어 펴서 가스를 빼고 다시 말아 원하는 모양으로 만드는 기기
   (2) **제빵 제과 도구**
   - **스쿱** : 밀가루, 설탕 등 손쉽게 퍼내기 위한 도구
   - **스크래퍼** : 반죽을 분할하고, 작업대에 들러붙은 반죽을 긁어내는 도구

- **고무 주걱** : 믹싱 볼이나 버터, 거품기에 묻어 있는 반죽을 긁어내거나 반죽 윗면을 평평하게 고를 때나 반죽을 짤주머니로 옮길 때 사용하는 도구
- **스패츌러** : 케이크를 아이싱하는 도구
- **회전판(돌림판)** : 케이크류를 올려놓고 아이싱 할 수 있는 도구
- **디핑포크** : 초콜릿 필링이 굳은 후 초콜릿에 담갔다가 건져내거나 코팅을 할 때 쓰는 도구
- **밀대** : 반죽을 밀어펴기 하거나 정형을 위해 사용하는 둥근 모양의 막대
- **저울** : 재료나 제품의 무게를 잰다.
- **온도계** : 재료나 반죽 등의 온도를 측정

팔미에(하트쿠키)

예상문제

1. 초콜릿의 코코아와 코코아 버터 함량으로 옳은 것은 무엇인가?
① 코코아 5/8, 코코아 버터 3/8
② 코코아 3/8, 코코아 버터 5/8
③ 코코아 4/8, 코코아 버터 4/8
④ 코코아 2/8, 코코아 버터 3/8

2. 비터 초콜릿 32% 중에는 코코아가 약 얼마 정도 함유되어 있는가?
① 20%　　　② 8%　　　③ 16%　　　④ 24%
★ 32 × 5/8 = 20%

3. 다크 초콜릿을 템퍼링 할 때 처음 용해하는 공정의 온도가 적절한 것은 무엇인가?
① 10~20　　　② 40~50　　　③ 20~30　　　④ 30~40

4. 다음 제빵에서 소금의 기능이 아닌 것은 무엇인가?
① 점착성을 방지한다.　　　② 잡균의 번식을 억제시켜 준다.
③ 껍질색을 조절해 준다.　　　④ 빵의 내상을 희게 한다.

5. 다음 이스트 푸드에 대한 설명이 적절하지 않은 것은 무엇인가?
① 밀가루 중량 대비 1~5%를 사용한다.　　　② 발효를 조절한다.
③ 반죽 조절제로 이용된다.　　　④ 이스트의 영양을 보급해 준다.

6. 이스트의 영양소인 질소 등의 영양을 공급해주는 제빵용 이스트 푸의 성분이 아닌 것은?
① 염화암모늄　　　② 황산암모늄　　　③ 인산암모늄　　　④ 브롬산칼륨

7. 다음 이스트푸드의 역할이 아닌 것은?
① 반죽의 pH　　　② 이스트의 영양소인 질소 공급　　　③ 물 조절제　　　④ 노화촉진

8. 다음 이스트 푸드의 구성 물질 중 산화제가 아닌 것은 어느 것인가?
① 인산칼륨　　　② 브롬산칼륨　　　③ 아조디카본아미드　　　④ 아스코르브산

9. 다음 보기 중 모노글리세리드와 디글리세리드는 제과에 어떤 역할을 하는가?
① 항산화제　　　② 유화제　　　③ 감미제　　　④ 필수영양제

10. 다음 보기 중 레시틴에 해당 되지 않은 것은 무엇인가?
① 쇼트닝과 마가린의 유화제로 이용된다.　　② 빵 반죽에 넣으면 유동성이 커진다.
③ 옥수수와 대두유로 부터 추출하여 이용된다.　　② 갈변 및 뒷맛을 좋지 않게 한다.

11. 다음 제빵에 사용되는 생물학적 팽창제는 무엇인가?
① 이스트　　　② 설탕　　　③ 개량제　　　④ 계란

12. 계면활성제의 친수성·친유성 균형(HLB) 중 친수성인 것은?
① 9　　　② 6　　　③ 11　　　④ 9

13. 화학 팽창제를 많이 사용한 제품의 결과가 아닌 것은?
① 속결이 거칠다.　　② 속색이 어둡다.
③ 기공이 작아 찌그러지기 어렵다.　　④ 노화가 빠르다.

14. 베이킹파우더 사용량이 과다할 경우의 현상이 아닌 것은 무엇인가?
① 속결이 거칠다.　　② 기공과 조직이 조밀하다.
③ 주저앉는다.　　④ 같은 조건일 때 건조가 빠르다.

15. 다음 안정제를 사용하는 목적이 아닌 것은?
① 크림 토핑물 제조 시 부드러움을 제공한다.　　② 아이싱의 끈적거림을 방지한다.
③ 젤리나 잼 제조에 사용한다.　　④ 케이크나 빵에서 흡수율을 감소시킨다.

16. 동물의 가죽이나 뼈 등에서 추출하며 무스의 안정제는 무엇인가?
① 한천　　　② 펙틴　　　③ 젤라틴　　　④ 우뭇가사리

17. 다음 검류의 특징이 아닌 것은?
① 종류에는 구아검, 로커스트빈검, 카라야검, 아라비아검 등이 있다.
② 유화제, 안정제, 접착제 등으로 사용한다.
③ 탄수화물로 구성되어 있다.
④ 온수에 용해되는 친유성 물질이다.

18. 다음 향신료의 사용 목적이 적절하지 못한 것은?
① 불쾌한 냄새 제거　② 보존성　③ 맛과 향　④ 독특한 개성이 없다.

19. 다음 버터크림에 사용할 때 적합한 향료는 무엇인가?
① 에센스 타입　② 농축 타입　③ 분말 타입　④ 오일 타입

20. 다음 수용성 향료의 특징으로 옳은 것은?
① 기름에 쉽게 녹는다.　② 내열성이 강하다.
③ 고농도의 제품을 만들기 어렵다.　④ 제조 시 계면활성제가 반드시 필요하다.

21. 다음 계피의 특징은 무엇인가?
① 껍질　② 열매　③ 매운맛　④ 씨

22. 다음 메이스와 같은 나무에서 생산되는 향신료로서 빵 도넛에 많이 사용하는 향신료는?
① 시나몬　② 넛메그　③ 정향　④ 오레가노

23. 다음 당질의 종류가 아닌 것은?
① 탄소　② 수소　③ 산소　④ 질소

24. 다음 보기 중 단당류의 종류가 아닌 것은?
① 포도당　② 갈락토오스　③ 과당　④ 설탕

25. 다음 이당류에 속하지 않는 것은?
① 포도당　② 자당　③ 맥아당　④ 유당

26. 맥아당은 이스트의 발효과정 중 효소에 의해 어떻게 분해되는가?
① 포도당 + 포도당　② 포도당 + 과당
③ 포도당 + 갈락토오스　④ 포도당 + 유당

27. 다음 과일류의 껍질에 많이 존재하며 젤리나 잼을 만드는데 적당한 것은?
① 펙틴　② 글리코겐　③ 이눌린　④ 한천

28. 다음 중 다당류에 속하지 않는 것은?
① 맥아당　② 섬유소　③ 전분　④ 글리코겐

29. 다음 상대적 감미도 순서가 가장 높은 것은 무엇인가?
① 과당   ② 유당   ③ 맥아당   ④ 갈락토오스

30. 다음 단맛의 강도 순서가 올바른 것은?
① 과당 〉설탕 〉포도당 〉맥아당
② 맥아당 〉과당 〉설탕 〉포도당
③ 과당 〉설탕 〉맥아당 〉포도당
④ 설탕 〉포도당 〉맥아당 〉과당

31. 다음 전분이 가수분해되는 과정에서 생기는 중간생성물은 무엇인가?
① 이눌린   ② 한천   ③ 섬유소   ④ 덱스트린(호정)

32. 다음 아밀로오스의 특징으로 바르지 않은 것은?
① 호화와 노화가 빠르다.
② 요오드 용액 반응은 적자색 반응을 한다.
③ 분자량이 적다.
④ 포도당 결합 형태는 a-1.4의 적쇄상 구조이다.

33. 전분에 물을 가하고 가열하면 팽윤되어 전분 입자의 미세구조가 파괴되는 데 이 현상은?
① 호화   ② 노화   ③ 호정화   ④ 당화

34. 다음 전분의 노화에 대한 설명으로 적합하지 않은 것은?
① 노화란 a-전분이 B-전분으로 되는 것을 말한다.
② 노화된 전분은 향이 손실된다.
③ 노화된 전분은 소화가 잘 된다.
④ -18℃ 이하의 온도에서는 잘 일어나지 않는다.

35. 다음 노화방지법이 아닌 것은 무엇인가?
① -18℃ 이하로 급랭하거나 수분함량을 10% 이하로 조절한다.
② 아밀로오스보다 아밀로펙틴이 노화가 잘 안 된다.
③ 레시틴은 유화자가용과 노화를 지연한다.
④ 설탕, 유지의 사용량을 증가시키면 빵의 노화가 억제되지 않는다.

36. 다음 노화 최적 상태의 온도는 몇 ℃인가?
① 30~40℃   ② -7~10℃   ③ 0~5℃   ④ 10~20℃

37. 지방은 무엇이 축합되어 만들어지는가?
① 지방산과 올레산
② 지방산과 리놀레산
③ 지방산과 아라키돈산
④ 지방산과 글리세롤

38. 다음 글리세롤 1분자에 지방산, 인산, 콜린이 결합한 지질은 무엇인가?
① 세파린   ② 콜레스테롤   ③ 에르고스테롤   ④ 레시틴

39. 식물성 스테롤로 버섯, 효모, 간유 등에 함유되어 있으며 자외선에 의해 비타민 D가 되어 비타민 ( )의 전구체 역할을 한다. ( )안에 맞은 것은 무엇인가?
① D_2 ② A   ③ B   ④ C

40. 다음 포화지방산을 가장 많이 함유하고 있는 식품은 무엇인가?
① 올리브유   ② 콩기름   ③ 들기름   ④ 버터

41. 다음 포화지방산의 종류가 아닌 것은 어느 것인가?
① 뷰티르산   ② 카프르산   ③ 미리스트산   ④ 올레산

42. 다음 보기 중 불포화지방산이 아닌 것은 무엇인가?
① 올레산   ② 리놀레산   ③ 리놀렌산   ④ 미리스트산

43. 다음 중 인체 내에서 합성할 수 없으므로 식품으로 섭취해야 하는 지방산이 아닌 것은?
① 아라키돈산   ② 올레산   ③ 리놀레산   ④ 리놀렌산

44. 다음 글리세린에 대한 설명으로 맞지 않은 것은?
① 탄수화물의 가수분해로 얻는다.   ② 3개의 수산기(-OH)를 가지고 있다.
③ 무색투명하다.   ④ 자당의 1/3 정도의 감미가 있다.

45. 다음 보기 중 단백질만이 가지고 있는 원소는 무엇인가?
① 탄소   ② 수소   ③ 질소   ④ 산소

46. 함황 아미노산(황)을 포함하고 있는 아미노산이 아닌 것은?
① 메티오닌   ② 시스테인   ③ 시스틴   ④ 트립토판

47. 필수아미노산이 아닌 것은 무엇인가?
① 리신   ② 류신   ③ 이소류신   ④ 카프르산

48. 다음 중 아미노산을 구성하는 주된 원소가 아닌 것은 무엇인가?
① 규소   ② 탄소   ③ 수소   ④ 질소

49. 유황을 함유한 아미노산으로 S-S 결합을 가진 것은 무엇인가?
① 류신　　　② 리신　　　③ 글루타민산　　　④ 시스틴

50. 다음 보기 중 단순단백질이 아닌 것은 무엇인가?
① 글로불린　　　② 알부민　　　③ 헤모글로빈　　　④ 프롤라민

51. 다음 중성 용매에는 녹지 않으나 묽은 산, 알칼리에는 녹는 단순단백질은 무엇인가?
① 글루텔린　　　② 알부민　　　③ 프롤라민　　　④ 글로불린

52. 이당류 분해 효소가 아닌 것은 무엇인가?
① 인베르타아제　　　② 말타아제　　　③ 락타아제　　　④ 아밀라아제

53. 다음 아미노산과 아미노산의 결합은 어떻게 되는가?
① 에스테르 결합　　　② a-1,4 결합　　　③ 글리코사이드 결합　　　④ 펩타이드 결합

54. 다음 다당류 분해효소가 아닌 것은?
① 아밀라아제　　　② 셀룰라아제　　　③ 이눌라아제　　　④ 프로테아제

55. 포도당, 갈락토오스, 과당과 같은 단당류를 알콜과 이산화탄소로 분해 시키는 효소는?
① 리파아제　　　② 아밀라아제　　　③ 치(찌)마아제　　　④ 락타아제

56. 다음 지방분해효소는 무엇인가?
① 스테압신, 리파아제　　　② 락타아제, 프로테아제
③ 펩신, 트립신　　　④ 펩티디아제, 말타아제

57. 효소 중 제빵용 이스트에는 없기 때문에 당은 발효되지 않고 잔류당으로 남은 효소는?
① 락타아제　　　② 인베르타아제　　　③ 프로테아제　　　④ 말타아제

58. 다음 단백질 분해 효소는 무엇인가?
① 말타아제　　　② 치마아제　　　③ 인베르타아제　　　④ 프로테아제

59. 영양소의 종류가 아닌 것은 무엇인가?
① 열량 영양소　　　② 구성 영양소　　　③ 조절 영양소　　　④ 발효 영양소

60. 맥아당을 2분자의 포도당으로 분해하는 효소는 무엇인가?
① 말타아제　　　② 리파아제　　　③ 아밀라아제　　　④ 프로테아제

61. 생리기능의 조절작용을 하는 영양소는 무엇인가?
① 지방질, 단백질　　② 탄수화물, 지방질　　③ 무기질, 비타민　　④ 탄수화물, 단백질

62. 하루에 섭취하는 총에너지 중 식품 이용을 위한 에너지 소모량은 평균 얼마인가?
① 20%　　　② 30%　　　③ 60%　　　④ 10%

63. 1일 2,000kcal를 섭취하는 성인의 경우 탄수화물의 적절한 섭취량은 얼마인가?
① 275~350　　② 500~729　　③ 850~1050　　④ 1,100~1,400
★ 2,000 × 65% ÷ 4 = 325

64. 20대 남성의 하루 열량 섭취량을 2,500kcal로 했을 때 가장 이상적인 1일 지방 섭취량은?
① 40~70g　　② 10~40g　　③ 100~130g　　④ 70~100g
★ 2,500 × 20% ÷ 9 ÷ = 55.5

65. 성인의 에너지 적정비율이 아닌 것은?
① 탄수화물 : 65%　　② 지방 : 20%　　③ 단백질 : 15%　　④ 무기질 : 15%

예상문제정답

1.①　2.①　3.②　4.④　5.①　6.④　7.④　8.④　9.②　10.②　11.④　12.③　13.④　14.②　15.④　16.③　17.④　18.④
19.④　20.①　21.③　22.①　23.②　24.④　25.①　26.①　27.①　28.①　29.①　30.①　31.④　32.②　33.①　34.③
35.④　36.③　37.④　38.④　39.①　40.④　41.④　42.④　43.②　44.④　45.④　46.④　47.④　48.④　49.④　50.④
51.①　52.④　53.④　54.④　55.③　56.①　57.①　58.④　59.④　60.①　61.③　62.④　63.①　64.①　65.④

공통과목
제과기능사 & 제빵기능사

제3장 빵류 · 과자류제품 저장관리

캄파뉴 : 시골빵

제3장 빵류·과자류제품 저장관리

제1절 제품 냉각 및 포장

1. 제품 냉각방법 및 특징
  1) 냉각
    - 구워낸 제품을 식혀 상온의 온도로 낮추는 것
    - 냉각 후 수분함량 : 온도 35~40℃, 수분함량 38%
    - 냉각 손실 : 2%
  2) 냉각실의 온도 및 상대습도 조건
    - 냉각실의 습도가 낮으면 껍질에 주름이 생기고 갈라진다.
    - 냉각실의 공기 회전이 빠르면 껍질에 주름이 생기며 빵모양의 옆면이 들어가는 카홀링이 생긴다.
  3) 냉각목적
    - 빵의 절단 및 포장을 쉽게 한다.
    - 곰팡이, 세균의 피해를 방지한다.
  4) 냉각방법
    - 공기 조절식(에어컨디션식) : 소요시간 90분
    - 터널냉각 : 공기 배출기를 이용한 냉각 소요시간 2~2.5시간
    - 자연냉각 : 상온에서 냉각 소요시간 3~4시간

2. 포장재별 특성
  1) 포장목적
    - 유통 중 제품의 가치와 상태를 보호하기 위해 포장재에 포장을 한다.
    - 오염을 방지해 제품을 보호하기 위해
    - 상품가치를 향상하기 위해
    - 수분손실과 노화 지연, 저장성 보관을 위해
  2) 포장재별 특성·포장방법
    - **폴리스티렌(PS : polystyrene)** : 가볍고 단단한 투명 재료이지만 충격에 약한 포장재이다.
      ☞ 육류와 생선류, 계란용기
    - **폴리에틸렌(PE : polyethylene)** : 수분차단성이 좋고 내화학적성 및 가격이 저렴한 장점
      ☞ 식빵외 과자, 빵

- **폴리프로필렌(PP : polypropylene)** : 투명성과 표면광택도, 기계적 강도가 좋다.
    - ☞ 빵류, 스낵류, 라면류
3) 포장 용기의 선택 시 고려사항
    - 방수성이 있고 통기성이 없어야 한다.
    - 단가가 낮고 포장에 의해 제품 변형이 되지 않아야 한다.
    - 용기와 포장지에 유해 물질이 없는 것을 선택한다.
    - 세균 곰팡이가 발생하는 오염 포장이 되지 않아야 한다.
    - 포장했을 때 상품의 가치를 높일 수 있어야 한다.
4) 포장온도 : 35~40℃

3. 제품의 노화

1) 빵류·과자류 제품의 노화

빵·과자의 껍질과 제품 속에서 일어나는 화학적·물리적 변화로 제품의 맛이나 향기가 변하고 딱딱해지는 현상을 노화라고 한다. 노화가 가장 빠른 시기는 오븐에서 바로 나왔을 때이다.

(1) 빵·과자 껍질과 제품 속의 노화 구분
- **껍질의 노화**
    - ☞ 빵·과자 속 수분이 표면으로 이동하고 공기중의 수분이 껍질에 흡수된다.
    - ☞ 표피는 질겨지고 눅눅하다.
- **빵·과자속의 노화**
    - ☞ 빵·과자 속 수분 껍질 이동으로 노화가 생긴다.
    - ☞ 알파 전분의 퇴화(β화)가 주원인이다.
    - ☞ 빵·과자 속이 건조해지고 탄력이 있고 향미가 떨어진다.

(2) 노화에 영향을 주는 요인
- **노화지연온도** : -18℃ 냉동보관, 21~35℃
- **노화최적온도** : -6.6~10℃ 냉장온도
- **미생물에 변질** : 43℃
- 신선할수록 노화가 빠르다.
- 전체 4일의 노화 과정 중 최초 1일 동안 노화의 절반이 생긴다.
- 오븐에서 꺼낸 직후부터 노화가 시작된다.
- 물 : 수분이 38% 이상이면 노화가 지연된다.
- **단백질** : 밀가루 단백질의 양이 많고 질이 높을수록 노화가 지연된다.
- **계면활성제** : 빵·과자 속을 부드럽게 하고 수분 보유량을 높이고 노화를 지연한다.

> *Tip* 빵류 제품에서 노화와 부패 차이점
> - **부패된 빵** : 미생물 침입 → 단백질 성분의 파괴 → 악취
> - **노화된 빵** : 수분이 이동·발산 → 껍질이 눅눅해지고 빵 속이 푸석푸석하다.

2) 제품평가

제품이 완성된 외부나 내부를 평가하여 제품의 가치를 평가하는 것을 뜻한다.

(1) 제품평가 기준

- **외부평가**
  - ☞ **터짐성** : 옆면에 적당한 터짐(break) 찢어짐(shred)이 있는 것이 좋다.
  - ☞ **외형의 균형** : 좌·우·앞·뒤 제품의 대칭이 좋다.
  - ☞ **부피** : 분할 무게에 대해 완성품의 부피로 평가
  - ☞ **베이킹의 균일화** : 제품 전체가 일정하게 굽기 된 것이 좋다
  - ☞ **껍질색** : 황금 갈색이 좋다.
  - ☞ **껍질형성** : 두께가 일정하고 질기거나 딱딱하지 않아야 한다.
- **내부 평가**
  - ☞ **조직** : 탄력성이 있고 부드러운 것이 좋다.
  - ☞ **기공** : 균일한 기공과 얇은 기공 벽으로 된 것이 좋다.
  - ☞ **속결 색상** : 크림색을 가진 흰색이 좋다.
- **식감**
  - ☞ **맛** : 제품평가에서 가장 중요하다.
  - ☞ **냄새** : 상쾌하고 고소한 냄새가 좋다.

(2) 어린 반죽 및 지친 반죽 비교

- **어린 반죽(발효가 짧은 것)**
  - ☞ 위, 옆, 아랫면이 모두 검다.
  - ☞ 기공이 거칠고 두꺼운 세포벽
  - ☞ 찢어짐과 터짐이 적다
  - ☞ 부피가 작다
  - ☞ 외형의 균형은 예리한 모서리
  - ☞ 껍질색은 어두운 적갈색(당분이 많기 때문)
  - ☞ 속색은 무겁고 어두운 속색
  - ☞ 발효 부족한 맛
  - ☞ 향은 생밀가루 냄새

- **지친 반죽(발효가 많이 된 것)**
  - ☞ 전체 색깔이 연하다
  - ☞ 기공이 크다
  - ☞ 커진 후 적어진다
  - ☞ 커졌다 작아진다
  - ☞ 움푹 들어간 옆면
  - ☞ 밝은 색깔
  - ☞ 희다
  - ☞ 과발효 맛
  - ☞ 신 냄새

3) 각 재료에 따른 제품 결과

(1) 소금

소금의 사용량은 보통 2% 사용한다. 이보다 더 사용하게 되면 소금의 삼투압에 의해 이스트 활동이 저하되기 때문에 최저 사용량이 1.7% 정도 가능하고 제품에 소금을 넣지 않으면 반죽의 탄력이 적어 끈적거리고 쳐지게 된다.

- 소금을 정량보다 많이 넣으면 부피가 작고 정량보다 적으면 부피가 커진다.

- 껍질색은 소금이 많으면 검은 암적색이고 적으면 밝은색이 된다.

(2) 설탕

이스트의 먹이며 식빵에서 스트레이트법의 설탕 사용량은 3% 혼합한다. 설탕 사용량이 5% 이상 혼합하면 가스 발생력이 약해 발효시간이 길어진다.

(3) 쇼트닝

사용량은 3% 혼합하면 좋고 가스 발생력에는 영향력이 없으며 수분 보유력에는 제품의 보존 기간을 연장해 준다.

(4) 우유

우유 단백질인 카세인과 락토 글로불린 락토 알부민이 밀가루의 단백질을 강화시켜 준다. 우유의 사용량이 많으면 우유 단백질의 완충작용으로 발효시간이 길어진다.

- 우유 사용이 많으면 부피가 커지고, 정량보다 적으면 발효가 빠르고 부피가 작아진다.

> **Tip** 우유를 건조시켜 만든 분유를 적량보다 많이 사용하면 우유 단백질의 완충작용으로 발효를 지연시키고 양 옆면과 바닥이 튀어나오게 된다.

(5) 밀가루 단백질 함량

강력밀가루의 단백질 함량은 11~13%이며 밀가루 단백질 함량과 질은 강도를 나타내고 제빵 적성을 말한다. 밀가루의 질이 더 중요하다.

- 밀가루 사용량이 정량보다 많으면 부피가 커지고 정량보다 적으면 부피가 작아진다.

4) 빵류 제품의 결함 및 원인

(1) 식빵류의 결함 원인

- **부피가 작다**
  - ☞ 이스트 사용량이 부족하다
  - ☞ 지나친 발효
  - ☞ 소금, 설탕, 쇼트닝, 분유, 효소제 사용량 과다
  - ☞ 부족한 믹싱
  - ☞ 물 흡수량이 적다
- **껍질이 질기다**
  - ☞ 2차 발효 과다
  - ☞ 지친 반죽
  - ☞ 2차 발효실의 습도가 높았다.
  - ☞ 발효 부족
- **표면에 수포 발생**
  - ☞ 2차 발효에서 많은 습도
  - ☞ 질은 반죽과 발효 부족
- **껍질의 반점 발생**

☞ 덧가루 과다 사용
☞ 설탕 용출
☞ 2차 발효실의 수분 응축
- **빵의 바닥이 움푹 들어감**
　☞ 2차 발효 초과
　☞ 믹싱 부족
　☞ 진 반죽
　☞ 식빵 틀이 뜨거울 때
- **윗면이 납작하고 모서리가 날카로움**
　☞ 소금 사용량 과다
　☞ 지나친 믹싱
　☞ 진반죽
- **거친 기공과 좋지 않은 조직**
　☞ 발효 부족
　☞ 낮은 오븐 온도
　☞ 된 반죽
　☞ **질은 반죽**
- **껍질이 갈라짐**
　☞ 발효과다, 어린 반죽
　☞ 너무 낮은 2차 발효실 습도
　☞ 오븐의 높은 윗 온도
- **껍질이 엷은 색**
　☞ 부족한 설탕 부족
　☞ 1차 발효시간의 초과
　☞ 굽기 시간의 부족
　☞ 오븐 속의 습도와 온도가 낮았다.
- **껍질색이 짙다**
　☞ 과다한 설탕 사용
　☞ 높은 오븐 온도
　☞ 과도한 굽기
　☞ 1차 발효시간 부족
- **부피가 크다**
　☞ 소금 사용 부족
　☞ 과다한 1차 발효와 2차 발효

☞ 낮은 오븐 온도
- **브레이크(터짐)과 슈레드(찢어짐)**
    ☞ 발효 부족, 과다발효
    ☞ 2차 발효 과다
    ☞ 질은 반죽
    ☞ 너무 높은 오븐 온도
- **빵 속 색깔이 어둡다**
    ☞ 2차 발효 과다
    ☞ 낮은 오븐 온도
    ☞ 이스트 푸드 사용 과다
    ☞ 신장성이 부족
- **빵 속의 줄무늬 발생**
    ☞ 과다의 덧가루 사용
    ☞ 건조한 중간발효
    ☞ 된 반죽
- **빵의 옆면이 찌그려지고 들어간 경우**
    ☞ 지친 반죽
    ☞ 지나친 2차 발효
    ☞ 오븐열이 고르지 못함

2) 과자빵의 결함 원인
- **빵 속이 건조하다**
    ☞ 설탕 부족
    ☞ 된 반죽
    ☞ 낮은 오븐 온도
- **껍질에 반점 발생**
    ☞ 낮은 반죽 온도
    ☞ 숙성 덜 된 반죽 사용
    ☞ 발효 중 반죽이 식었다.
- **껍질색이 엷다**
    ☞ 지친 반죽
    ☞ 발효시간 과다
    ☞ 덧가루 사용 과다
- **껍질색이 짙다**
    ☞ 낮은 반죽 온도

☞ 높은 습도
☞ 어린 반죽

제2절 제품의 저장 및 유통

1. 저장방법의 종류 및 특징
제품의 완성된 외관·내부를 평가해 상품으로서 가치를 평가하는 것을 의미한다.
1) 식품의 저장 목적
저장과정에서 발생할 수 있는 손실을 최소화하고 생산에 차질이 발생하지 않도록 하는 목적이 있고, 변질요인을 가능한 한 제거함으로써 식품의 양적 손실, 영양가 파손, 기호성과 안정성의 저하를 최소화하고 제품 품질, 저장수명과 경비를 최적화하는 저장 목적이다.
2) 냉장·냉동 저장
  (1) **냉장유통제품** : 냉장온도 0~10℃이며 10℃ 냉장온도를 원칙적으로 선정한다.
   - **주의점** : 냉장고 내부의 벽은 내구성과 위생성이 좋은 재질을 사용한다.
  (2) **실온유통제품** : 1~35℃이고 35℃를 포함해 제품의 특성에 따라 계절을 고려한다.
  (3) **냉동유통제품** : −18℃ 이하이며 품질변화가 최소화될 수 있게 냉동온도를 선정한다.
   - **주의점** : 불성화시켜 보존하는 방법으로 식품의 저장기간을 연장하는 수단으로 이용한다.
  (4) **상온유통제품** : 15~25℃이며 25℃를 포함해 선정한다.
3) 제품의 저장·유통 중 변질과 오염원 관리방법
  (1) **유통기한**
   - 유통기한은 섭취 가능한 날짜가 아닌 식품의 제조일부터 소비자에게 판매 가능한 기한을 말한다.
   - 기한 내 적정하게 보관·관리한 식품은 일정 수준의 품질과 안전성이 보장됨을 의미한다.
   - 기한이 지난 식품은 부패 및 변질되지 않았더라도 판매할 수 없어 제조업체로 반품한다.
  (2) **식품의 변질**
   - 변질의 종류
     ☞ 변패 : 탄수화물, 지방 식품이 미생물의 분해작용으로 냄새나 맛이 변화하는 현상
     ☞ 부패 : 단백질 식품에 혐기성 세균이 증식한 생물학적 요인에 의해서 분해되어 악취와 유해물질(아민류, 암모니아, 황화수소)을 생성하는 현상
     ☞ 발효 : 식품에 미생물이 번식하여 식품의 성질이 변화를 일으키는 현상
     ☞ 산패 : 지방의 산화에 의해 악취나 변색이 일어나는 현상
  (3) **식품 변질에 영향을 미치는 미생물의 증식조건**
  식품의 변질에 영향을 미치는 미생물의 조건은 온도, 수분, 영양소, pH(수소이온농도), 산소, 삼투압 6가지 조건이 있다.
   - 온도

- ☞ 저온균 : 0~20℃
- ☞ 중온균 : 20~40℃ 병원성 세균과 식품 부패 세균
- ☞ 고온균 : 50~70℃

- **수분**
    - ☞ 미생물의 증식이 억제되는 수분활성도(Aw) Activity Water)
    - ☞ 세균(Aw) : 0.8이하
    - ☞ 효모(Aw) : 0.75
    - ☞ 곰팡이(Aw) : 0.7

- **영양소**
    - ☞ 비타민 B군 : 세포 내에서 합성되지 않아 세포 외에서 흡수하고 소량 필요하다.
    - ☞ 무기염류 : P(인), S(황)을 많이 요구되며 세포 구성 성분 조절작용에 필요한 영양소다.
    - ☞ 탄소원 : 유기산, 포도당, 알콜, 지방산에서 주로 섭취하고 에너지원으로 이용된다.
    - ☞ 질소원 : 단백질을 구성하는 기본 단위인 아미노산을 통해 질소원을 얻는다. 세포 구성 성분이 필요하다.

- **pH(수소이온농도)**
    - ☞ pH 4~6(산성)
    - ☞ pH 6.5~7.5(약산성~중성)
    - ☞ pH 8.0~8.5) 콜레라균

- **산소**
    - ☞ 호기성균 : 산소가 꼭 있어야 증식한다.
    - ☞ 통성 호기성균 : 산소가 없어도 증식가능 하나 산소가 있으면 더 활발하게 증식한다.
    - ☞ 통성혐기성균 : 산소가 있으나 없으나 증식이 가능하다.

- **삼투압**
    - ☞ 설탕, 식염에 의해 삼투압은 세균 증식에 영향을 준다.
    - ☞ 일반 세균은 3% 식염에서 증식이 억제된다.

제과기능사

제4장 과자류 제조

브라우니 특징 : 초콜릿 향이 나고 쫀득

제4장 과자류 제조

제1절 과자류제품 재료혼합

1. 반죽 및 반죽관리
1) 반죽법의 종류·특성
    (1) 반죽형 반죽
        크림성과 유화성을 가지고 있는 유지를 사용하고 화학적 팽창제를 혼합해 부풀린 반죽이다. 기본 재료는 밀가루, 유지, 설탕, 계란을 사용한다.
        - 크림법
            ☞ 유지+설탕을 먼저 혼합하고 계란을 몇 번 나누어 넣으면서 크림 상태로 만든다.
            ☞ 가루 재료 체 친 후에 밀가루를 가볍게 혼합한다.
            ☞ 장점 : 부피
            ☞ 단점 : 스크랩핑(볼의 옆면과 바닥을 자주 긁어 주는 것
        - 블렌딩법
            ☞ 유지+밀가루를 보슬보슬하게 혼합 후 액체재료와 건조재료를 혼합한다.
            ☞ 장점 : 조직을 부드럽고 유연감을 준다.
        - 1단계법
            ☞ 유지+모든 재료 한꺼번에 혼합하는 반죽법
            ☞ 장점 : 노동력과 제조시간이 단축된다.
        - 설탕/물 제조법
            ☞ 유지에 설탕물(비율 2 : 1로 만든 용액)을 넣고 균일하게 혼합 후 건조재료 넣고 섞은 다음 계란을 투입하고 반 죽한다.
        - 장점
            ☞ 계량의 편리성으로 대량생산이 쉽다.
            ☞ 제품 색상이 균일하다.
            ☞ 스크래핑이 필요없다.
    (2) 거품형 반죽
        계란의 단백질인 기포성과 열에 의한 응고성을 이용한 반죽법으로 전란(노른자+흰자)을 사용하는 스펀지 반죽과 흰자만 이용하는 머랭 반죽법이 있다.
        - 스펀지법

- ☞ 전란에 설탕을 넣고 거품을 낸 다음 밀가루와 혼합하는 제조법이다.
- ☞ 천연유화제 노른자에 레시틴의 유화작용으로 전란을 휘핑하면 거품이 발생한다.
- **공립법 : 더운 믹싱법과 찬 믹싱법**
  - ☞ 더운 믹싱법 : 계란과 설탕을 중탕 43℃에 중탕 후 믹싱을 하는 법이다.
  - ☞ 기포성이 양호하고 휘핑시간이 단축된다.
  - ☞ 계란 비린내가 없어진다.
  - ☞ 껍질색이 균일하다.
  - ☞ 스펀지 케이크 반죽에 용해 버터 온도 : 50~70℃
  - ☞ 찬 믹싱법 : 중탕없이 계란+설탕을 넣고 거품형성, 반죽온도 22~24℃
- **머랭법**
  - ☞ 흰자+설탕을 넣고 거품을 내는 반죽이다.
  - ☞ 설탕+흰자 비율 2 : 1이다.
  - ☞ 머랭 제조 시 믹싱 용기에 기름기가 없어야 한다. 흰자에 노른자가 들어가지 않게 주의.
- **별립법**
  - ☞ 흰자+노른자 분리하여 흰자+설탕, 노른자+설탕을 넣고 거품 낸 후 다른 재료와 혼합해서 흰자 머랭과 노른자 반죽을 혼합하는 제조법
- **제노와즈법**
  - ☞ 스펀지케이크 반죽에 유지를 넣어 만드는 반죽법이다
  - ☞ 중탕한 유지는 가루재료를 넣어 혼합 후 반죽 마지막 공정에 넣는다.
- **단단계법(1단계법)**
  - ☞ 유화제, 베이킹파우더를 혼합하고 전 재료를 동시에 넣고 하는 반죽법이다.

(3) 시폰형 반죽 특성
  - 시폰형 반죽의 의미는 비단같이 가볍고 부드러운 식감과 질감의 제품이다.
  - 흰자+노른자 분리하는 것은 별립법과 같다.
  - 흰자는 머랭을 만들지만 노른자는 거품을 올리지 않는다.
  - 제품 : 시폰케이크가 있다.

(4) 시폰법 제조
  - 노른자에 식용유를 혼합 후 설탕과 체 친 건조재료를 넣고 섞는다.
  - 물을 조금씩 투입하면서 매끄러운 반죽 상태로 만든다.
  - 다른 볼에 흰자+설탕을 2번 나눠 머랭을 올린 후 노른자 반죽에 혼합한다.

2. 반죽의 결과온도
 1) 반죽온도 : 열의 강도를 측정하는 상대적 개념 단위는 섭씨 ℃ 를 사용한다.
   (1) 반죽온도가 제품에 미치는 영향 (거품형)

- 반죽 온도는 제품의 부피, 조직에 영향을 미친다.
- 반죽 온도와 비중는 서로 같아야 완제품의 기공, 조직, 부피가 일정하게 된다.
  - ☞ 반죽 온도가 낮으면 기공이 조밀하고 부피가 작으며, 식감이 나쁘고 굽는 시간이 길다.
  - ☞ 반죽 온도가 높으면 기공이 크고 공기구멍이 생겨 조직은 거칠고 노화가 빠르다.

(2) 반죽 온도가 제품에 미치는 영향 (반죽형)
  - ☞ 반죽 온도가 낮으면 완제품의 기공이 작고 조직은 조밀하고 부피는 작다.
  - ☞ 반죽 온도가 높으면 완제품 기공이 작고 조직은 조밀하고 부피가 작으며 식감이 나쁘다.

(3) 반죽 온도 계산법

용어설명
- **실내온도** : 작업장 온도
- **수돗물 온도** : 반죽에 사용한 물의 온도
- **마찰계수** : 반죽을 만드는 동안 발생하는 마찰열을 실질적 수치로 환산한 값
- **결과온도 : 반죽을 만든 후 반죽온도**
- **희망온도** : 원하는 반죽의 결과온도

  ☞ **마찰계수**

  마찰계수 = (결과 온도 × 6) − (실내온도 + 밀가루 온도 + 설탕 온도 + 쇼트닝 온도 + 계란 온도 + 수돗물 온도)

  ☞ **사용할 물 온도**

  사용할 물 온도 = (희망 반죽온도 × 6) − (실내온도 + 밀가루 온도 + 설탕 온도 + 쇼트닝 온도 + 계란 온도 + 마찰계수)

  ☞ **얼음 사용량**

  $$얼음사용량 = \frac{사용량\ 물량 \times (수돗물온도 - 사용할\ 물\ 온도)}{(80 + 수돗물\ 온도)}$$

  ☞ **조절하여 사용할 수돗물량**

  사용할 물량 − 얼음 사용량

(4) 제품의 반죽 희망온도
  - 반죽 희망온도가 가장 높은 제품 : 슈 40℃
  - 일반 과자 반죽온도 : 22 ~ 24℃
  - 반죽 희망온도가 가장 낮은 제품 : 퍼프 페이스트리 18~22℃ 가소성

3. 반죽 비중

1) 비중이란
  - 같은 용적의 물의 무게에 대한 반죽의 무게를 소수로 나타낸 값이다(0~1)값

- 0에 수치가 가까울수록 비중이 낮고 비중이 낮을수록 제품 속에 공기가 많다.
2) 비중이 제품에 미치는 영향
- 항목 : 부피, 기공, 조직
☞ 부피 : 비중이 높으면 부피가 작고 비중이 낮으면 부피가 크다(↑↓↓↑)
☞ 기공 : 비중이 높으면 기공이 작고 비중이 낮으면 기공이 열린다(↑↓↓↑)
☞ 조직 : 비중이 높으면 조직이 조밀하고 비중이 낮으면 조직이 거칠다.
3) 비중 측정법
- 비중컵의 무게를 먼저 측정한 다음 반죽과 물을 같은 비중컵에 차례로 담아 비중컵의 무게를 빼고 반죽 무게를 물로 나눈다.
- 비중
비중 = (반죽무게 - 컵무게) / (물무게 - 컵무게) (추저울 - 접시저울 사용 시)
비중 = 같은 부피의 반죽무게 / 같은 부피의 물무게 (전자저울 사용 시)
4) 제품의 비중
- 스펀지 케이크 : 0.5±0.05
- 롤 케이크 : 0.45±0.05
- 파운드 케이크 : 0.8±0.05
- 레이어 케이크 : 0.8±0.05

4. 고율배합 및 저율배합
설탕 사용이 밀가루보다 많고 전체 액체가 설탕보다 많으면 고율배합이다. 고율배합으로 만든 제품은 신선도가 높으며 부드러움이 지속되어 저장성이 좋다.
1) 고율배합 및 저율배합 비교

항목	고율배합	저율배합
비중	낮다	높다
반죽 중 공기혼입	많다	적다
팽창제	줄인다	증가
굽기온도	저온장시간(낮다)	고온단시간(높다)

5. 반죽 pH
1) pH란
- 수소이온농도를 나타내는 범위 pH 1~14로 표시한다.
- pH 7을 중성으로 하고 pH 1에 가까워지면 산도가 크다.
- pH 14에 가까워지면 알칼리도가 크다.
- pH 1의 차이는 수소이온농도가 10배 차이가 있다. pH의 수치가 1 상승할 때마다 10배 희석이 된다.
2) 제품의 적정 pH

- 반죽마다 최상의 제품을 만들기 위한 적정 pH가 있다.
  - ☞ 데블스 푸드 케이크 : 8.5~9.2
  - ☞ 화이트 레이어 케이크 : 7.4~7.8
  - ☞ 스펀지 케이크 : 7.3~7.6
  - ☞ 파운드 케이크 : 6.6~7.1
  - ☞ 엘로 레이어 케이크 : 7.2~7.6
  - ☞ 초콜릿 케이크 : 7.8~8.8
  - ☞ 엔젤 푸드 케이크 : 5.2~6.0
  - ☞ 과일 케이크 : 4.4~5.0

3) pH(산도)가 제품에 미치는 영향

산은 글루텐을 응고시켜서 부피팽창을 방해하기 때문에 제품의 기공이 조밀하고 당의 열반응도를 방해해서 껍질색은 여리다. 한편 알칼리는 글루텐을 용해시켜 부피팽창을 유도해서 기공이 열리거나 조직이 거칠어 당의 열 반응도를 유도하므로 제품 색이 어둡다.

알칼리가 강한 경우	산이 강한 경우
거친 기공	고운 기공
어두운 껍질색과 속색	여린 껍질색
강한 향	연한 향
소다맛	톡 쏘는 신맛
정상보다 부피가 크다	부피가 빈약하다

4) pH 조절
  - 제품의 향과 색을 진하게 하려면 알칼리성 중조를 넣어 조절해 준다.
  - 제품의 향과 색을 연하게 하려면 산성 재료 주석산 크림과 식초, 레몬즙을 넣는다.

5) 많이 쓰이는 재료 pH
  - 박력분 : 5.2
  - 흰자 : 8.8~9.0
  - 베이킹파우더 : 6.5~7.5
  - 우유 : 6.6
  - 설탕 : 6.5~7.0
  - 치즈 : 4.0~4.5
  - 증류수 : 7.0
  - 베이킹소다 : 8.4~8.8

제2절 과자류제품 반죽정형

1. 팬닝

1) 팬닝 방법
   (1) 제품을 팬에 적당량 넣어 반죽을 팬닝하는 방법에는 틀의 부피를 기준으로 반죽량을 채우는 방법이 있다.
   (2) 틀의 부피를 비용적으로 나눠 반죽량을 산출하여 채우는 방법이 있다.

2) 팬닝 시 주의점
   - 반죽 무게와 상태를 정해 비용적에 맞춰 팬을 저울에 올려 무게를 잰다.
   - 팬닝 시 팬에 반죽량이 너무 많으면 제품의 윗면이 터지거나 바닥으로 흐른다.
   - 팬닝 시 팬에 반죽량이 너무 적으면 완성품의 모양이 고르지 않다.

- 비용적(반죽을 1g당 굽기 하는데 필요한 팬의 부피)을 알고 팬의 부피를 계산한 다음 팬닝을 해야 제품의 균일성과 가치를 얻을 수 있다.

3) 제품별 팬닝
   - 스펀지 케이크 : 50~60%
   - 파운드 케이크 : 70%
   - 레이어 케이크 : 55~60%
   - 커스터드 푸딩 : 95%

4) 반죽 비용적
   (1) 반죽 무게 : 틀부피(용적) / 비용적
   (2) 비용적 : 틀부피(용적) / 반죽무게

5) 틀 부피 계산법
   - 옆면이 경사진 원형팬 : 평균 반지름 × 평균 반지름 × 3.14 × 높이
   - 옆면을 가진 원형팬 : 밑넓이 × 높이 = 반지름 × 반지름 × 3.14 × 높이
   - 옆면에 경사지고 중앙에 경사진 관이 있는 원형팬 :
     전체 둥근틀 부피 - 관이 차지한 부피
   - 경사면을 가진 사각팬 : 평균가로 × 평균세로 × 높이
   - 치수 측정하기 어려운 팬 : 유채씨, 물을 담은 후 메스실린더로 부피를 구한다.

6) 제품별 비용적
   - 각 제품의 비용적은 반죽 1g을 굽기 후 팽창하여 틀을 차지하는 부피를 말한다.
   - 반죽을 똑같은 무게 넣었을 때 가장 부피가 큰 제품은 스펀지 케이크이다.
   - 가장 적게 부피가 오르는 제품은 파운드 케이크이다.
   - 비용적 단위 : cm^3/g, cc/g
      ☞ 스펀지 케이크 : $5.08cm^3/g$
      ☞ 파운드 케이크 : $2.40cm^3/g$
      ☞ 레이어 케이크 : $2.96cm^3/g$
      ☞ 엔젤푸드 케이크 : $4.70cm^3/g$

2. 정형

제품의 모양과 형태를 제조하는 방법은 여러 가지가 있다. 반죽의 특성에 따라 성형 방법을 선택해서 만든다.

1) 정형방법
   (1) 찍어내기 : 반죽을 균일한 두께로 밀어 펴기 한 후 정형기를 이용해 원하는 제품을 찍어 내어 평철팬에 팬닝을 한다.
   (2) 짜기 : 짤주머니에 모양 깍지를 끼워 반죽을 일정량 담아 철팬에 모양을 짜는 방법이다.
   (3) 접어밀기 : 반죽에 유지를 감싼 후 밀어펴고 접는 작업을 반복하는 방법이다(파이반죽)

2) 제품별 성형 방법과 특징
   (1) 파운드 케이크(반죽형)
      반죽형 반죽으로 저율배합이며 주재료가 밀가루, 설탕, 유지, 계란 4가지를 각각 1파운드씩 같은

양을 넣어 만든 것이다.
- **기본 배합률**
  - ☞ 밀가루 : 100, 설탕 : 100, 유지 : 100, 계란 : 100
- **사용재료의 특성**
  - ☞ 케이크 제조에서 유지는 팽창기능, 유화기능, 윤활기능(흐름성)을 한다.
  - ☞ 부드러운 질감의 완제품을 만들고자 할 때는 박력분을, 쫄깃한 질감의 제품은 박력분의 일부와 중력분이나 강력분으로 대체하여 넣어 혼합 사용한다.
- **제품의 제조공정**
  파운드는 반죽형 반죽의 대표적인 제조법이며 크림법이 일반적이다.
- **믹싱**
  - ☞ 유지(마가린, 버터, 쇼트닝)의 품온 온도(18~24℃)에 소금 + 설탕을 넣고 크림화 한다.
  - ☞ 계란을 3~4회 천천히 투입한다.
  - ☞ 가루재료, 액체 재료도 넣고 혼합한다.
  - ☞ 혼합 시 글루텐 형성을 최소화 해서 부드러운 제품을 만든다.
  - ☞ 반죽온도는 22~24℃가 알맞고 비중은 0.7~0.8이 적당하다.
- **팬닝**
  - ☞ 파운드 틀을 사용해 안쪽에 종이를 0.3cm 깔고 틀 높이 70% 정도 채운다.
  - ☞ 파운드 케이크는 반죽 1g당 비용적 2.4cm³이다.
- **굽기**
  - ☞ 반죽량이 많은 제품은 170~180℃에 굽고 작은 제품은 180~190℃에 굽는다.
  - ☞ 굽기 도중 윗면에 칼집을 내어 제품을 자연스럽게 터트려 굽는다.
  - ☞ 파운드는 굽기 시 2중팬을 사용해 굽기한다.

  > **Tip 굽기 중 2중팬 사용하는 목적**
  > - 제품의 바닥과 옆면의 두꺼운 껍질형성을 막기 위해서
  > - 조직과 맛을 좋게 하기 위해

  > **Tip 파운드 케이크를 구울 때 윗면이 자연적으로 터지는 원인**
  > - 설탕입자가 모두 녹지 않아서   - 반죽에 수분이 부족해서
  > - 오븐 온도가 높아 껍질형성이 빨랐다.   - 팬닝 후 장시간 방치하여 표면이 말랐다.
  > - 과일 파운드 케이크

  - ☞ 응용제품으로 과일은 밀가루에 묻혀 사용하면 과일이 바닥에 침전되는 것을 방지한다.
  - ☞ 과일류는 최종단계에 투입한다

(2) 스펀지케이크(거품형)
  거품형 중에서 가장 대표적인 제품으로 계란을 이용하여 거품을 형성하는 스펀지 반죽이다.
- **기본 배합률**
  - ☞ 밀가루 : 100, 계란 : 166, 설탕 : 166, 소금 2

- 사용재료의 특성
    - 박력분 : 부드러운 제품을 만들고자 할 경우 사용한다.
    - 중력분을 사용할 경우 전분 12% 혼합해 사용가능 하다.
    - 소금은 맛을 내는 중요한 역할을 한다.

    > **Tip** 계란의 사용량을 1% 감소시킬 경우 조치법
    > - 물 사용량을 0.75% 추가한다.   - 밀가루 사용량을 0.25% 추가한다.
    > - 베이킹 파우더 0.03% 사용한다. - 유화제 0.03% 첨가한다.

- 제조공정
    - 스펀지케이크 제조에 사용하는 반죽법은 별립법, 공립법 중에 선택해서 제조한다.
    - 팬닝 : 철팬, 원형틀에 50~60% 팬닝을 한 다음 기포 안정을 위해 충격을 준다.
    - 굽기 후 바로 팬에서 제품을 꺼낸다(수축방지)
    - 굽기 중 스펀지케이크는 오븐에서 공기팽창, 전분 호화, 단백질 변성이 일어난다.

(3) 롤 케이크(거품형)

표면이 터지는 이유는 수분 증발로 인해 신전성이 부족하고 점착성이 약해져 터진다.

- 롤 케이크 말기 시 제품의 표면 터짐 방지법
    - 설탕의 일부는 물엿과 시럽으로 대치할 수 있다.
    - 덱스트린을 사용해 점착성을 증가시킨다.
    - 팽창제 감소와 믹싱상태 조절
    - 노른자 사용이 많으면 노른자 줄이고 전란 증가
    - 오버 베이킹을 하지 않는다.
    - 밑불 온도 높게 하지 않는다.
    - 비중이 높지 않게 반죽을 한다.
    - 반죽 온도가 낮을경우 오븐 온도가 낮지 않게 굽는다.

    > **Tip** 충전물이 젤리롤 케이크에 축축하게 스며드는 것을 막기 위한 조치법
    > - 수분 비율을 줄인다.   - 굽는 온도를 낮추고 시간을 늘린다.
    > - 가루재료를 넣고 혼합을 더 한다. - 밀가루 사용을 증가한다.

(4) 엔젤 푸드 케이크(거품형)

주재료가 흰자를 사용하는 제품이다. pH(5.2~6.0) 반죽 비중이 가장 낮다.

- 기본 배합률(True %)

    True 배합은 전체 재료가 100%가 되어야 한다. 제빵에서 베이커스 배합은 밀가루가 100% 기준이 된다.

    - 밀가루 : 15~18%   - 흰자 : 40~50
    - 주석산크림 : 0.5~0.625   - 소금 : 0.375~0.5   - 설탕 : 30~42

- 배합률 조절공식

- ☞ 밀가루 15% 선택 시 흰자 50%, 밀가루 18% 선택 시 흰자 40%를 교차 선택 한다.
- ☞ 주석산 크림 + 소금의 합이 1%가 되게 만든다.
- ☞ 설탕 = 100 − (흰자 + 밀가루 + 주석산 크림 + 소금의 양)
- ☞ 정백당 = 설탕 × 2/3 분설탕 = 설탕 × 1/3)
- **재료사용의 특성**
  - ☞ 흰자 : 모양과 형태를 유지시키는 구조형성기능을 한다.
  - ☞ 주석산 크림 : 흰자의 알칼리성을 낮추어 중화시켜 거품을 단단하게 한다.
  - ☞ 등전점 : 가까울 때 흰자는 탄력성이 커지며 흰자가 만드는 머랭도 튼튼해져 사그러들지 않게 한다.
  - ☞ 전체 설탕량에 머랭을 만들 때 2/3 정백당, 밀가루 혼합시 1/3 분설탕 사용한다.
- **제조공정**
  - ☞ 머랭 제조 시 주석산 크림의 넣는 시기에 따라 산 전처리법과 산 후처리법이 있다.
  - ☞ 산 전처리법 : 머랭을 튼튼하게 하고 탄력을 만든다.
  - ☞ 산 후처리법 : 부드러운 기공과 조직을 만든다.
- **팬닝**
  - ☞ 원형 팬에 이형제로 분무기로 물을 뿌려준 후 반죽을 60~70% 팬닝(채운다)
  - ☞ 이형제란 반죽을 구울 때 제품이 달라붙지 않게 모양을 그대로 유지하기 위해서다.
  - ☞ 이형제를 사용하는 목적 : 반죽 비중이 낮아 반죽이 달라붙게(지탱)하고 분리 시 잘 떨어지게 하기 위해 사용한다.

(5) 퍼프 페이스트리

가소성이 필요한 제품이다.

- **기본 배합률**
  - ☞ 밀가루 : 100, 유지 : 100, 물 50, 소금 1~3
- **재료 특성**
  - ☞ 제과이지만 이스트를 사용하지 않고 강력분 밀가루을 사용한다.
  - ☞ 강력분 사용 이유 : 박력 밀가루는 단백질 함량이 낮아 반죽을 반복 접기 시 유지를 지탱하지 못하고 반죽이 찢어지고 균일한 유지층을 만들기 어렵다.
  - ☞ 충전용 유지가 많을수록 결이 선명해지고 부피도 좋아진다. 단점 : 밀어펴기가 어렵다.
- **제조공정**
  - ☞ 믹싱 : 발전후기 반죽온도 20℃
- **성형 시 주의점**
  - ☞ 밀어펴기 시 두께를 일정하게 하고 너무 무리하게 밀어펴지 않는다.
  - ☞ 재단 시 잘 드는 칼로 재단한다.
  - ☞ 냉장 휴지 시간은 30분 정도하고 휴지 완료점은 손가락으로 살짝 누르면 자국이 남아있다.

☞ 제품을 장기간 보관 시 냉동 보관한다.

> **Tip** 퍼프 페이스트리 반죽을 냉장고에 휴지시키는 이유
> - 반죽의 연화, 이완시켜 밀어 펴기 쉽게 한다.
> - 글루텐 안정, 글루텐 재 정돈, 수축방지

- **굽기**
    - ☞ 퍼프 페이스트리 반죽을 굽기 할 때 2/3 색이 날 때까지 오븐 문을 열지 않는다.
    - ☞ 이유 : 완제품 모양, 형태가 불안정하여 단백질과 전분의 안정화가 되지 않아 주저앉는다.
    - ☞ 온도가 낮으면 글루텐이 말라 신장성이 줄고 증기압이 발생해 부피가 작고 무겁다.
    - ☞ 온도가 높으면 껍질이 생겨 글루텐의 신장성이 작고 팽창이 생겨 제품이 갈라진다.
- **굽는 동안 유지가 흘러나오는 이유**
    - ☞ 박력분을 사용했다.
    - ☞ 오븐의 온도가 너무 높거나 낮았다.
    - ☞ 밀어펴기를 잘못했을 때
    - ☞ 오래된 반죽을 사용했을 때
- **제품의 팽창이 부족한 이유**
    - ☞ 휴지 시간이 짧았을 때
    - ☞ 예리하지 못한 칼을 사용했을 때
    - ☞ 덧가루 사용이 많을 때
    - ☞ 밀어 펴기 잘못 했을 때
    - ☞ 오븐의 온도가 너무 높거나 낮았다.

(6) 케이크 도넛

화학 팽창제를 사용해 팽창시키며 도넛 껍질 안쪽 부분이 케이크와 조직이 비슷하다.

- **재료 특성**
    - ☞ 중력분으로 만든다.
    - ☞ 계란은 구조형성 재료로 도넛을 단단하게 만들고 수분을 공급해준다.
- **제조 공정**
    - ☞ 공립법 또는 크림법으로 만든다.
    - ☞ 반죽온도 : 22~24℃
    - ☞ 휴지 후 정형을 한다.
    - ☞ 휴지 이유 : 재료에 수분 흡수, 표피 마름방지, 밀어펴기 용이, 모양 일정, 지방흡수방지
    - ☞ 튀김온도 : 180~190℃
    - ☞ 기름 깊이 : 12~15cm
    - ☞ 도넛이 식기 전에 도넛 글레이즈를 49℃로 중탕해 토핑한다.
    - ☞ 도넛 설탕, 계피의 온도는 40℃ 전·후에 뿌린다.
    - ☞ 퐁당은 40℃ 전·후에 가온하여 아이싱 한다.
- **결함 및 원인**

    발한현상 : 도넛에 묻힌 설탕이나 글레이즈가 수분에 녹아 시럽처럼 끈적거리는 현상
- **발한대책**
    - ☞ 설탕 묻히기 전 도넛을 충분히 냉각하고 묻힌다.
    - ☞ 설탕을 많이 묻히고 튀김 시간을 늘린다.

☞ 튀김기름에 스테아린을 혼합해 기름이 배어나오는 것을 방지한다.
☞ 도넛 수분함량을 21~25%로 한다.
- **튀긴 후 도넛에 기름이 많은 경우**
  ☞ 튀김온도가 낮았다.　　　　　　☞ 튀김시간이 길었다.
  ☞ 팽창제 사용이 많았다.　　　　　☞ 묽은 반죽을 튀겼다.

(7) 레이어 케이크
반죽형 반죽의 대표적인 제품이며 설탕 사용량이 밀가루보다 많아 고율배합 제품이다.
- **제조 공정**
  ☞ **믹싱**
  반죽형 반죽으로 제조하는 제법을 모두 사용할 수 있으나 크림법이 가장 대표적이다. 예외 데블스푸드 케이크는 블렌딩 법으로 제조한다. 반죽온도 : 24℃, 비중 : 0.88~0.9
  ☞ **팬닝** : 팬 55~60%
  ☞ **굽기** : 온도 180℃, 시간은 25~35분

재료	화이트레이어	옐로우레이어	데블스푸드	초콜릿
계란 흰자	흰자=쇼트닝×1.43	계란=쇼트닝×1.1	계란=쇼트닝×1.1	계란=쇼트닝×1.1
설탕 및 쇼트닝	우유=설탕+30-흰자	우유=설탕+25-계란	우유=설탕+30+(코코아×1.5)-계란	우유=설탕+30+(코코아×1.5)-계란
계란양산출	분유=우유×0.1	분유=우유×0.1	분유=우유×0.1	분유=우유×0.1
우유양산출	물=우유×0.9	물=우유×0.9	물=우유×0.9	물=우유×0.9
분유양산출	주석산크림=0.5%	설탕=110~160%	설탕=110~180%	설탕=110~180%
물의양산출	설탕=110~160%		중조=천연코코아×7%	초콜릿=코코아+카카오버터
			베이킹파우더=원래 사용양-(중조×3)	코코아=초콜릿양×62.5%(5/8)
				카카오버터=초콜릿×37.5%(3/8)
				조절한 유화 쇼트닝
				원래 유화쇼트닝-(카카오버터×1/2)

(8) 사과파이
- **사용 재료특성**
  ☞ 밀가루 사용은 비표백 중력분을 사용하거나 박력분 60%와 강력분 40% 혼합가능 하다.
  ☞ 밀가루는 파이 껍질의 구성재료를 형성하고 유지와 층이 생겨 결을 만든다.
  ☞ 유지는 가소성이 높은 쇼트닝, 파이용 마가린을 사용한다. 40~80% 사용한다.
- **반죽 만들기**
  ☞ 밀가루 + 유지를 혼합해 유지입자가 콩알 크기가 될 때까지 다진다.
  ☞ 소금 + 설탕 + 분유 등을 찬물에 녹여 밀가루 반죽에 넣고 물기가 없을 때까지 반죽한다.
  ☞ 반죽온도 18℃ 냉장휴지 4~24시간 휴지시킨다.

> **Tip 파이를 냉장고에서 휴지시키는 이유**
> - 유지와 반죽의 굳은 정도를 같게 한다.　- 전 재료의 수화 기회를 준다.
> - 끈적거림방지와 작업성을 좋게 한다.　　- 반죽의 연화와 이완을 시킨다

- 필링 준비
  - ☞ 사과는 씻어서 껍질, 씨 속을 제거 후 적당 크기로 잘라 설탕물에 담가 둔다(갈변방지)
  - ☞ 버터를 남기고 전 재료를 가열해 걸쭉한 상태가 되도록 전분을 호화시킨다.
  - ☞ 버터를 넣고 사과를 버무린다.
  - ☞ 파이껍질에 담을 때까지 20℃로 냉각한다.
- 성형
  - ☞ 반죽을 파이 팬 길이게 적당한 두께로 밀어 팬에 깔아준다.
  - ☞ 사과 충전물을 고르게 팬에 넣어준다.
  - ☞ 윗껍질을 밀어 구멍을 낸 후 테두리에 물을 묻혀 덮고 테두리는 모양을 접는다.
  - ☞ 윗면에 계란 노른자를 풀어 발라 껍질색이 윤기나게 한다.
  - ☞ 파이 껍질 성형 : 성형하기 전에 18℃ 4~24시간 저장해 둔다.
- 굽기
  온도 : 윗불 230/밑불 180℃ 25~30분

> **Tip 사과 충전물이 끓어 넘치는 원인**
> - 위·아래 껍질을 잘 붙이지 않아서
> - 껍질에 구멍을 뚫지 않아서
> - 충전물의 온도가 높아서
> - 껍질에 수분이 많아서
> - 오븐의 온도가 낮아서
> - 바닥 껍질이 얇아서

(9) 쿠키

케이크 반죽에 밀가루의 양을 증가시켜 수분이 5% 이하로 적고 크기가 작은 건과자와 케이크 반죽을 사용해 만든 수분이 30% 이상으로 많고 크기가 작은 생과자를 말한다.

- 쿠키의 특성
  - ☞ 쿠키의 반죽온도 : 18~24℃
  - ☞ 포장과 보관 온도 : 10℃
- 쿠키의 퍼짐
  - √ 쿠키의 퍼짐이 큰 원인
    - ☞ 묽은 반죽
    - ☞ 팽창제 과다 사용
    - ☞ 설탕 과다 사용
    - ☞ 유지 과다 사용
    - ☞ 알칼리성 반죽
    - ☞ 낮은 오븐 온도
  - √ 쿠키의 퍼짐이 작은 원인
    - ☞ 된 반죽
    - ☞ 유지 적게 사용
    - ☞ 설탕 적게 사용해서
    - ☞ 믹싱 과다
    - ☞ 산성 반죽
    - ☞ 높은 오븐 온도
  - √ 쿠키의 퍼짐을 좋게 하기 위한 조치
    - ☞ 입자가 큰 설탕을 사용한다.
    - ☞ 알칼리 재료의 사용량을 늘린다.
    - ☞ 팽창제를 사용한다.
    - ☞ 오븐 온도를 낮게 한다.

- 반죽의 특성에 따른 분류
  √ 반죽형 반죽 쿠키
  ☞ 스냅 쿠키
  · 계란 사용량이 적고 설탕 사용량이 많다.
  · 밀어펴서 성형기로 찍어 제조한다.
  · 식감은 찐득하다.
  ☞ 드롭(소프트)쿠키
  · 반죽형 쿠키 중에서 수분이 가장 많다.
  · 성형 방법 : 짤주머니
  · 종류 : 버터 스카치, 오렌지 쿠키
  ☞ 쇼트 브레드 쿠키
  · 밀어펴서 찍는 쿠키
  · 유지 사용량이 많아 냉장휴지가 필요하다.
  · 부드럽고 바삭하다.
  √ 거품형 반죽 쿠키
  ☞ 스펀지 쿠키
  · 짤주머니 성형
  · 모든 쿠키 중에서 수분이 가장 많다.
  · 종류 : 핑거 쿠키
  ☞ 머랭 쿠키
  · 흰자 + 설탕을 휘핑한 머랭 반죽으로 만든 쿠키
  · 성형 방법 : 짤주머니
  · 낮은 온도에서(100℃) 건조시켜 굽는다.

  > **Tip** 쿠키에 화학 팽창제를 넣은 이유
  > - 부피 증가, 부드러움, 퍼짐과 크기 조절, 중조는 pH를 높여 제품의 색 진하게

- 제조 특성에 따른 분류
  ☞ 냉동 쿠키
  · 반죽을 밀어 펴서 냉동고에 얼린제품으로 유지가 많은 배합의 제품
  ☞ 밀어 펴서 정형하는 쿠키
  · 스냅과 쇼트 브레드 쿠키는 밀어 펴서 휴지시킨 다음 일정한 두께로 밀어 펴서 찍는 쿠키
  ☞ 짜는 형태의 쿠키
  · 수분이 많은 드롭 쿠키나 거품형 반죽 쿠키를 짤주머니로 모양, 크기를 일정하게 성형한다.
  ☞ 판에 등사하는 쿠키
  · 묽은 상태의 반죽을 철판에 올려놓은 틀에 흘려 넣어 모양을 만들어 굽는다(그림, 글씨)

(10) 슈

슈 모양이 양배추 형태로 생겨 슈라 부른다. 내부가 텅 비어 있어 크림을 주입하는 일명 슈크림이라 한다. 특징은 다른 제품과 달리 밀가루 호화 후 성형해서 굽는다. 기본재료가 밀가루, 물, 유지, 계란등이 필요하고 설탕은 들어가지 않는다.

> **Tip 슈 반죽에 설탕이 들어가면 결과는**
> - 내부에 구멍 형성이 좋지 않다.   - 상부(위)가 둥글게 된다.
> - 껍질의 표면이 균열(갈라지지)이 않는다.
> **슈 응용 제품**
>   · 스웨덴 슈   · 파리브레스트   · 에클레어   · 츄러스(슈 튀긴 것)

- 제조 공정
    ☞ 반죽 만들기
  - 물에 소금 + 유지를 넣고 센 불에서 끓인다.
  - 체 친 밀가루를 넣고 호화가 될 때까지 젓는다.
  - 60℃로 냉각 후 계란을 3회 넣어 윤기가 생기면 베이킹 파우더를 넣고 혼합한다.
  - 평철팬에 간격을 유지하고(팽창) 분무기로 물을 충분히 분무 또는 침지한다.
  - 굽기 중에 슈 껍질이 빨리 나는 것을 방지하기 위해 물을 뿌린다.
    ☞ 굽기
  - 처음에는 아랫불을 높여 굽다가 표피가 균열이 생기고 밝은 갈색이 나면 아랫불을 줄이고 윗불을 높인다.
  - 슈가 주저앉게 되므로 굽기 중에 오븐 문을 자주 열지 않는다.

(11) 냉과

차게 먹는 제품으로 냉장고에서 마무리하는 모든 과자를 말하며 무스, 바바루아, 푸딩, 젤리, 블라망제 등이 있다.

- 무스

  무스란 프랑스어로 가벼운 거품이란 뜻으로 커스터드, 초콜릿, 과일 퓌레에 생크림, 젤라틴 등을 넣고 굳혀서 만든이다. 무스의 안정제는 젤라틴이다.

- 바바루아

  설탕, 계란, 우유, 생크림, 젤라틴을 기본재료로 만든 제품으로 과실 퓌레를 사용해 맛을 더한다. 바바루아도 무스라고 하지만 무거운 타입의 제품에 속한다.

- 푸딩

  설탕, 계란, 우유 등을 혼합해 중탕법으로 굽는 제품으로 그 외 과일, 육류, 야채, 빵을 혼합해 취향대로 만들 수 있다. 푸딩은 계란의 열변성에 의한 농후화 작용을 이용한 제품이다. 푸딩의 제조법은 설탕과 계란의 비율 1 : 2로 만든다.
  푸딩의 팬닝은 95%로 한다. 팬닝이 많은 이유는 부피가 거의 없기 때문이다.

온도가 높으면 표면에 기포가 생길 수 있다.
- 젤리
  과즙이나 와인 같은 액체에 젤라틴, 펙틴, 한천, 알긴산 등의 안정제를 혼합해 차게 굳힌 제품을 말한다.
- 블라망제
  프랑스어로 하얀 음식이란 뜻으로 우유, 생크림, 젤라틴으로 굳힌 푸딩 같은 디저트 냉과에 속한다.

제3절 과자류제품 반죽익힘

1. 반죽 익힘 방법의 종류 및 특징
1) 굽기 방법
   - 고율배합 반죽은 낮은 온도에서 장시간 굽는다.
   - 저율배합 반죽은 높은 온도에서 단시간 굽는다.
2) 제품의 단점
   (1) 언더 베이킹
      높은 온도에 구으면 가운데가 설익고 중심 부분이 갈라지고 조직이 거칠며 주저앉기 쉽다.
   (2) 오버 베이킹
      낮은 온도에서 오래 구으면 윗면이 평평하고 조직이 부드럽지만 제품의 수분 손실이 크다.

3) 굽기 손실률

$$굽기\ 손실률 = \frac{(굽기\ 전\ 반죽무게\ -\ 굽기\ 후\ 반죽무게)}{굽기\ 전\ 반죽무게} \times 100$$

4) 찌기
   - 찜의 열 전달방식은 수증기가 움직이면서 열이 전달되는 현상인 대류열의 방식이다.
   - 가압하지 않은 찜기의 내부온도는 99℃이다.
   - 찜 과자류 : 찜케이크, 찐빵, 찜만주, 푸딩 등이 있다.

2. 익히기 중 성분 변화의 특징
- 마이야르 반응 : 당에서 분해된 환원당과 단백질에서 분해된 아미노산이 결합해 껍질이 갈색으로 변하는 반응이다. 낮은 온도에서 일어나 캐러멜화에서 생성되는 중요한 역할을 한다.
- 캐러멜화 반응 : 설탕 성분이 높은 온도 160~180℃에서 껍질이 갈색으로 변하는 현상
- 마이야르 반응에 영향을 주는 요인 : 수분, pH, 당의 종류, 반응물질의 농도 등으로 pH가 알칼리성 쪽으로 기울수록 갈색화 반응 속도가 빠르다.

3. 기계 및 도구

1) 오븐
공장 설비 중에서 제품의 생산능력을 알 수 있는 기준으로 오븐 안에 들어가는 철판 수로 계산한다.

오븐종류	오븐의 특징
터널오븐	반죽이 들어가는 입구와 제품이 나오는 출구가 다른 오븐으로 대량 생산공장에서 사용
컨백션오븐	뜨거운 공기를 팬을 사용해 강제로 순환시켜 반죽을 균일하게 착색시킨다.
데크오븐	제품을 넣을 때 입구와 출구가 같은 단 오븐으로 일반 소규모 제과점에서 사용한다.

2) 튀김기
자동온도조절장치가 설정되어 일정한 온도 유지가 가능해 과자류, 빵류 제품을 튀긴다.

3) 빵류 자동화 기계
- 라운더 : 분할한 반죽의 표피를 매끄럽게 둥글리는 기계
- 분할기 : 1차 발효가 끝난 반죽을 분할하는 기계
- 오버헤드 프루퍼 : 둥글리기한 반죽을 중간발효시키는 기계
- 정형기 : 반죽을 밀어펴기, 말기, 봉하기 등 정형하는 기계

4) 품질관리용 기구와 기계
– 밀가루 반죽의 제빵적성 시험기계

(1) 익스텐소그래프(신장성)
- 신장성과 신장 저항성을 파악하여 반죽에 산화제나 환원제를 추가 여부 확인
- 밀가루 반죽을 끊어질 때까지 늘려서 반죽의 신장성에 대한 저항을 측정하는 기계

(2) 패리노그래프
- 밀가루의 흡수율, 글루텐의 질, 믹싱 시간, 반죽의 점탄성을 측정하는 기계
- 곡선이 500 B.U.에 도달하는 시간 등으로 밀가루가 물을 흡수하는 시간(속도)를 확인

(3) 아밀로그래프
- 밀가루를 호화시키면서 온도 변화에 따른 밀가루 전분의 점도에 미치는 a-아밀라아제의 효과를 측정하는 기계
- 양질의 빵 속을 만들기 위한 전분의 호화력을 그래프 곡선으로 나타내면 곡선의 높이는 400~600 B.U.이다.

(4) 믹소그래프
- 반죽하는 동안 글루텐의 발달 정도를 측정하는 기계

(5) 믹서트론
- 사람과 기계의 잘못 확인, 밀가루에 대한 정확한 흡수와 혼합시간 측정

(6) 점도계
- 밀가루 전분의 점도를 측정하는 기계

예상문제

1. 다음 유용한 장내 세균의 발육을 왕성하게 하여 장에 좋은 영향을 미치는 이당류는?
① 유당　　　　　② 설탕　　　　　③ 포도당　　　　　④ 맥아당

2. 글리코겐의 형태로 간장, 근육에 저장되는 것은 무엇인가?
① 전화당　　　　② 포도당　　　　③ 맥아당　　　　　④ 유당

3. 노인 경우 필수지방산의 흡수를 위해 다음 중 어떤 종류의 기름을 섭취하는 것이 좋은가?
① 닭기름　　　　② 콩기름　　　　③ 돼지기름　　　　④ 쇠기름

4. 다음 지방은 1g 당 몇 kcal 인가?
① 9 kcal　　　　② 5 kcal　　　　③ 4 kcal　　　　　④ 8 kcal

5. 다음 필수아미노산의 영양학적 가치가 아닌 것은?
① 체내 합성이 안 되므로 반드시 음식물에서 섭취해야 한다.
② 체조직의 구성과 성장 발육에 반드시 필요하다.
③ 식물성 단백질에 많이 함유되어 있다.
④ 어린이와 회복기 환자에게는 히스티딘을 합한 9종류가 필요하다.

6. 생체 내에서 지방의 기능으로 아닌 것은?
① 효소의 주요 구성성분이다.
② 생체기관을 보호한다.
③ 체온을 유지한다.
④ 주요한 에너지원이다.

7. 다음 유아에게 필요한 필수아미노산이 아닌 것은 무엇인가?
① 글루타민　　　② 발린　　　　　③ 트립토판　　　　④ 히스티딘

8. 단백질의 가장 중요한 기능은 무엇인가?
① 체조직 구성　　② 유화작용　　　③ 체액의 압력　　　④ 체조직 구성

9. 다음 무기질의 기능이 아닌 것은 무엇인가?
① 열량을 내는 열량 급원이다.　　　　　　② 효소의 기능을 촉진 시킨다.
③ 세포의 삼투압 평형 유지 작용을 한다.　　④ 우리 몸의 경조직 구성성분이다.

10. 다음 중 갑상선에 이상을 일으키는 무기질은?
① 요오드 - I　　② 철 - Fe　　③ 구리 - Cu　　④ 불소 - F

11. 칼슘흡수를 돕는 비타민은 무엇인가?
① 비타민 D　　② 무기질　　③ 철분　　④ 토코페롤

12. 시금치에 들어있으며 칼슘흡수를 방해하는 유기산은 무엇인가?
① 수산　　② 초산　　③ 구연산　　④ 호박산

13. 다음 동물의 간, 난황, 살코기, 녹색 채소에 들어있는 무기질은 무엇인가?
① 철　　② 구리　　③ 칼슘　　④ 인

14. 다음 지용성 비타민이 아닌 것은 무엇인가?
① A　　② C　　③ D　　④ K

15. 비타민의 결핍 증상이 잘못된 것은 무엇인가?
① 비타민 B_1 - 각기병　　② 비타민 C - 괴혈병　　③ 니아신 - 펠라그라　　④ 비타민 B_2 - 야맹증

16. 비타민과 생체 내에서의 주요 기능이 잘못 연결된 것은?
① 비타민 B_1 - 당질 대사의 보조효소　　② 비타민 K - 혈액 응고
③ 비타민 A - 빈혈　　　　　　　　　　　④ 니아신 - 펠라그라

17. 다음 물의 기능이 아닌 것은 무엇인가?
① 인체의 중요한 구성성분으로 체중의 약 2/3를 차지한다.
② 영양소와 노폐물을 운반하고, 체온을 조절한다.
③ 영양소 흡수로 세포막에 농도차가 생기면 물이 바로 이동하여 체액을 정상으로 유지한다.
④ 열량 생산 작용을 한다.

18. 신체 내에서 물의 주요 기능은 무엇인가?
① 신경계 조절작용　　② 연소 작용　　③ 체온 조절 작용　　④ 열량 생산 작용

19. 다음 갑작스러운 체액의 손실로 인하여 일어나는 증상이 아닌 것은 무엇인가?
① 혈압이 올라간다.
② 심한 경우 혼수상태에 이른다.
③ 전해질의 균형이 깨진다.
④ 허약, 무감각, 근육부종 등이 일어난다.

20. 다음 가루재료를 체로 치는 이유가 아닌 것은 무엇인가?
① 가루속의 불순물 제거 ② 공기의 혼입 ③ 재료의 고른 분산 ④ 열 발생

21. 다음 농후화제란 무엇인가?
① 교질용액의 상태를 만드는 것을 의미한다.
② 설탕, 버터 우유를 주재료로 크림화 한다.
③ 설탕 시럽을 교반하여 기포를 넣어 만든 것
④ 흰자에 설탕 시럽을 넣어 거품을 올려 만든 것

22. 버터에 시럽(설탕 100%에 물 25~30%를 넣고 몇 ℃로 끓이는가?
① 50~70℃   ② 114~118℃   ③ 120~130℃   ④ 135~140℃

23. 커스터드 크림의 재료에 속하지 않는 것은?
① 생크림   ② 우유   ③ 계란   ④ 설탕

24. 생크림 보존 온도로 가장 적합한 것은 무엇인가?
① 0~10℃   ② -5~-1℃   ③ -18℃   ④ 15~18℃

25. 다음 버터크림 당액 제조 시 설탕에 대한 물 사용량으로 알맞은 것은?
① 80%   ② 25%   ③ 100%   ④ 125%

26. 다음 크림 아이싱의 종류가 아닌 것은?
① 퍼지 아이싱   ② 퐁당 아이싱   ③ 마시멜로 아이싱   ④ 버터크림

27. 다음 단순 아이싱의 주재료가 아닌 것은 무엇인가?
① 흰자   ② 물   ③ 분설탕   ④ 물엿

28. 다음 굳은 아이싱을 풀어주는 조치가 아닌 것은 무엇인가?
① 아이싱에 최소의 액체를 넣는다.
② 35~43℃로 중탕한다.
③ 굳은 아이싱은 데우는 정도로 안 되면 설탕 시럽(설탕 2 : 물 1)을 넣는다.
④ 알콜을 넣는다.

29. 아이싱의 끈적거림을 방지하는 조치가 올바르지 않는 것은?
① 전분, 밀가루 같은 흡수제를 사용한다. ② 젤라틴, 식물성 검 등 안정제를 사용한다.
③ 흰자와 설탕을 넣는다. ④ 전분과 안정제를 사용한다.

30. 도넛과 케이크의 글레이즈는 몇 ℃도인가?
① 45~50℃   ② 20~30℃   ③ 30~40℃   ④ 60~70℃

31. 머랭이란 무엇인가?
① 흰자 + 설탕   ② 흰자 + 버터   ③ 버터 + 설탕   ④ 흰자 + 노른자

32. 퐁당은 흰뿌연 상태로 재결정화 시킨 것으로 몇 ℃ 도에서 사용하는가?
① 38~44℃   ② 20~30℃   ③ 10~20℃   ④ 47~50℃

33. 이탈리안 머랭에 대한 설명이 아닌 것은 무엇인가?
① 뜨거운 시럽에 머랭을 넣으면서 거품을 올린다.
② 설탕양이 많으면 설탕의 일부를 제외하고 남은 설탕에 물을 넣어 끓인다.
③ 흰자와 설탕 일부로 50% 정도의 머랭을 만든다.
④ 강한 불에 구워 착색하는 제품을 만드는데 적당하다.

34. 퐁당을 만들기 위해 시럽을 끓일 때 시럽의 온도는 몇 ℃인가?
① 50~80℃   ② 100~110℃   ③ 120~130℃   ④ 114~118℃

35. 다음 식품위생의 대상이 아닌 것은?
① 의약   ② 식품   ③ 식품첨가물   ④ 용기

36. 세계보건기구는 무엇인가?
① W·H·O   ② M·H·O   ③ A·M·O   ④ B·M·O

37. 식품위생법에서 식품 등의 공전은 누가 작성, 보급하는가?
① 식품의약품안전처장   ② 보건복지부장관   ③ 국립보건원장   ④ 도지사

38. 식품위생의 목적이 아닌 것은?
① 식품으로 인한 위생상의 위해 사고를 방지한다.   ② 식품 영양의 질적 향상을 도모한다.
③ 식품에 관한 올바른 정보를 제공한다.   ④ 국민보건의 향상과 증진에 신경을 쓰지 않는다.

39. 의사, 한의사는 식중독 환자나 식중독이 의심되는 증세를 보이면 어떻게 해야 하나요?
① 시장, 군수, 구청장에게 보고한다. ② 도지사
③ 시장 ④ 이장

40. 우리나라의 식품위생법에서 정하고 있는 내용이 올바르지 않는 것은?
① 건강검진 및 위생교육 ② 건강기능식품의 검사
③ 조리사와 영양사의 면허 ④ 식중독에 관한 조사보고

41. 다음 식품접객업에 해당되지 않는 것은 무엇인가?
① 위탁급식영업 ② 유흥주점영업 ③ 일반음식점영업 ④ 식품냉동냉장법

42. 식품안전관리인증기준을 식품별로 정하여 고시하는 자는 누구인가?
① 식품의약품안전처장 ② 환경부장관 ③ 시장·군수·구청장 ④ 보건복지부장관

43. 다음 중 HACCP 가지 원칙에 해당 되지 않는 것은 무엇인가?
① 한계기준설정 ② 위해요소분석 ③ HACCP팀 구성 ④ 기록 유지와 문서관리

44. 다음 식품첨가물의 조건이 아닌 것은 무엇인가?
① 대량으로도 효과가 클 것 ② 독성이 없거나 극히 적을 것
③ 무미, 무취, 자극성이 없을 것 ④ 사용하기 간편하고 경제적일 것

45. 다음 보존료로 해당 되지 않는 것은?
① 디하이드로초산 ② 프로피온산 칼슘 ③ 프로피온산 나트륨 ④ 피막제

46. 빵 및 케이크류에 사용이 허가된 보존료는 무엇인가?
① 프로피온산 ② 탄산암모늄 ③ 포름알데히드 ④ 탄산수소나트륨

47. 유지 산패에 의한 이미, 이취, 식품의 변색, 퇴색 등의 방지를 위해 사용되는 첨가물은?
① 산화방지제 ② 살균제 ③ 표백제 ④ 호료

48. 다음 밀가루 개량제의 사용 목적이 아닌 것은?
① 밀가루의 표백과 숙성기간을 단축 ② 제빵효과의 저해 물질을 파괴시킨다.
③ 품질을 개량한다. ④ 곰팡이 발생을 유발한다.

49. 식품 중에 존재하는 유색물질과 결합하여 그 색을 안정화하거나 선명하고 발색하는 것은?
① 착색료　　　　② 발색제　　　　③ 산미료　　　　④ 피막제

50. 과일, 채소류 표면에 피막을 만들어 호흡작용을 제한하고 수분 증발을 방지하는 것은?
① 피막제　　　　② 착향료　　　　③ 살균제　　　　④ 보존료

51. 다음 밀가루 개량제가 아닌 것은?
① 염화칼슘　　　② 과산화벤조일　③ 과황산암모늄　④ 이산화염소

52. 빵의 공정 시 달라붙지 않게 하고, 모양을 그대로 유지하기 위해 사용되는 것은?
① 유동파라핀　　② 추출제　　　　③ 보존료　　　　④ 발색제

53. 어떤 첨가물의 LD_{50}의 값이 적다는 것은 무엇을 의미하는가?
① 독성이 적다.　② 독성이 크다.　③ 안정성이 크다.　④ 저장성이 적다.

54. 다음 식품첨가물의 사용량 결정에 고려하는 ADI란 무엇인가?
① 안전계수　　　② 반수 치사량　　③ 최대 무작용량　④ 1일 섭취 허용량

55. 다음 보기 중 독소형 식중독의 종류가 아닌 것은?
① 포도상구균　　② 보툴리누스균　Z③ 웰치균　　　　④ 살모넬라

56. 다음 감염형 식중독이 아닌 것은?
① 포도상구균　　② 살모넬라　　　③ 장염 비브리오균　④ 병원성 대장균

57. 다음 복어의 식중독은 무엇인가?
① 엔테로톡신　　② 뉴로톡신　　　③ 무스카린　　　④ 테트로도톡신

58. 감자의 독성분은 무엇인가?
① 베네루핀　　　② 삭시톡신　　　③ 고시풀　　　　④ 솔라닌

59. 식중독의 예방법으로 올바른 것은 무엇인가?
① 신선한 식품을 사용하고 충분히 세척을 한다.　② 장기간 냉장보관을 한다.
③ 잔여음식 폐기한다.　　　　　　　　　　　　④ 종사자는 정기적인 건강검진을 실시한다.

60. 여름철에 어류, 패류, 해조류 등에 의해 감염, 구토, 복통, 발열 설사가 나타나는 것은?
① 웰치균　　　　② 살모넬라　　　　③ 장염 비브리오균　　　　④ 병원성 대장균

61. 다음 보기 중 독소형 식중독에서 치사율이 가장 높은 것은 무엇인가?
① 웰치균　　　　② 포도상구균　　　　③ 병원성 대장균　　　　④ 보툴리누스균

62. 경구 감염병과 비교할 때 세균성 식중독의 특징은 무엇인가?
① 2차 감염이 잘 일어난다.　　　　② 많은 양의 균으로 발병한다.
③ 발병 후 면역이 잘 생긴다.　　　　④ 경구감염병 보다 잠복기가 길다.

63. 경구 감염병의 특징이 아닌 것은 무엇인가?
① 소량의 균으로 발병한다.　　　　② 2차 감염이 없다.
③ 잠복기가 길다.　　　　④ 면역이 많다.

64. 다음 버섯의 독소명은 무엇인가?
① 무스카린　　　　② 솔라닌　　　　③ 시큐톡신　　　　④ 고시풀

65. 클로스트리디움 보툴리눔 식중독과 관련 있는 것은 무엇인가?
① 내열성 포자 형성　　② 화농성 질환의 대표균　　③ 저온 살균처리로 예방　　④ 감염형 식중독

66. 다음 섭조개, 대합의 동물성 식중독의 독소명은 무엇인가?
① 삭시톡신　　　　② 베네루핀　　　　③ 테트로도톡신　　　　④ 솔라닌

예상문제정답

1.①　2.②　3.②　4.①　5.③　6.①　7.①　8.④　9.①　10.①　11.①　12.③　13.①　14.②　15.④　16.③　17.④　18.③
19.①　20.④　21.①　22.②　23.①　24.①　25.②　26.④　27.①　28.④　29.③　30.①　31.①　32.①　33.①　34.④
35.①　36.①　37.①　38.④　39.①　40.②　41.④　42.①　43.③　44.①　45.④　46.①　47.①　48.④　49.②　50.①
51.①　52.①　53.②　54.④　55.④　56.①　57.④　58.④　59.③　60.③　61.④　62.②　63.②　64.①　65.①　66.①

제빵기능사

제4장 빵류 제조

크로와상 가소성

제4장 빵류 제조

제1절 빵류제품 재료혼합

1. 반죽 및 반죽관리
  1. 빵의 개요
    1) 빵의 정의
      (1) 밀가루, 이스트, 소금, 물은 빵의 주재료이다.
      (2) 밀가루에 이스트 소금, 물을 넣고 배합해 만든 반죽을 발효시킨 후 오븐에서 굽는 것.
      (3) 부재료인 설탕, 유지, 계란 등은 개인이나 국가의 취향에 따라 선택해서 사용한다.
    2) 빵의 분류
      (1) **식빵류** : 식사 대용으로 먹는 달지 않은 빵이다.
        예) 식빵류, 호밀빵, 프랑스빵(하드롤 바케트) 딱딱한 빵, 롤, 번 등
      (2) **특수빵류** : 곡류, 견과류, 야채 등을 넣은 것을 튀기기, 찌기
        예) 건포도 식빵, 블루베리 베이글, 스팀류, 튀김류, 두 번 구운 빵류(러스크, 마늘빵)
      (3) **과자빵류** : 간식으로 먹을 수 있는 빵(고율배합으로 만든 빵)
        예) 소브르, 크림빵, 앙금빵, 브리오슈, 크루아상, 스위트롤, 커피 케이크
      (4) **조리빵류** : 식빵류 + 특수빵 + 과자빵류 등을 혼합한 빵에 요리를 접목시켜 만든 빵
        예) 샌드위치, 피자파이, 소시지빵

2. 빵의 반죽법
제빵제조법은 반죽을 만드는 공정에서 발효를 시키는 방법을 기준으로 스트레이트법, 스펀지법, 액체발효법이 있다. 그 밖의 제빵법은 위 나열한 세 가지 반죽법을 변형한 것이다.
  1) 스트레이트법
    이 제조법은 모든 재료를 믹서볼에 한번에 넣고 반죽하는 방법으로 직접 반죽법이라 한다.
    (1) 제조공정
      - **배합표 작성** : 밀가루의 양을 100%로 보고 각 재료가 차지하는 양을 표시한 것
      - **재료계량** : 배합표를 보고 실수 없이 정확, 신속, 청결하게 재료계량한다.
      - **반죽 만들기**
        ☞ 유지를 제외한 모든 재료를 믹서볼에 넣고 혼합해서 글루텐을 형성한다.
        ☞ 글루텐이 형성되는(반죽이 한덩어리) 클린업 단계에 유지를 넣는다.

☞ 완료 시 반죽온도 : 27℃
- **1차 발효**
  ☞ 1차 발효 조건 : 27℃ 상대습도 : 75~80%, 발효시간 : 1~3시간
  ☞ 1차 발효 완료점 판단방법
    • 직물구조(거미줄, 섬유질) 상태 확인
    • 반죽을 손으로 눌렀을 때 오므라드는 상태
    • **처음 반죽의 부피 3~3.5배**
- **펀치**
  ☞ 펀치를 주는 이유
    • 반죽온도를 일정하게 하기 위해
    • 산소공급으로 이스트의 활동을 활발하기 위해
    • 탄력성이 좋고 글루텐을 강화시키기 위해
  ☞ 펀치 주는 시기
    • 부피가 2~2.5배 되었을 때
    • 발효시간의 2/3, 60%가 지났을 때
    • 반죽에 압력을 주어 가스를 빼거나 접어 가스를 뺀다.
- **분할** : 발효가 끝난 다음 원하는 g만큼 반죽을 저울에 올려 무게를 잰다.
- **둥글리기** : 기포 제거 후 반죽의 표면을 매끄럽게 하기 위해 둥글리기를 한다.
- **중간발효** : 온도 27~29℃, 상대습도 75%, 시간 10~20분
- **정형** : 제품의 특색에 맞게 정형한다.
- **팬닝** : 준비된 팬에 정형한 반죽을 넣을 때 이음매는 아래쪽으로 향하게 놓는다.
- **2차발효** : 온도 35~45℃, 상대습도 85~90%, 시간 30분~1시간
- **굽기** : 제품의 상태에 따라 오븐 온도 조절을 한다.
- **냉각** : 실온에서 35~40℃
- **포장** : 35~40℃
  ☞ 스펀지법과 비교(장·단점)

장점	단점
노동력과 시간이 절감된다	수정이 어렵다
발효 소실을 줄일 수 있다	노화빠름
시설, 장비가 간단하다	기계내성, 발효 내구성이 약함
제조 공정이 단순하다	향미, 식감이 덜함

2) 스펀지 도우법

반죽을 두 번 하는 제법으로 처음의 반죽을 스펀지 반죽, 나중의 반죽을 본반죽이라 한다.
- **제조 공정**
  ☞ 배합표 작성

재료	스펀지 반죽 비율(100%)	본 반죽 비율(100%)
강력분	60~100	40~0
이스트	1~3	-
이스프푸드	0~0.75	-
물	스펀지 밀가루의 55~60	(전체 밀가루의 60~66) - (스펀지에서 사용한 물양)

- 재료계량 : 배합표를 보고 실수 없이 정확, 신속, 청결하게 재료계량한다.
  ☞ 스펀지 반죽 만들기
  - 반죽 시간 : 저속에서 4~6분
  - 반죽 온도 : 22~26℃(24℃)
  - 1단계인 혼합 단계까지 반죽을 해 준다.
  ☞ 스펀지 반죽 발효 : 온도 27℃, 상대습도 75~80%, 시간 3~5시간
  ☞ 스펀지 반죽 발효 완료점
  - 반죽부피의 4~5배 증가
  - 반죽 중앙이 오목하게 들어가는 현상(드롭)이 생길 때까지
  - 반죽 표면은 유백색을 가지며 핀 홀이 생긴다.
  - pH가 4.8를 나타낼 때 스펀지 발효 초기에 pH 5.5 발효 완료시 pH 4.8로 떨어진다.
- 본반죽 만들기 : 스펀지 반죽과 본 반죽용을 재료를 전부 넣고 혼합한다.
  - 반죽 온도 : 27℃
- 플로어 타임(본 반죽의 발효) : 반죽할 때 파괴된 글루텐층을 다시 재결합 시키기 위해 10~40분 발효시킨다.
☞ 플로어 타임이 길어지는 이유
  - 본 반죽 시간이 길고 온도가 낮다.
  - 스펀지 반죽에 사용한 밀가루의 양이 적다.
  - 본 반죽 상태의 처지는 정도가 크다.
  - 사용하는 밀가루 단백질의 양과 질이 좋다.
- **분할** : 발효가 진행되지 않도록 10분~20분 이내 원하는 g 무게를 저울에 올려 분할 한다.
- **둥글리기** : 발효 중 발생한 기포를 제거하고 반죽 표면을 매끄럽게 해 준다.
- **중간발효** : 온도 27~29℃, 상대습도 75%, 시간 10~20분
- **정형** : 제품의 특색에 맞게 모양을 만든다.
- **팬닝** : 정형한 반죽을 팬에 넣을 때 이음매가 아래쪽 방향으로 팬닝한다.
- **2차 발효** : 온도 35~45℃, 상대습도 85~90%, 시간 60분
- **굽기** : 제품의 상태에 따라 오븐의 온도 조절을 해 준다.
- **냉각** : 실온에서 35~40℃
- **포장** : 35~40℃
  ☞ 스트레이트법과 비교(장 · 단점)

장점	단점
부피가 크고 속결이 부드럽다	시설, 노동력, 장소 등 경비가 증가 발효 손실이 증가
노화가 지연되어 저장성이 좋다	
발효 내구성이 강하다	
공정에 융통성이 있고 수정가능	

> **Tip** 스펀지 반죽에 밀가루를 증가할 경우
> - 본 반죽의 반죽 시간이 짧아지고 플로어 타임도 짧아진다.
> - 스펀지 발효시간은 길어지고 본 반죽의 발효시간은 짧아진다.
> - 반죽의 신장성이 좋아져 성형공정이 개선된다.
> - 부피 증대, 얇은 기공막, 부드러운 조직으로 제품의 품질이 좋아진다.
> - 제품의 향미가 좋아진다.

3) 액체발효법(액종법)

액종을 만들어 사용하는 스펀지 도우법(스펀지 반죽법)의 변형이다. 이스트, 이스트푸드, 물, 설탕, 분유 등을 혼합해 2~3시간 발효시킨 액종을 사용한다. 공간 필요 없이 제조할 수 있고 완충제로 분유를 사용한다.

- 제조 공정
  - ☞ 배합표 작성

액종

재료	사용범위(100%)
물	30
이스트	2~3
이스트 푸드	0.1~0.3
탈지분유	0~4
설탕	3~4

본반죽

재료	사용범위(100%)
액종	35
강력분	100
물	32
설탕	2~5
소금	1.5~2.5
유지	3~6

재료계량 : 배합표를 보고 실수없이 정확, 신속, 청결하게 계량한다.

- 액종 만들기
  - 액종용 재료를 함께 혼합한다.
  - 액종온도 : 30℃
  - 발효시간 : 2~3시간

> **Tip** 액종의 배합재료 중 분유, 탄산칼슘과 염화암모늄을 완충제로 넣는 이유
> - 발효하는 동안 생성되는 유기산과 작용하여 갑자기 떨어지는 pH(산도)를 조절하는 역할
> - 액종의 발효 완료점 : pH(산도)로 확인하고 pH 4.2~5.0이 좋다.

- 본 반죽 만들기
  - 믹서볼에 액종과 본 반죽용 재료를 넣고 반죽한다.
  - 반죽 온도 : 28~32℃

- **플로어 타임** : 15분 발효시간
- **분할** : 발효가 진행되지 않도록 15분~20분 이내 원하는 g 무게를 저울에 올려 분할 한다.
- **둥글리기** : 발효 중 발생한 기포 제거하고 반죽 표면을 매끄럽게 해 준다.
- **중간발효** : 온도 27~29℃, 상대습도 75%, 시간 15~20분
- **정형** : 제품의 특색에 맞게 모양을 만든다.
- **팬닝** : 정형한 반죽을 팬에 넣을 때 이음매가 아래쪽 방향으로 놓는다.
- **2차 발효** : 온도 35~45℃, 상대습도 85~90%, 시간 50~60분
- **굽기** : 제품의 상태에 따라 오븐의 온도 조절을 해 준다.
- **냉각** : 실온에서 35~40℃
- **포장** : 35~40℃

☞ 액체발효법의 장 · 단점

장점	단점
한번에 많은 양을 발효시킬 수 있다.	환원제, 연화제가 필요하다. 산화제 사용량이 늘어난다.
발효손실에 따른 생산 손실을 줄일 수 있다.	
균일한 제품 생산이 가능하다	
공간, 설비가 감소된다.	

4) 연속식 제빵법

액체발효법이 발달된 방법으로 공정이 자동으로 진행되며 기계적인 설비를 사용해 적은 인원으로 많은 빵을 만들 수 있다.

- **제조 공정**
- **재료계량** : 배합표를 보고 실수없이 정확, 신속, 청결하게 계량한다.
- **액체발효기** : 액종용 재료를 혼합해 30℃로 조절한다.
- **열교환기** : 발효된 액종을 통과시켜 온도를 30℃로 맞춘 다음 예비 혼합기로 보낸다.
- **산화제** : 이스트 푸드, 브롬산칼륨, 인산칼륨 등을 산화제로 녹여 예비 혼합기로 보낸다.
- **쇼트닝 온도 조절기** : 쇼트닝 플레이크를 녹여 예비 혼합기로 보낸다.
- **밀가루 급송장치** : 액종에 사용하고 남은 밀가루를 예비 혼합기로 보낸다.
- **예비 혼합기** : 여러 재료들을 혼합한다.
- **반죽기(디벨로퍼)** : 3~4기압에서 30~60분간 반죽을 발전시켜 분할기로 직접연결시킨다.
- **분할기**
- **팬닝** : 준비된 팬에 반죽을 담는다.
- **2차 발효** : 온도 35~45℃, 상대습도 85~90%, 발효시간 40~60분
- **굽기** : 제품의 상태에 따라 오븐의 온도 조절을 해 준다.
- **냉각** : 35~40℃
- **포장** : 35~40℃

☞ 연속식 제빵법 장 · 단점

장점	단점
설비감소, 공간, 설비면적 감소	산화제 첨가로 인한 발효량 감소 일시적 기계 구입 부담이 크다
발효손실 감소	
노동력 1/3 감소	

5) 노타임법

목적은 산화제와 환원제의 사용으로 대신해서 발효시간을 단축하고, 장시간 발효과정을 하지 않고 배합 후 정형 공정을 거쳐 2차 발효를 하는 제빵법이다.

☞ 산화제와 환원제의 종류

발효시간 단축(산화제)	반죽시간 단축(환원제)
브롬산칼륨	L-시스테인 프로테아제 소브르산
비타민 C	
아조디카본아마이드(AD)	
요오드칼륨	

☞ 노타임법 장·단점

장점	단점
반죽이 부드러우며 흡수율이 좋다.	제품의 질이 고르지 않다
빵의 속결이 치밀하고 고르다.	맛과 향이 좋지 않다.
제조시간이 절약된다.	반죽의 발효내성이 떨어진다.
반죽의 기계 내성이 양호하다.	제품에 광택이 없다.

☞ 스트레이트법을 노타임법으로 변경할 때 조치사항

· 물 사용량을 약 1~2% 줄인다.
· 설탕 사용량을 1% 감소
· 이스트 사용량을 0.5~1% 증가
· 반죽 온도 30~32℃
· L- 시스테인을 환원제로 사용
· 브롬산 칼륨, 요오드칼륨, 아스코르브산(비타민C)를 산화제로 사용

6) 비상 반죽법

갑자기 주문이 왔을 때 빠르게 대처할 수 있는 표준 스트레이트법, 스펀지법을 변형시킨 방법으로 전체 공정 시간을 단축할 수 있는 제조법이다.

☞ 비상 반죽법의 필수조치 및 선택조치

필수조치	선택적 조치
이스트 2배 증가	분유 1% 감소 소금 1.75% 감소 이스트푸드 0.5~0.75% 증가 식초 0.25~0.75% 첨가
반죽시간 20~30% 증가	
설탕 사용량 1% 감소	
1차 발효시간 15~30분	
반죽온도 30%	

☞ 비상스트레이트법으로 변경하는 방법

재료	스트레이트법(100%)	비상스트레이트법(100%)
강력분	100	100
물	63	62*
이스트	2	4*
설탕	5	4*
반죽온도	27℃	30℃
반죽시간	18분	22분*
1차 발효	1~3시간	15~30분*

☞ 비상반죽법의 장·단점

장점	단점
비상시 대처가 쉽다. 제조시간이 짧아 노동력, 임금이 절약	이스트 냄새가 난다. 노화가 빠르다. 부피가 고르지 못하다.

7) 냉동 반죽법
   - 1차 발효 또는 성형 후 -40℃에 급속냉동시켜서 -20℃ 전후 보관 후 해동시켜 만든다.
   - 해동 방법 : 냉장고(5~10℃)에서 15~16시간을 해동시킨다(완만 해동, 냉장 해동)
   - 고율배합으로 설탕, 유지가 많아 노화가 느리다.
  - 재료 준비
    - **밀가루** : 단백질 함량이 높은 것
    - **이스트** : 이스트 사용량 2배
    - **물** : 수분량은 줄인다.
      ☞ 냉동 시 일부 이스트가 사멸해 환원성 물질(글루타치온)이 방출 되어(반죽퍼짐)방지
    - **설탕, 유지, 계란** : 물의 사용량을 줄이는 대신 설탕, 유지, 계란은 늘린다.
    - **노화방지제(SSL)** : 제품의 신선함을 오랫동안 유지해 주고 소량 첨가한다.
    - **산화제(비타민C, 브롬산칼륨)** : 반죽의 글루텐을 탄력있게 하고 냉해에 퍼짐 방지
    - **유화제** : 냉동 반죽의 가스 보유력을 높여준다.
  - 제조 공정
  - **스트레이트법(반죽)** : 반죽 온도 20℃ 수분 63 → 58%(반죽의 흐름성, 발효방지)
  - **1차 발효** : 발효시간 15분 짧게 한다. 발효 시 생성되는 물이 반죽 냉동 시 얼면서 부피가 팽창하여 이스트와 글루텐을 손상 시키기 때문이다.
  - **분할** : 냉동할 반죽의 분할량이 크면 냉해를 입을 수 있어 좋지 않다.
  - **정형** : 제품의 특색에 맞게 모양을 만든다.
  - **냉동저장** : -40℃ 급속냉동 → 유지 -25~-18℃ 보관
  - **해동** : 냉장고(5~10℃)에서 15~16시간 완만 해동시키거나 도우컨디셔너, 리타드 등의 해동기를 사용한다. 실온해동도 가능하다.
  - **2차 발효** : 온도 30~33℃, 상대습도 80%

- **굽기** : 제품의 상태에 따라 오븐의 온도 조절을 해 준다.

☞ 냉동 반죽법 장·단점

장점	단점
다품종, 소량, 생산이 가능하다.	가스 보유력이 떨어진다. 반죽이 퍼지기 쉽다. 이스트가 죽어 가스 발생력이 떨어진다. 많은 양의 산화제를 사용해야 한다.
운송, 배달이 용이하다.	
발효 시간이 불어 전체 제조 시간이 짧다.	
노화가 지연된다.	
계획생산이 가능하고 휴일 작업가능	
반죽 저장성이 향상, 맞춤 소비 가능	

8) 오버나이트 스펀지법
- 모든 반죽법에서 발효손실이 가장 크다.
- 밤새(12~24시간) 발효시킨 스펀지를 사용하는 방법이다.
- 효소 작용이 천천히 진행되기 때문에 반죽의 가스 보유력이 좋아진다.
- 풍부한 발효향을 가진다.

9) 재반죽법

스트레이트법 변형법으로 모든 재료를 넣고 물을 8% 정도 남겨 두었다가 발효 후 나머지 물을 넣고 반죽하는 제법이다.

- **제조 공정**
- **배합표 작성**
- **재료계량**
- **믹싱** : 저속 4~6분 온도 25~26℃
- **1차 발효** : 온도 26~27℃, 시간 2~2.5시간
- **재반죽** : 중속에서 8~12분, 온도 28~29℃
- **플로어 타임** : 15~30분
- **분할** : 원하는 무게를 저울에 올려 분할한다.
- **둥글리기** : 자른 단면의 표면을 매끄럽게 둥글리기 한다.
- **중간발효** : 온도 27~29℃, 상대습도 75%, 시간 15~20분
- **정형** : 제품의 특색에 맞게 모양을 만든다.
- **팬닝** : 정형한 반죽을 이음매가 아래로 향하게 넣는다.
- **2차 발효** : 온도 36~38℃, 상대습도 85~90%, 시간 40~50분
- **굽기** : 제품의 상태에 따라 오븐의 온도 조절을 해 준다.
- **냉각** : 굽기 후 제품을 35~40℃

10) 샤워종법
- 호밀가루나 밀가루에 자생하는 효모균류, 초산균, 유산균류와 대기 중에 존재하는 야생 이스트 유산균을 착상시킨 후에 물과 함께 반죽해 자가 배양한 발효종을 사용하는 제법.

- 장점 : 소화흡수율, 노화억제, 보존성 향상, 풍미개량, 반죽 개선을 향상 시킨다.
11) 찰리우드법
- 공정시간은 줄어드나 발효향이 저하된다.
- 이스트 발효에 따른 생화학적 숙성을 대신한다.
- 영국 찰리우드 지방에서 고안된 기계적 숙성 반죽법 일명 초고속 반죽법이다.
- 초고속 믹서로 반죽을 기계적으로 숙성시킴으로 플로어타임 후 분할 한다.

2. 반죽 결과 온도
- 온도 조절이 가장 쉬운 물을 사용해 반죽 온도를 조절한다.
- 반죽 온도의 높고 낮음에 따라서 반죽의 상태와 발효의 속도가 다르다.
- 스트레이트법에서의 반죽 온도 계산법
    ☞ **마찰계수**
    마찰계수 = (결과 온도 × 3) − (실내온도 + 밀가루 온도 + 수돗물 온도)

    ☞ **사용할 물 온도**
    사용할 물 온도 = (희망 반죽온도 × 3) − (실내온도 + 밀가루 온도 + 마찰계수)

    ☞ 얼음 사용량

    $$얼음\ 사용량 = \frac{사용량\ 물량 \times (수돗물온도 - 사용할\ 물\ 온도)}{(80 + 수돗물\ 온도)}$$

- 스펀지법에서의 반죽 온도 계산법
    ☞ **마찰계수**
    마찰계수 = (결과 온도 × 4) − (실내온도 + 밀가루 온도 + 수돗물 온도 + 스펀지 반죽온도)

    ☞ **사용할 물 온도**
    사용할 물 온도 = (희망 반죽온도×4) − (실내온도 + 밀가루 온도 + 마찰계수 + 스펀지 반죽온도)

    ☞ **얼음 사용량**

    $$얼음\ 사용량 = \frac{사용량\ 물량 \times (수돗물온도 - 사용할\ 물\ 온도)}{(80 + 수돗물\ 온도)}$$

    ☞ **온도정리**
    - 표준 스트레이트법 27℃

- 표준 스펀지법의 스펀지 반죽 온도 24℃
- 비상 스트레이트법 반죽 온도 30℃
- 비상 스펀지법의 스펀지 반죽 온도 30℃
- 액체발효법 액종 온도 30℃
- 냉동 반죽법 반죽 온도 20℃

3. 반죽의 비용적

1) 반죽의 무게 및 비용적 부피를 구하는 공식
   - **반죽 무게**
   - 반죽무게 = $\dfrac{\text{틀부피(용적)}}{\text{비용적}}$

   - **비용적**
   - 반죽을 구울 때 1g당 차지하는 부피(cm³/g)
   - 비용적 = $\dfrac{\text{틀부피(용적)}}{\text{반죽무게}}$

   - **제품별 비용적**
     - 스펀지 케이크 : 5.08cm³/g
     - 파운드 케이크 : 2.40cm³/g
     - 산형식빵 : 3.36cm³/g
     - 엔젤 푸드 케이크 : 4.70cm³/g

4. 믹싱(반죽)

이스트, 밀가루, 소금, 그 외 재료에 물을 혼합하여 결합시켜 글루텐을 형성하여 탄산가스를 보호하는 막을 만든다.

1) 반죽을 만드는 목적
   - 반죽에 공기를 혼입시켜 이스트의 활력과 반죽의 산화를 촉진한다.
   - 원재료를 균일하게 분산시키고 혼합한다.
   - 밀가루의 전분과 단백질에 물을 수화시킨다.
   - 글루텐을 발전시켜 반죽의 탄력성, 가소성, 점성을 최적 상태로 만든다.

2) 반죽의 물리적 성질
   - **가소성** : 성형과정에서 형성되는 모양을 유지시키는 성질
   - **탄력성** : 성형 중에 본래의 모습으로 되돌아가려는 성질

- **점탄성** : 점성과 탄력성을 동시에 가지고 있는 성질
- **흐름성** : 반죽이 용기의 모양이 되도록 흘러 모서리까지 가득하게 하는 성질
- **신장성** : 반죽이 늘어나려는 성질

3) 반죽 단계

반죽의 순서이며 6단계로 이루어졌다.

- **픽업 단계**
  - 밀가루와 원재료에 물을 첨가하여 대충 혼합하는 단계로 끈적거리며 저속 2분 정도
    예) 데니시 페이스트리
- **클린업 단계**
  - 글루텐 형성이 되면 유지 투입하고 믹싱시간이 단축된다.
  - 반죽이 한 덩어리가 되고 반죽기가 깨끗하다.
  - 반죽이 두꺼운 채로 끊어진다.
  - 소금을 넣는다.
    예) 스펀지법의 스펀지 반죽
- **발전 단계**
  - 탄력성이 최대 증가 되는 단계
    예) 하드 브레드
- **최종단계**
  - 신장성이 최대 증가 되는 단계
  - 반죽을 늘렸을 때 찢어지지 않고 얇게 늘어난다.
    예) 일반 식빵, 일반 단과자
- **렛다운 단계**
  - 탄력성이 없고 신장성만 있다. 오버믹싱 또는 과믹싱이라 한다.
    예) 잉글리시 머핀, 번, 햄버거
- **파괴단계**
  - 탄력이 없고 제품을 만들 수 없는 단계

4) 반죽의 흡수율에 영향을 미치는 요소
  - 설탕 5% 증가 시 흡수율은 1% 감소
  - 분유 1%증가 시 흡수율은 0.75~1%
  - 손상 전분 1% 증가 시 흡수율은 2% 증가
  - 반죽 온도가 5℃↑가면 물 흡수율은 3% 감소, 온도가 5℃↓가면 흡수율은 3% 증가
  - 단백질 1% 증가에 흡수율은 1.5% 증가된다.
  - 소금을 픽업 단계에 넣으면 글루텐을 단단하게 하여 글루텐 흡수량의 약 8%를 감소시킨다.

5) 반죽 시간에 영향을 미치는 요소

- 물 사용량이 많으면 반죽이 질며 반죽시간이 길다.
- 설탕량이 많으면 반죽의 구조가 약해 길다.
- 반죽기의 회전 속도가 느리고 반죽양이 많으면 길다.
- 소금을 클린업 단계에 넣으면 짧아진다.
- 유지를 클린업 단계 이후에 넣으면 짧아진다.
- 반죽 온도가 높을수록 반죽시간이 짧아진다.

> **Tip 후염법**
> 소금을 클린업 단계 직후에 넣는 제법
> 장점 : 반죽시간 단축, 반죽 흡수율 증가, 조직을 부드럽게 한다. 속색→갈색으로 만듦.

제2절 빵류제품 반죽발효

1. 반죽 및 발효관리

1) 1차 발효 조건 및 상태관리

반죽이 완료된 다음 정형과정을 하기 전까지의 발효 기간을 말한다.

1차 발효는 온도 27℃, 상대습도 75~80% 조건에서 1~3시간 발효

(1) 발효목적
- **팽창** : 이스트가 활동 할 수 있는 최적의 조건을 만들어 가스 발생력을 극대화 시킨다.
- **숙성** : 이스트의 효소가 작용해 반죽을 유연하게 만든다.
- **풍미** : 발효에 의해 생성된 알콜류, 유기산류, 에스테르류 등을 축적해 독특한 맛, 향을 낸다.

(2) 발효 중 일어나는 생화학적 변화
- **설탕** : 인베르타아제에 의해 포도당 + 과당으로 가수분해된다.
- **유당** : 잔당으로 남아 캐러멜화 역할을 한다.
- **단백질** : 프로테아제에 의해 아미노산으로 변화된다.
- 설탕의 사용량이 5%를 초과하거나 소금의 사용량이 1%를 넘으면 삼투압 작용으로 이스트의 활동을 방해해 가스 발생력을 저하시킨다. 삼투압 작용은 설탕과 소금의 양이 많으면 이스트의 활력을 방해해 가스 발생력을 저하시킨다.
- 포도당과 과당은 치마아제에 의해 $2CO_2$(탄산가스) + $2C_5H_5OH$(알콜) + 66kcal(에너지) 등을 생성한다. 에너지 생성은 반죽 온도가 지속적으로 올라가게 한다.
- **전분** : 아밀라아제에 의해 덱스트린과 맥아당으로 분해되고 맥아당은 말타아제에 의해 2개의 포도당으로 변환된다.

(3) 이스트의 가스 발생력에 영향을 주는 요소(발효)
- **소금** : 소금의 양이 1% 이상이면 삼투압에 의해 발효 지연

- **반죽 온도** : 반죽 온도가 높을수록 가스 발생력은 커지고 발효시간은 짧아진다.
- **반죽의 산도** : pH 4.5~5.5일 때 가스 발생력이 커지나 pH 4 이하, pH 6 이상이면 작아진다.
- **이스트의 양** : 많으면 가스 발생량이 많다.
- **발효성 탄수화물**(설탕, 맥아당, 포도당, 과당, 갈락토오스) : 3~5%까지 가스 발생력이 커지나 그 이상이면 가스 발생력이 떨어져 발효시간이 길어진다.

(4) 가스 발생력과 보유력에 관여하는 요인의 변화
- **이스트 사용량의 변화**
  - 발효 중의 이스트는 어느 정도 성장하고 증식하지만 이스트의 사용량이 적을수록 발효시 간은 길어지고 이스트의 사용량이 많을수록 발효시간은 짧아진다.

$$변경할 이스트량 = \frac{기존의 이스트량 \times 기존의 발효시간}{변경할 발효시간}$$

- **전분의 변화**
  - 맥아나 이스트 푸드에 들어있는 a-아밀라아제가 전분을 분해하여 발효 촉진, 풍미, 구운색이 좋아지고, 노화 방지 등을 한다.
- **단백질의 변화**
  - 글루테닌과 글리아딘은 물과 힘의 작용으로 글루텐으로 변해 발효할 때 발생하는 가스를 최대한 보유할 수 있게 반죽에 탄력성, 신장성을 준다.

(5) 발효관리
- 가스 발생력과 가스 보유력이 평행과 균형이 되게 하는 것이다. 완제품의 기공, 껍질색, 조직, 부피가 좋아진다.

(6) 발효 손실
발효 공정을 거친 다음 반죽 무게가 줄어드는 현상을 말한다.
- 발효손실을 일으키는 원인
  - 반죽 속의 수분이 증발
  - 탄수화물이 탄산가스로 가수분해되어 휘발
  - 탄수화물이 알콜로 휘발
- 1차 발효 손실량 : 1~2%

2. 2차 발효 조건과 상태관리

정형과정을 거치는 동안 불완전한 상태의 반죽을 온도 38℃ 전후로 습도 85% 발효실에 넣어 숙성시켜 외형과 식감의 제품을 얻기 위해 제품의 부피 70~80%까지 발효의 최종 단계

1) 2차 발효 목적
- 정형에서 가스빼기가 끝난 다음 다시 그물구조로 부풀린다.
- 반죽 온도의 상승에 따라 이스트와 효소가 활성화된다.

- 외형과 식감을 얻을 수 있다.
- 알콜, 유기산 그 외 방향성 물질을 생산한다.

2) 제품별 2차 발효 온도 습도의 비교

상태	온도	습도	제품
고온 고습 발효	35~38℃	75~90%	단과자빵, 식빵, 햄버거빵
건조 발효	32℃	65~70%	도넛
저온 저습 발효	27~32℃	75%	하스브레드, 데니시페이스트리, 브리오슈

3) 2차 발효 시간이 제품에 미치는 영향

이스트의 양, 제빵제조법, 반죽 온도, 발효실의 온도, 습도, 빵의 종류 성형할 때 가스 빼기의 정도 등에 따라 영향을 받는다.

- 2차 발효 시간이 제품에 미치는 영향

  ☞ 부족한 경우
  - 부피가 작다
  - 껍질색이 진한 적갈색이 된다.
  - 옆면이 터진다

  ☞ 과발효(지친 경우)
  - 껍질색이 여리다.
  - 기공이 거칠다.
  - 부피가 크다.
  - 산의 생성으로 향이 나쁘다.

4) 2차 발효의 온도, 습도와 반죽의 상태가 제품에 미치는 영향

2차 발효 조건	제품의 결과
습도가 높을 때	제품의 윗면이 납작하다 껍질이 거칠고 질겨진다 껍질에 반점, 기포나 줄뮈늬가 생긴다
습도가 낮을 때	제품 윗면이 올라온다. 껍질색이 얼룩이 생기고 광택이 부족 부피가 작고 표면이 갈라진다.
지친반죽(과발효)	껍질색이 연하고 결이 거칠다. 신맛이 나고 노화가 빠르다 윗면이 움푹 들어간다
어린반죽(발효부족)	부피가 작다. 껍질색이 짙고 붉은 기가 약간 생긴다. 껍질에 균열이 일어나기 쉽다.
고온일 때	발효속도 빠르다. 껍질이 질겨진다. 속과 껍질이 분리된다.
저온일 때	발효시간이 길어진다. 겉면이 거칠다. 풍미의 생성이 충분치 않다.

제3절 빵류제품 반죽정형

1. 분할 하기
1) 반죽 분할

차 발효를 끝낸 반죽을 g무게로 나누는 것을 의미한다. 분할하는 과정에도 발효가 진행되므로 가능한 시간 안에 신속히 분할 할 수 있도록 한다.

(1) 분할 방법
- **기계 분할**
  - 분할 속도 12~16회/분으로 한다. 속도가 너무 빠르면 기계 마모가 증가되고 느리면 반죽의 글루텐이 파괴된다.
  - 반죽이 분할기에 달라붙지 않도록 유동파라핀이나 이형제를 바른다.
  - 식빵류는 15~20분 이내 분할해야 한다.
- **손분할**
  - 덧가루는 제품의 줄무늬가 생길 수 있어 적게 사용한다.
  - 소규모 제빵업소에 적합하다.
  - 기계 분할보다 부드럽게 분할 할 수 있어 약간 밀가루 반죽의 분할에 좋다.

(2) 기계 분할 시 반죽의 손상을 줄이는 법
- 반죽의 결과 온도는 낮은 것이 좋다.
- 중종 반죽법이 내성이 강하다.
- 밀가루 단백질 함량이 높고 양질의 것이 좋다.
- 반죽의 흡수량이 최적이거나 된 반죽이 좋다.

2. 둥글리기
1) 반죽 둥글리기

분할한 반죽을 전용 기계나 손으로 가볍게 감싸 둥글리기 해서 반죽의 단면을 매끄럽게 하기 위해 가스를 균일하게 해 준다.

(1) 둥글리기 하는 목적
- 분할된 반죽(흐트러진)을 글루텐의 구조와 방향을 정돈한다.
- 성형하기 적절한 상태로 만들어 준다.
- 가스를 일정하게 분산하여 반죽의 기공을 고르게 한다.
- 반죽구조를 만들어 준다.
- 절단면은 점착성을 가지므로 표면에 막을 만들어 점착성을 적게 한다.

(2) 둥글리기 요령
- 과발효 반죽은 느슨하게 둥글려 벤치타임(중간발효)을 짧게 준다.

- 어린반죽은 단단하게 둥글려 벤치타임(중간발효)을 길게 한다.
- 덧가루 사용은 적당히 하고 많이 쓰면 맛과 향이 떨어진다.
  (3) 반죽 끈적거림을 제거하는 법
- 덧가루 사용은 적당하게 사용한다.
- 최적의 발효상태를 유지한다.
- 반죽에 유화제를 사용한다.
- 반죽에 최적의 가수량을 넣는다.

3. 중간발효

1) 중간발효의 목적
- 반죽의 유연성을 회복시킨다.
- 반죽의 신장성을 증가시켜 정형 시 밀어펴기 쉽게 한다.
- 정형 시 끈적거리지 않게 반죽 표면에 얇은 막을 형성한다.
- 손상된 글루텐 구조를 재정돈해 준다.

2) 중간발효 시 관리항목
- 온도 : 27~29℃
- 습도 : 75%
- 시간 : 10~20분
- 부피팽창 : 1.7~2.0배

4. 정형(성형)

1) 정형하기
- 작업실 온도 : 27~29℃
- ☞ 넓은 의미 정형 : 분할 → 둥글리기 → 중간발효 → 정형 → 패닝
- ☞ 좁은 의미 정형 : 밀기 → 말기 → 봉하기

2) 바게트(프랑스빵)

딱딱하고 긴 막대기 모양으로 오븐 구움대 위에 얹어 굽는 하스 브레드의 일종이다. 저율 배합으로 기본 재료만으로도 빵을 만들 수 있다.

믹싱은 일반식빵 보다 수분함량(가수율)을 줄여 한다.

☞ 우리나라에서는 제빵개량제를 사용하지만 프랑스에서는 비타민 C와 맥아를 사용한다.

- 비타민 C는 10~15ppm(part per million, 1/1,000,000) 사용한다.

 밀가루 1,000g 사용 시 10~15ppm(바게트 사용 시 비타민 C의 양) × 1,000g(밀가루의 무게)/ 1,000,000ppm 의 수) 방식으로 계산해 비타민 C의 양을 g(0.01~0.015)로 환산한다.

(1) **믹싱**
- 저속에서 전 재료를 넣고 혼합 후 중속으로 믹싱한다.
- 발전단계까지 믹싱을 한다.
- 일반 빵보다 믹싱을 적게 하는 이유 : **팬에서 흐름방지와 모양을 좋게 하기 위해서**

(2) **1차 발효** : 발효 : 27℃ 상대습도 **65~75%**, 시간 70~80분

(3) **분할, 둥글리기** : 원하는 g 으로 분할하여 타원형이 되게 둥글리기 한다.

(4) **중간발효, 정형** : 10~30분, 가스빼기 한 후 막대 모양으로 정형 한다.

(5) **팬닝** : 철팬에 3개씩 간격 유지하여 팬닝 한다.

(6) **2차 발효** : 온도 30~33℃, 상대습도 75% 시간 50~70분

(7) **건조 및 자르기(칼집)** : 수분이 없으면 비스듬히 칼집을 낸다.

(8) **굽기** : 오븐에 넣기 전 후에 스팀을 분사하여 고온에서 굽기하다 온도 조절한다.

☞ 굽기 전 스팀 분사하는 이유
- 불규칙한 터짐 방지
- 껍질을 얇고 바삭하게 한다.
- 껍질에 윤기를 준다.
- 껍질 형성을 지연시키고 팽창을 주기 위해

☞ 제품별 굽기 손실
- 하스브레드(바게트) : 20~25%
- 단과자빵 : 10~11%
- 일반식빵 : 11~13%
- 풀만식빵 : 7~9%

4) 단과자빵

고율배합으로 식빵 반죽보다 유지, 설탕, 계란이 많이 들어간 빵을 말한다.

(1) **믹싱** : 클린업 단계에서 유지를 넣고 최종단계까지 반죽한다.

(2) **1차 발효** : 온도 27℃, 상대습도 75~80%, 시간 80~100분

(3) **분할, 둥글리기** : 원하는 g 으로 분할, 둥글리기 한다.

(4) **중간발효** : 헝겊이나 비닐로 반죽의 마름 방지를 한다. 10~15분

(5) **정형** : 원하는 종류와 모양을 선택하여 정형 한다.

(6) **팬닝** : 철팬에 간격 유지하여 이음매 아래로 향하게 놓는다.

(7) **2차 발효** : 온도 35~40℃ 상대습도 85% 시간 30분

(8) **굽기** : 윗불 190℃, 아랫불 150℃ 12~15분

5) 호밀빵

밀가루 + 호밀가루를 혼합해 만든 빵이다. 호밀가루을 넣어 만든 빵은 독특한 맛, 조직의 특성을 부드럽게 하고 색상을 진하게 한다. 단백질이 부족해 반죽과 완제품의 구조력이 약하다.

호밀빵은 일반식빵보다 흡수율이 좋지만 글리아딘(신장성), 글루테닌(탄력성)이 적다.

(1) **믹싱** : 캐러웨이씨를 호밀빵에 넣어 믹싱은 발전단계까지 짧게 한다(25℃).

6) 데니시 페이스트리(가소성)

퍼프 페이스트리는 과자용 반죽에 설탕, 계란 버터, 이스트를 넣어 반죽 완료 후 냉장휴지 30분 한다. 파이용 마가린 롤인용 유지를 넣고 밀어 펴서 발효시킨 후 구운 제품이다.

롤인용 유지는 반죽무게 20~40%(미국 스타일), 덴마크 스타일 40~50% 등을 사용한다.

(1) **믹싱** : 저속 → 중속 발전단계(온도 18~22℃)
(2) **냉장휴지** : 반죽한 다음 마름 방지 후 3~7℃ 냉장고에 30분간 휴지준다.
(3) **밀어펴기** : 롤인유지 두께 1.2~1.6cm 밀어펴 유지를 감싼다. 총 3절×3회 밀어펴서 접기한 후 접기 시 마다 냉장휴지 30분씩 준다.
(4) **정형** : 두께 3cm 재단하여 바람개비, 크로와상, 달팽이 등 원하는 정형을 한다.
(5) **팬닝** : 크기와 모양이 같은 팬에 간격 유지하여 팬닝을 한다.
(6) **2차 발효** : 온도 28~33℃, 상대습도 70~75%, 시간 30분
(7) **굽기** : 윗불 200℃, 아랫불 170℃ 20분

7) 건포도식빵

☞ 건포도 전처리 방법
- 건포도 무게의 12%
- 27℃(미지근한 물)에 담갔다 체에 걸려 물을 뺀다.
- 제품 내에서 건포도 쪽으로 수분이 이동하는 것을 억제하여 빵 속이 건조하지 않게 한다.
- 건포도를 씹는 촉감의 맛과 향이 살아나도록 한다.

☞ 건포도를 최종단계 전에 넣었을 경우
- 이스트의 활력이 낮아진다.
- 반죽이 얼룩이 생긴다.
- 빵의 껍질색이 어두워진다.

(1) **믹싱** : 최종 윤기 단계에 건포도를 넣고 1단에서 으깨지지 않게 혼합한다.
(2) **1차 발효** : 온도 27℃, 상대습도 80%, 시간 70~80분
(3) **분할, 둥글리기** : 일반 식빵보다 분할량을 10~20% 더 분할하고 둥글리기 한다.
(4) **중간발효** : 헝겊, 비닐로 반죽을 마름 방지한다. 10~20분
(5) **정형** : 건포도가 으깨지지 않게 느슨하게 밀대로 밀어펴 접기한다.
(6) **팬닝** : 간격과 배열을 고르게 하고 이음매 아래로 향하게 팬닝한다(팬기름 많이 칠한다).
(7) **2차 발효** : 온도 35~45℃, 상대습도 85%, 시간 50분(팬 위 1~2cm) 2차 발효 길다.
(8) **굽기** : 윗불 180℃ 아랫불 170℃ 35~40분

8) 팬닝 : 정형이 끝난 다음 팬에 채우거나 나열하는 공정으로 팬 넣기라고 한다.

팬닝 온도 : 32℃

☞ 팬에 바르는 기름이 갖추어야 할 조건
- 반죽 무게의 0.1~0.2%를 바른다.

- 산패에 강한 것이 좋다.
- 발연점이 높은 기름을 사용한다.
- 무색, 무취가 좋다.
- 기름이 많으면 밑 껍질이 두껍고 어둡다.
  - **팬닝방법** : 교차 팬닝법 : U자, N자, M자
9) 2차 발효 : 제품 부피의 70~80%까지 부풀리는 작업이다. 조건 : 38℃ 습도 85% 전후
   2차 발효 목적 :
   - 원하는 부피와 식감   - 이스트와 효소 활성화
   - 가스 빼기가 된 반죽을 다시 그물구조로 발효한다.
   - 알콜, 유기산과 방향성 물질을 생성시키고 반죽의 pH를 떨어지게 한다.
   - 반죽의 신장성 증가가 오븐 팽창을 위해서

제4절 빵류제품 반죽익힘

1. 반죽익힘
1) 반죽 익히기 방법의 종류와 특징
   (1) **굽기 목적**
      - 전분을 a화 하여 소화가 잘되는 빵을 만든다.
      - 단백질의 열변성과 전분의 호화로 빵의 구조와 형태를 만든다.
      - 효소의 작용으로 이스트 불활성화
      - 껍질의 형성과 착색으로 빵의 맛과 향을 향상시킨다.
   (2) **굽기 방법**
      - 처음 굽기 시간 25~30%는 팽창이고, 35~40%는 색을 나타내는 시기이며 반죽을 고정시킨다. 마지막 30~40%는 껍질을 형성한다.
      - 저율배합과 발효가 과다한 반죽은 고온단시간 굽기를 해야 한다.
      - 고율배합과 발효가 덜 된 반죽은 저온장시간 굽기를 한다.
2) 굽기 시 반죽의 변화
   - **오븐팽창(오븐 스프링)**
   - 반죽 내부온도 49℃가 되면 반죽이 빠르게 부풀어 처음 크기의 1/3정도 팽창한다.
   - 반죽 표면의 온도 상승이 억제되어 빵의 부피가 증가된다.
   - 글루텐의 연화와 전분의 호화, 가소성화가 팽창을 돕는다.
   - **오븐 라이즈**
   - 반죽의 내부온도가 60℃에 도달 전 상태에서 발생한다.
   - 이스트가 사멸 전까지 활동하며 가스를 생성하여 반죽의 부피가 조금씩 커지는 현상

- **전분의 호화**
- 굽기과정 중 전분입자는 54℃에서 팽윤한다.
- 전분입자는 70℃전·후에 이르면 호화가 완료된다.
- 반죽 중의 유리수와 단백질과 결합된 물을 흡수한다.
- **단백질 변성**
- 굽기 중 빵 속의 온도가 74℃를 넘으면 글루텐 단백질이 굳기 시작한다.
- **효소 작용**
- 이스트 : 오븐 내에서 반죽온도가 60℃가 되면 사멸되기 시작한다.
- 완전사멸 : 63℃
- 알파-아밀라아제 : 65~95℃에서 불활성
- 베타-아밀라아제 : 52~72℃에서 불활성
- **향의 생성**
- 껍질에서 생성되어 빵 속으로 침투돼 흡수되어 형성된다.
- 향의 원인 : 사용재료, 화학적 변화, 열 반응 산물, 이스트에 의한 발효 산물
- 향에 관계되는 물질 : 유기산류, 알콜류, 에스테류, 케톤류
- **갈색화 반응**
- 껍질의 갈색 변화, 캐러멜화, 메일라드 반응, 덱스트린 반응
    - ☞ 빵 속 최대 상승온도 : 97~99℃

3) 제품의 결과에 의한 원인

원인	제품의 결과
과량의 증가	표피에 수포가 생기기 쉽다. 오븐 팽창이 좋아 빵의 부피를 증가 껍질이 두껍고 질기다.
너무 낮은 오븐온도	빵의 부피가 크다. 굽기손실 비율이 크다. 껍질색이 진하다.
너무 높은 오븐온도	언더 베이킹이 되기 쉽다. 빵의 부피가 작다. 껍질색이 진하다.
부족한 증기	낮은 온도에서 구운 빵과 비슷 껍질이 균열되기 쉽다. 구운색이 엷고 광택없는 빵이 된다.
부적절한 열의 분배	자를 때 빵이 찌그러지기 쉽다. 고르게 익지 않는다. 팬의 위치에 따라 굽기 상태가 다르다.
팬의 간격이 가까울때	반죽 중량 : 450g이면 2cm, 680g 2.5cm 간격 유지. 열 흡수량이 적어진다.

4) 굽기 손실
- 손실의 원인은 발효 시 생성된 이산화탄소, 알콜 등의 휘발성 물질 증발과 수분 증발이다.

- 반죽 상태에서 빵의 상태로 구워지는 동안 무게가 줄어드는 현상.
- **굽기 손실 계산**

    굽기 손실 무게 = 굽기 전 반죽의 무게 − 빵의 무게

    $$굽기손실비율(\%) = \frac{굽기\ 손실\ 무게}{반죽의\ 무게} \times 100$$

    분할 무게(반죽 무게) = 완제품의 무게 ÷ (1− 굽기 손실)

    $$밀가루\ 무게 = 손실\ 전\ 반죽\ 무게 \times \frac{밀가루\ 비율\ 100\%}{총\ 배합률}$$

5) 찌기
- 가압하지 않은 찜기의 내부온도는 97℃ 이다.
- 찜 과자류 : 찜만두, 푸딩, 찜케이크, 찐빵 등
- 찜의 전달방식 : 수증기가 움직이면서 열이 전달되는 현상인 대류열이다.

스위트롤

예상문제

1. 다음 유해 방부제가 아닌 것은 무엇인가?
 ① 붕산　　　② 포름알데히드　　　③ 우로트로핀　　　④ 안료

2. 핑크색 합성색소로서 유해한 것은 무엇인가?
 ① 둘신　　　② 아우라민　　　③ 로다민 B　　　④ P-나이트로아닐린

3. 미나마타병의 원인 물질은 무엇인가?
 ① 수은　　　② 카드륨　　　③ 비소　　　④ 납

4. 카드륨 공장 폐수에 오염된 음료수, 오염된 농작물을 식용해서 발병하는 원인물질은?
 ① 카드륨　　　② 수은　　　③ 주석　　　④ 비소

5. 빵과 같은 곡류식품의 변질에 관하여 주요 오염균은 무엇인가?
 ① 대장균　　　② 비브리오균　　　③ 곰팡이　　　④ 살모넬라

6. 대표적인 곰팡이 독의 일종으로 식품에서 검출되지 않도록 규제되고 있는 것은?
 ① 아플라톡신　　　② 비소　　　③ 납　　　④ 섭조개

7. 다음 밀가루 오인하고 섭취하여 구토, 위통, 경련을 일으키는 급성중독은 무엇인가?
 ① 비소　　　② 주석　　　③ 납　　　④ 수은

8. 다음 알레르기성 식중독의 원인이 될수 있는 가능성이 가장 높은 식품은 무엇인가?
 ① 꽁치　　　② 오징어　　　③ 갈치　　　④ 연어

9. 감염병 발생의 3대 요소가 아닌 것은 무엇인가?
 ① 감염원　　　② 감염경로　　　③ 숙주　　　④ 병원소

10. 치명률이 높거나 집단 발생의 우려가 있는 법정 감염병의 종류가 올바른 것은 무엇인가?
 ① 제1급 법정 감염병　　　② 제2급 법정 감염병　　　③ 제3급 법정 감염병　　　④ 제4급 법정 감염병

11. 다음 잠복기가 가장 짧은 감염병은 무엇인가?
① 유행성 간염　　② 세균성 이질　　③ 콜레라　　④ 장티푸스

12. 다음 중 경구 감염병이 아닌 것은?
① 이질　　② 콜레라　　③ 발진티푸스　　④ 유행성 간염

13. 다음 소화기계 감염병은 무엇인가?
① 디프테리아　　② 세균성 이질　　③ 홍역　　④ 인플루엔자

14. 다음 경구 감염병 중에서 잠복기가 가장 긴 것은 무엇인가?
① 콜레라　　② 유행성 간염　　③ 장티푸스　　④ 세균성 이질

15. 다음 병원체가 바이러스인 질병은 무엇인가?
① 결핵　　② 유행성 간염　　③ 발진티푸스　　④ 말라리아

16. 인체 유해 병원체에 의한 감염병의 발생과 전파를 예방하기 위한 적합한 것은?
① 정기적인 건강검진을 받는다.
② 설사 증상이 있을 시 약을 복용한 후 식품을 취급한다.
③ 식품 취급 시 장신구는 순금 제품을 착용한다.
④ 식품 작업 중 화장실 사용 시 위생복을 착용한다.

17. 경구 감염병의 예방법으로 가장 적절하지 못한 것은?
① 감염원이나 오염물을 소독한다.
② 보균자의 식품 취급을 금한다.
③ 주위환경을 청결하게 한다.
④ 모든 식품은 일광소독을 한다.

18. 인수(축)공통감염병의 뜻은 무엇인가?
① 동물에 감염되는 병원체가 동시에 사람에게도 전염되어 감염을 일으킨다.
② 인간만 전염된다.
③ 동물만 전염된다.
④ 인간과 동물이 전염되지 않는다.

19. 다음 중 인축공통감염병은 무엇인가?
① 콜레라　　　② 탄저병　　　③ 세균성 이질　　　④ 장티푸스

20. 불안전 살균 우유로 감염되는 병이 아닌 것은?
① 결핵　　　② Q열　　　③ 파상열　　　④ 돈단독

21. 다음 중 채소를 통해 감염되는 기생충은 무엇인가?
① 회충　　　② 광절열두조충　　　③ 선모충　　　④ 폐흡충

22. 폐디스토마의 제1중간 숙주는 무엇인가?
① 소고기　　　② 돼재고기　　　③ 닭고기　　　④ 다슬기

23. 간디스토마의 제1중간 숙주는 무엇인가?
① 왜우렁이　　　② 다슬기　　　③ 물벼룩　　　④ 소고기

24. 다음 소고기를 날것으로 먹으면 발생하는 기생충 감염은 무엇인가?
① 무구조충　　　② 유구조충　　　③ 선모충　　　④ 요충

25. 다음 돼지고기를 생식하면 감염되는 기생충은 무엇인가?
① 유구조충　　　② 무구조충　　　③ 선모충　　　④ 광절열두조충

26. 쥐를 매개체로 감염되는 질병이 아닌 것은 무엇인가?
① 쯔쯔가무시병　　　② 돈단독증
③ 신증후군출혈열(유행성출혈열)　　　④ 발진티푸스

27. 위생동물의 일반적인 특성이 아닌 것은 무엇인가?
① 발육 기간이 길다.
② 식성 범위가 넓다.
③ 음식물과 농작물에 피해를 준다.
④ 병원성 미생물을 식품에 감염시키는 것도 있다.

28. 다음 소독이란 무엇인가?
① 살균　　　② 병원균을 약화시킨다.　　　③ 열탕　　　④ 증기소독

29. 살균이란 무엇인가?
① 사멸　　　　　② 약화　　　　　③ 증기소독　　　　　④ 일광소독

30. 무독성으로 살균력이 강해 공장의 소독 및 종업원의 손을 소독할 때 사용되는 소독제는?
① 역성비누　　　② 염소　　　　　③ 석탄산 용액　　　　④ 크레졸 비누액

31. 다음 중 작업공간의 살균에 가장 적합한 것은 무엇인가?
① 적외선 살균　　② 가시광선 살균　③ 자비 살균　　　　④ 자외선 살균

32. 세균의 대표적인 3가지 형태 분류에 포함되지 않는 것은 무엇인가?
① 사상균　　　　② 나선균　　　　③ 구균　　　　　　④ 간균

33. 세균, 곰팡이, 효모, 바이러스의 일반적 성질에 대한 설명으로 올바른 것은?
① 세균은 출아법으로 증식한다.
② 효모는 분열법으로 증식한다.
③ 곰팡이는 포자로 증식한다.
④ 바이러스는 포자로 증식한다.

34. 간균으로 당류를 발효시켜 젖산을 생성하는 젖산균은 무엇인가?
① 락토바실루스　② 비브리오　　　③ 바실루스　　　　④ 리케치아

35. 무성포자나 유성포자가 있어 식품 변패 원인이 되는 진균류는 무엇인가?
① 곰팡이　　　　② 효모　　　　　③ 구균　　　　　　④ 간균

36. 효모의 증식법은 무엇인가?
① 출아법　　　　② 포자　　　　　③ 기생생활　　　　④ 분열법

37. 제과제빵 작업 중 99℃의 제품 내부온도에서도 생존할 수 있는 것은?
① 살모넬라　　　② 대장균　　　　③ 리스테리아　　　　④ 로프균

38. 다음 미생물 중에서 가장 작은 것으로 살아있는 세포 중에서만 생존하는 것은?
① 바이러스　　　② 살모넬라　　　③ 대장균　　　　　④ 야토병

39. 다음 시설바닥의 콘크리트 두께는 ( )이상, 벽은 ( )이상으로 시공한다. 들어갈 말은?
① 10cm, 15cm
② 5cm, 15cm
③ 20cm, 25cm
④ 30cm, 35cm

40. 식자재의 교차오염을 예방하기 위한 보관 방법으로 잘못된 것은 무엇인가?
① 바닥과 벽으로부터 일정 거리를 띄워 보관한다.
② 원재료와 완성품을 구분하여 보관한다.
③ 식자재와 비식자재를 함께 식품창고에 보관한다.
④ 뚜껑이 있는 청결한 용기에 덮개를 덮어서 보관한다.

41. 다음 작업장의 방충, 방서용 금속망의 그물로 적당한 크기는 무엇인가?
① 30 mesh
② 20 mesh
③ 10 mesh
④ 5 mesh

42. 제과 · 제빵 공정상의 조도 기준 중에서 굽기, 포장, 장식은 표준조도가 몇 lux인가?
① 100   ② 200   ③ 150   ④ 50

43. 일반적인 제과작업장의 시설 설명으로 잘못된 것은 무엇인가?
① 창의 면적은 바닥면적을 기준으로 30% 정도가 좋다.
② 벽면은 매끄럽고 청소하기 편리해야 한다.
③ 조명은 50 lux 이하가 좋다.
④ 방충, 방서용 금속망은 30 mesh가 적절하다.

44. 주방설계에 있어 주의할 점이 아닌 것은?
① 주방의 환기는 소형의 여러 개를 설치하는 것보다 대형의 환기장치 1개를 설치하면 좋다.
② 주방 내의 여유 공간을 확보한다.
③ 가스를 사용하는 장소에는 환기 시설을 갖춘다.
④ 종업원의 출입구와 손님용 출입구는 별도로 만든다.

45. 다음 중 제과 생산관리에서 제1차 관리의 3대 요소가 아닌 것은 무엇인가?
① 재료   ② 방법   ③ 사람   ④ 자금

46. 원가를 계산하는 목적이 아닌 것은?
① 이익을 산출하기 위해서
② 원가관리를 위해서
③ 판매가격을 결정하기 위해서
④ 이윤을 낮추기 위해서

47. 원가의 구성에서 직접원가에 해당 되지 않는 것은 무엇인가?
① 직접판매비   ② 직접재료비   ③ 직접노무비   ④ 직접경비

48. 다음 노무비를 절감하는 방법으로 바람직하지 않는 것은 무엇인가?
① 설비 휴무   ② 표준화   ③ 단순화   ④ 공정시간 단축

49. 다음 글루텐 형성이 어려운 제품은 어느 믹서기에 반죽을 해야 하는가?
① 스파이럴 믹서   ② 수직 믹서   ③ 수평 믹서   ④ 에어 믹서

50. 과자 반죽에 일정한 기포를 형성시키는 제과 전용 믹서는 무엇인가?
① 나선형 믹서   ② 수직 믹서   ③ 에어 믹서   ④ 수평 믹서

51. 다음 파이롤러로 밀어펼수 있는 제품이 아닌 것은?
① 스위트롤   ② 퍼프 페이스트리
③ 데니시 페이스트리   ④ 모카롤

52. 크림이나 과자반죽을 일정한 모양짜기로 정형하여 팬닝하는 기계는 무엇인가?
① 데포지터   ② 튀김기   ③ 도우 컨디셔너   ④ 오븐

53. 작은 규모의 제과점에서 사용하는 믹서기는?
① 스파이럴 믹서   ② 수직형 믹서   ③ 수평형 믹서   ④ 커터 믹서

54. 믹서의 부속 기구가 아닌 것은?
① 휘퍼   ② 훅   ③ 스크래퍼   ④ 비터

55. 다음 대량생산 공장에서 많이 사용하는 오븐으로 제품이 입구, 출구가 다른 오븐은?
① 터널 오븐   ② 데크 오븐   ③ 컨백션 오븐   ④ 회전식 오븐

56. 초콜릿이 굳은 후 초콜릿에 담갔다가 건져내며 초콜릿 코팅을 만들 때 건지는 도구는?
① 나이프　　　　② 디핑포크　　　　③ 파이롤러　　　　④ 스쿱

57. 제빵용으로 주로 사용되는 도구는 무엇인가?
① 돌림판　　　　② 모양깍지　　　　③ 짤주머니　　　　④ 스크래퍼

58. 냉각 후 내부의 온도와 수분함량은?
① 35~40℃　　　② 20~30℃　　　③ 45~50℃　　　④ 55~60℃

59. 냉각 손실률은 얼마인가?
① 2%　　　　　② 4%　　　　　③ 5%　　　　　④ 8%

60. 다음 냉각을 하는 목적이 아닌 것은?
① 곰팡이, 세균의 피해를 방지한다.
② 빵의 절단을 용이하게 한다.
③ 포장을 쉽게 한다.
④ 수분을 유발한다.

61. 다음 냉각을 시키는 방법이 아닌 것은?
① 자연냉각　　　② 터널냉각　　　③ 공기 조절식　　　④ 냉동냉각

62. 빵을 포장하려 할 때 가장 적합한 빵의 중심온도와 수분함량은 무엇인가?
① 30℃ 30%　　② 35℃ 38%　　③ 42℃ 45%　　④ 48℃ 55%

63. 다음 제과용 포장지로 적합하지 않은 것은 어느 것인가?
① 흰색의 형광종이　　　　　　　② P.E(poly ethylene)
③ O.P.P(oriented poly propylene)　　④ P.P(poly propylene)

64. 다음 포장 용기의 선택 시 고려사항이 올바르지 않는 것은?
① 세균 곰팡이가 발생하는 오염 포장이 되어서는 안 된다.
② 포장했을 때 상품의 가치를 높일 수 있어야 한다.
③ 방수성이 없고 통기성이 있어야 한다.
④ 단가가 낮고 포장에 의하여 제품이 변형되지 않아야 한다.

65. 다음 중 케이크용 포장 재료의 구비 조건이 아닌 것은?
① 원가가 낮을 것
② 상품 가치를 높일 수 있을 것
③ 방수성이 있을 것
④ 통기성일 것

66. 다음 포장의 온도로 적절한 것은?
① 35~40℃
② 20~30℃
③ 45~50℃
④ 25~30℃

예상문제정답
1.④ 2.③ 3.① 4.① 5.③ 6.① 7.① 8.① 9.④ 10.① 11.③ 12.③ 13.② 14.② 15.② 16.① 17.④ 18.①
19.② 20.④ 21.① 22.④ 23.① 24.① 25.① 26.④ 27.① 28.② 29.① 30.① 31.④ 32.① 33.③ 34.①
35.① 36.① 37.④ 38.① 39.① 40.③ 41.① 42.① 43.③ 44.① 45.② 46.④ 47.① 48.① 49.① 50.③
51.④ 52.① 53.② 54.③ 55.① 56.① 57.④ 58.① 59.① 60.④ 61.④ 62.② 63.① 64.③ 65.④ 66.①

실전 문제 제빵기능사 1회

1. 포장 전 빵의 온도가 너무 낮을 때는 다음 중 어떤 현상이 일어나는가?
① 썰기가 나쁘다.
② 노화가 빨라진다.
③ 곰팡이, 박테리아의 번식이 용이하다.
④ 노화가 빨라진다.

2. 빵의 노화가 가장 빠른 온도는?
① 0~10℃
② -18~-1℃
③ 20~30℃
④ 35~45℃

3. 빵의 노화를 지연시키는 방법이 올바르지 않은 것은?
① 2~10℃에서 보관한다.
② 당류를 첨가한다
③ 방습 포장지로 포장한다.
④ -18℃에서 밀봉 보관한다.

4. 다음 외부평가 항목이 아닌 것은 무엇인가?
① 터짐성
② 부피
③ 조직
④ 껍질색

5. 다음 제품평가의 기준이 아닌 것은 무엇인가?
① 외부평가
② 내부평가
③ 식감평가
④ 기공

6. 빵의 품질 평가에 있어서 외부평가 기준이 아닌 것은 무엇인가?
① 조직의 평가
② 터짐과 광택 부족
③ 껍질의 성질
④ 굽기의 균일함

7. 빵의 품질 평가 방법 중 내부적 특성에 대한 평가항목이 아닌 것은?
① 껍질의 특성　　　　　　② 기공
③ 조직　　　　　　　　　④ 속색

8. 어린 반죽으로 만든 빵 제품의 특징이 아닌 것은 무엇인가?
① 신 냄새가 난다.
② 세포벽이 두껍고 결이 거칠다.
③ 껍질의 색상이 진하다.
④ 기공이 고르지 않고 내상의 색깔이 검다.

9. 발효가 지나친 반죽으로 빵을 구웠을 때 제품 특성이 아닌 것은?
① 신 냄새가 난다.
② 빵 껍질색이 밝다.
③ 제품의 조직이 고르다.
④ 체적이 작다.

10. 다음 어린 반죽의 부피의 상태가 맞는 것은?
① 부피가 크다.
② 부피가 작다.
③ 부피는 작고 윗면이 크다.
④ 부피가 크고 윗면이 작다.

11. 다음 이스트의 먹이는 무엇인가?
① 쇼트닝　　　　　　　　② 설탕
③ 계란　　　　　　　　　④ 개량제

12. 다음 식빵에서 설탕의 최저 사용량은 얼마인가?
① 1%　　　　　　　　　② 2%
③ 3%　　　　　　　　　④ 5%

13. 소금은 일반적으로 사용량은 몇%인가?
① 2%　　　　　　　　　② 5%
③ 7%　　　　　　　　　④ 9%

14. 빵 반죽에 소금을 넣지 않으면 결과는 어떻게 되는가?
① 반죽이 끈적거리며 쳐진다.
② 탄력이 좋다.
③ 발효력이 좋다.
④ 팽창력이 좋다.

15. 다음 식빵에서 설탕을 정량보다 많이 사용했을 때 결과는 어떻게 되는가?
① 발효가 느리고 팬의 흐름성이 많아진다.
② 껍질이 얇고 부드러워진다.
③ 껍질색이 연하며 둥근 모서리가 생긴다.
④ 향미가 적다.

16. 소금을 정량보다 많이 넣으면 제품의 결과는 어떻게 되는가?
① 부피가 크다.
② 부피가 작다.
③ 옆면이 크다.
④ 윗면이 크다.

17. 식빵 제조 시 과도한 부피의 제품이 되는 원인은 무엇인가?
① 배합수의 부족
② 소금량 부족
③ 오븐 온도가 높다.
④ 미숙성 소맥분 사용

18. 제빵 시 적정량보다 많은 분유를 사용했을 때의 결과가 아닌 것은 무엇인가?
① 세포벽이 두꺼워 황갈색을 나타낸다.
② 껍질색은 캐러멜화에 의하여 검어진다.
③ 모서리가 예리하고 터지거나 슈레드가 적다.
④ 양 옆면과 바닥이 움푹 들어가는 현상이 생긴다.

19. 다음 밀가루가 정량보다 많은 경우 부피는 어떤 결과가 나타나는가?
① 커진다.
② 작아진다.
③ 부피가 중간크기만 하다.
④ 부피는 크다가 작아진다.

20. 다음 식빵류의 결함과 원인 중 부피가 작은 원인이 아닌 것은 무엇인가?
① 이스트 사용 부족
② 약간 밀가루 사용
③ 부족한 믹싱
④ 물 흡수량이 많았다.

21. 식빵류의 결함과 원인 중 포피에 수포 발생 원인이 아닌 것은 무엇인가?
① 진 반죽   ② 성형기의 취급 부주의
③ 발효부족   ④ 된 반죽

22. 다음 빵의 바닥이 움푹 들어간 경우가 아닌 것은 무엇인가?
① 믹싱부족
② 진 반죽
③ 팬에 기름칠을 하지 않았다.
④ 1차 발효실 습도가 낮았다.

23. 다음 윗면이 납작하고 모서리가 날카로운 경우가 아닌 것은?
① 미숙성한 밀가루 사용
② 소금 사용량 과다
③ 짧은믹싱
④ 지나친 믹싱

24. 빵의 부피가 너무 작은 경우 어떤 조치를 하면 되는가?
① 1차 발효를 감소시킨다.
② 분할 무게를 감소한다.
③ 팬 기름칠을 많이 한다.
④ 발효시간을 증가시킨다.

25. 다음 껍질이 갈라지는 경우가 아닌 것은 어느 것인가?
① 효소제 사용량 부족
② 지치거나 어린 반죽
③ 1차 발효실 습도 과다
④ 2차 발효실 습도 부족

26. 다음 팬의 온도는 몇 ℃인가?
① 32℃
② 25℃
③ 19℃
④ 45℃

27. 다음 빵 속 줄무늬가 발생하는 원인이 아닌 것은?
① 덧가루 사용량 과다
② 재료의 고른 혼합 부족
③ 진 반죽
④ 된 반죽

28. 다음 중 식빵의 껍질색이 너무 옅은 결점의 원인은 무엇인가?
① 설탕 사용 과다
② 과도한 믹싱
③ 과다 굽기
④ 연수 사용

29. 빵의 제품평가에서 브레이크와 슈레드 현상이 부족한 이유가 아닌 것은?
① 오븐의 온도가 높았다.
② 2차 발효실의 습도가 낮았다.
③ 오븐의 증기가 너무 많았다.
④ 발효시간이 짧거나 길었다.

30. 다음 빵 속의 줄무늬가 생기는 주 원인은 무엇인가?
① 되거나 진 반죽인 경우
② 덧가루 사용이 과다한 경우
③ 반죽 개량제의 사용이 과다한 경우
④ 밀가루를 체로 치지 않은 경우

31. 단과자 빵의 껍질에 흰 반점이 생긴 경우 그 원인에 해당 되지 않는 것은 무엇인가?
① 2차 발효 후 찬 공기를 오래 쐬었다.
② 발효하는 동안 반죽이 식었다.
③ 반죽 온도가 높았다.
④ 숙성이 덜 된 반죽을 그대로 정형하였다.

32. 다음 식빵의 옆면이 쑥 들어간 원인으로 바른 것은 무엇인가?
① 팬 용적에 비해 반죽량이 많았다.
② 2차 발효가 부족했다.
③ 믹서의 속도가 너무 빨랐다.
④ 믹싱 시간이 너무 길었다.

33. 다음 과자빵류의 빵 속이 건조한 원인이 아닌 것은 무엇인가?
① 설탕 사용량 부족
② 진 반죽
③ 낮은 오븐 온도
④ 과다한 스펀지 발효시간

34. 다음 미생물에 의해 단백질이 변화되어 악취, 유해물질을 생성하는 현상은 무엇인가?
① 산패   ② 변패
③ 부패   ④ 발효

35. 다음 식품의 변질에 관여하는 요인과 거리가 먼 것은 무엇인가?
① 압력   ② pH
③ 산소   ④ 수분

36. 다음 중온균에 온도가 맞는 것은 무엇인가?
① 0~20℃   ② 20~40℃
③ 50~70℃   ④ 30~40℃

37. 다음 일반세균이 잘 자라는 pH 범위는 무엇인가?
① 6.5~7.5   ② 2.0 이하
③ 5.5~6.0   ④ 4.5~5.5

38. 다음 수분활성도의 순서가 맞는 것은 무엇인가?
① 세균 0.95 > 효모 0.87 > 곰팡이 > 0.80
② 세균 0.95 > 곰팡이 > 0.80 > 효모 0.87
③ 효모 0.87 > 곰팡이 > 0.80 > 세균 0.95
④ 효모 0.87 > 세균 0.95 > 곰팡이 > 0.80

39. 식중독 관련 세균의 생육에 최적인 식품의 수분활성도는 무엇인가?
① 0.90~1.00
② 0.50~0.6
③ 0.70~0.79
④ 0.30~0.4

40. 공기와의 접촉이 차단된 상태에서만 생존할 수 있어 산소가 있으면 사멸되는 균은?
① 통성혐기성균
② 편성호기성균
③ 편성혐기성균
④ 통성호기성균

41. 다음 과자빵의 껍질에 반점이 발생한 원인이 아닌 것은 무엇인가?
① 미숙성 반죽 사용
② 높은 반죽 온도
③ 발효 중 반죽이 식음
④ 굽기 전 찬 공기를 오래 접촉했다.

42. 다음 제빵의 기본재료가 아닌 것은?
① 설탕
② 밀가루
③ 이스트
④ 소금

43. 다음 2번 굽기를 하는 제품은 무엇인가?
① 빵도넛
② 앙금빵
③ 스위트롤
④ 브라운 앤 서브 콜

44. 모든 재료를 믹서에 한 번에 넣고 배합하는 방법으로 무슨 반죽법이라 하는가?
① 비상반죽법
② 직접반죽법
③ 냉동반죽법
④ 스펀지법

45. 스트레이트법의 1차 발효의 조건이 올바른 것은 무엇인가?
① 온도 27℃, 상대습도 75~80%, 시간 1~3 시간
② 온도 30℃, 상대습도 85~90%, 시간 1~2 시간
③ 온도 25℃, 상대습도 70~80%, 시간 1~3 시간
④ 온도 30℃, 상대습도 65~80%, 시간 1~3 시간

46. 다음 1차 발효 완료점을 판단하는 방법이 아닌 것은 무엇인가?
① 처음 부피의 3~3.5배 증가
② 직물 구조(섬유질 상태)
③ 반죽을 늘렸을 때 오므라드는 상태
④ 처음 부피의 2~2.5배 증가

47. 펀치를 하는 이유가 아닌 것은 무엇인가?
① 반죽 온도를 균일하게 한다.
② 이스트의 활동에 활력을 준다.
③ 산소 공급으로 산화, 숙성을 준다.
④ 발효억제를 시켜준다.

48. 다음 중간발효의 조건이 올바른 것은 무엇인가?
① 온도 27~29℃, 상대습도 75%, 시간 15~20분
② 온도 25~29℃, 상대습도 65%, 시간 10~20분
③ 온도 27~30℃, 상대습도 85%, 시간 15~20분
④ 온도 27~29℃, 상대습도 95%, 시간 10~20분

49. 파이 제품은 어디에서 작업을 진행해야 하는가?
① 실온에서
② 냉장고 옆에서
③ 선풍기 앞에서
④ 에어콘 앞에서

50. 작업 시 테이블의 위치는 어디가 좋은가?
① 왼쪽   ② 오른쪽
③ 중앙   ④ 뒤쪽

51. 다음 곰팡이 독소가 맞는 것은 어느 것인가?
① 마이코톡신 ② 아스파라거스
③ 솔라닌 ④ 무스카린

52. 산이 강한 경우에 나타나는 현상이 아닌 것은?
① 연한 향 ② 빈약한 부피
③ 소다 맛 ④ 여린 껍질색

53. 알카리가 강한 경우에 나타나는 현상이 아닌 것은 무엇인가?
① 소다 맛
② 부피가 정상보다 작다.
③ 거친 기공
④ 강한 향

54. 파운드 케이크의 재료가 맞는 것은 어느 것인가?
① 밀가루 100%, 설탕 100%, 유지 100%, 계란 100%
② 밀가루 100%, 설탕 150%, 유지 100%, 계란 100%
③ 밀가루 100%, 설탕 100%, 유지 50%, 계란 100%
④ 밀가루 100%, 설탕 200%, 유지 100%, 계란 100%

55. 스펀지케이크의 재료가 맞는 것은 무엇인가?
① 밀가루 100%, 설탕 166%, 계란 166%, 소금 2%
② 밀가루 100%, 설탕 100%, 계란 100%, 소금 2%
③ 밀가루 150%, 설탕 166%, 계란 166%, 소금 2%
④ 밀가루 100%, 설탕 166%, 계란 100%, 소금 2%

56. 다음 구조형성 재료가 아닌 것은 어느 것인가?
① 밀가루 ② 계란
③ 우유 ④ 설탕

57. 연화작용의 재료에 해당되지 않는 것은 무엇인가?
① 설탕 ② 유지
③ 노른자 ④ 베이킹 소다

58. 독소형에 해당되지 않는 것은 무엇인가?
① 살모넬라　　　　　　　　② 포도상구균
③ 보툴리누스구균　　　　　　④ 웰치균

59. 감염형에 해당되지 않는 것은 어느 것인가?
① 포도상구균　　　　　　　　② 살모넬라
③ 병원성 대장균　　　　　　　④ 장염 비브리오균

60. 다음 단백질만이 가지고 있는 원소는 무엇인가?
① 질소　　　　② 수소　　　　③ 산소　　　　④ 탄소

실전 문제 제빵기능사 1회
1.② 2.① 3.① 4.③ 5.④ 6.① 7.① 8.① 9.③ 10.② 11.② 12.② 13.① 14.① 15.① 16.② 17.② 18.④
19.① 20.④ 21.④ 22.④ 23.③ 24.④ 25.③ 26.① 27.③ 28.④ 29.③ 30.② 31.③ 32.① 33.② 34.③
35.① 36.② 37.① 38.① 39.① 40.③ 41.② 42.① 43.④ 44.② 45.① 46.④ 47.④ 48.① 49.② 50.③
51.① 52.③ 53.② 54.① 55.① 56.④ 57.④ 58.① 59.① 60.①

실전 문제 제빵기능사 2회

1. 다음 반죽형 반죽에 해당되지 않는 제품은 무엇인가?
   ① 스펀지케이크   ② 파운드 케이크   ③ 과일 케이크   ④ 레이어 케이크

2. 거품형 제품에 해당되지 않는 것은 무엇인가?
   ① 파운드 케이크   ② 스펀지 케이크   ③ 롤 케이크   ④ 시폰

3. 다음 주 재료가 흰자로 제조되는 케이크는 무엇인가?
   ① 버터스펀지 케이크   ② 엔젤푸드케이크   ③ 스펀지케이크   ④ 롤 케이크

4. 머랭이란 무엇인가?
   ① 흰자 + 노른자   ② 흰자 + 버터   ③ 흰자 + 설탕   ④ 흰자 + 생크림

5. 다음 시폰법으로 제조되는 케이크는 무엇인가?
   ① 엔젤푸드케이크   ② 파운드 케이크   ③ 과일 케이크   ④ 시폰케이크

6. 넓은 의미의 정형 순서가 올바른 것은 무엇인가?
   ① 분할-둥글리기-중간발효-정형-팬닝
   ② 분할-팬닝-중간발효-정형-둥글리기
   ③ 둥글리기-분할-중간발효-정형-팬닝
   ④ 분할-둥글리기-정형-중간발효-팬닝

7. 다음 중간발효 시간은 얼마나 하는가?
   ① 10~20분   ② 5~10분   ③ 10~30분   ④ 20~30분

8. 굽기 전 스팀을 분사하는 이유가 아닌 것은 무엇인가?
   ① 껍질을 두껍게 하고 바삭하게 한다.
   ② 껍질에 윤기가 나게 한다.
   ③ 불규칙한 터짐을 방지한다.
   ④ 껍질의 형성이 늦춰지면서 팽창이 커진다.
   ★ 껍질은 얇게 한다.

9. 다음 경수로 반죽 할 때 조치사항은 무엇인가?
   ① 설탕 증가   ② 이스트 푸드 감소   ③ 소금 증가   ④ 쇼트닝 증가

10. 다음 반죽 시 유지를 투입하는 시기는 어느 단계에 투입하는가?
① 발전 단계　　② 픽업 단계　　③ 클린업 단계　　④ 최종 단계

11. 일반 스트레이트법의 반죽 온도는 몇 ℃인가?
① 30℃　　② 27℃　　③ 30℃　　④ 24℃

12. 비상 반죽법의 반죽 온도는 몇 ℃인가?
① 25℃　　② 30℃　　③ 27℃　　④ 29℃

13. 스트레이트법에 의한 식빵 제조의 경우, 이스트의 최적 사용량은 얼마나 되는가?
① 2~3%　　② 1~2%　　③ 3~5%　　④ 6~9%

14. 다음은 어떤 공정에 해당되는가?

> 자른 면의 점착성을 감소시키고 표피를 형성하여 탄력을 유지시킨다.

① 둥글리기　　② 분할　　③ 중간발효　　④ 정형

15. 다음 원가절감의 방법이 아닌 것은 무엇인가?
① 불량률을 최소화한다.　　② 구매관리를 엄격히 한다.
③ 제조공정 설계를 최적으로 한다.　　④ 창고의 재고를 최대로 한다.

16. 냉동 반죽법에서 동결방식으로 적절한 것은 어느 것인가?
① 급속동결　　② 완만동결　　③ 지연동결　　④ 오버나이트 법

17. 데니시 페이스트리 제조에 관한 가장 적합한 반죽 온도는 몇 ℃인가?
① 26~31℃　　② 32~35℃　　③ 18~22℃　　④ 14~18℃

18. 다음 좁은 의미의 정형은 무엇인가?
① 밀기-말기-봉하기　　② 밀기-봉하기-말기　　③ 말기-밀기-봉하기　　④ 봉하기-말기-밀기

19. 어린 반죽으로 제조를 할 경우 중간 발효시간은 어떻게 조절할 수 있는가?
① 짧아진다　　② 같다.　　③ 일정하다.　　④ 길어진다

20. 오랜 시간 발효과정을 거치지 않고 배합 후 정형하여 2차 발효를 하는 제빵법은?
① 스펀지법　　② 재반죽법　　③ 비상법　　④ 노타임법

21. 이스트 푸드에 대한 설명으로 다른 것은 무엇인가?
① 밀가루 중량대비 1~5%를 사용한다. ② 발효를 조절한다.
③ 이스트의 영양을 보급한다. ④ 반죽조절제로 사용한다.
★ 이스트 푸드의 사용량은 밀가루 중량대비 0.1~0.2% 사용한다.

22. 빵의 노화 현상에 따른 변화와 이에 맞지 않는 것은 무엇인가?
① 향의 손실 ② 수분손실 ③ 곰팡이 발생 ④ 전분의 경화
★ 곰팡이의 발생은 빵의 부패현상이다.

23. 빵 반죽의 글루텐을 구성하는 단백질은 몇 ℃에서 열변성이 일어나는가?
① 60~70℃ ② 10~30℃ ③ 40~50℃ ④ 30~50℃
★ 단백질은 빵 속 온도 60~70℃에 도달하면 열변성을 발생해 단백질의 물이 전분으로 이동해 빵의 구조를 형성한다.

24. 빵의 굽기손실 시 12%일 때 완제품의 중량을 600g으로 제조하려면 분할무게는 몇g인가?
① 682 ② 612 ③ 702 ④ 566
★ 분할무게 : 100% = 완제품의 중량 : 88%, xg : 100% = 600g : 88%
  xg = 600g x 100% ÷ 88%, = 600 ÷ 0.88 = 681.8g

25. 다음 빵의 노화를 지연시키는 경우가 아닌 것은 무엇인가?
① 21~31℃에서 보관한다. ② 고율배합으로 한다.
③ 냉장고에서 보관한다. ④ 저장온도를 -18℃ 이하로 유지한다.

26. 반죽의 신장도 및 신장 저항력을 측정하여 자동기록하는 그래프는 무엇인가?
① 믹서트론 ② 패리노그래프 ③ 익스텐시그래프 ④ 아밀로그래프

27. 다음 발효에 직접적으로 영향을 주는 요소와 거리가 먼 것은 무엇인가?
① 계란의 신선도 ② 반죽온도 ③ 이스트의 양과 질 ④ pH
★ 발효에 영향을 주는 요소 : 삼투압, 이스트푸드, 탄수화물과 효소

28. 다음 식염을 구성하는 원소는 무엇인가?
① 칼슘, 탄소 ② 마그네슘, 염소
③ 칼륨, 산소 ④ 나트륨, 염소
★ 소금은 화학명이 염화나트륨($NaCl$)

29. 다음 이스트의 기능이 아닌 것은 어느 것인가?
① 향 생성 ② 팽창역할
③ 반죽숙성 ④ 윤활작용
★ 윤활작용은 쇼트닝 기능이다.

30. 다음 패리노그래프에 대한 설명이 부적절한 것은 무엇인가?
① 전분의 점도 측정 ② 흡수율 측정
③ 믹싱내구성 측정 ④ 믹싱시간 측정
★ 전분의 점도 측정은 아밀로그래프이다.

31. 다음 중 파운드 케이크를 제조할 때 유지의 품온으로 적절한 것은 무엇인가?
① 18~20℃ ② 10~15℃ ③ 0~6℃ ④ 20~30℃
★ 버터 기준으로 18~20℃에서 유화성과 크림성이 적당하다.

32. 아이싱의 안정제로 사용되는 것 중 동물성인 것은 어느 것인가?
① 카라야 검 ② 한천 ③ 젤라틴 ④ 우뭇가사리

33. 건포도 식빵을 만들 때 건포도를 전처리하는 목적이 아닌 것은 무엇인가?
① 수분을 제거하여 건포도의 보존성을 높인다.
② 제품 내에서의 수분 이동을 억제한다.
③ 건포도의 풍미를 되살린다.
④ 씹는 촉감을 개선한다.
★ 건포도 양의 12% 되는 물(27℃)과 건포도를 버무려 4시간 방치하거나 27℃의 물에 담가 적신 뒤 체에 걸러 물을 빼고 4시간 방치한다.

34. 제빵시 팬 오일로 유지를 사용할 때 다음 중 무엇이 높은 것을 선택하는 것이 좋은가?
① 크림성 ② 가소성 ③ 발연점 ④ 비등점

35. 다음 비상 스트레이트법 반죽의 적합한 온도는 몇 ℃인가?
① 30℃ ② 24℃ ③ 27℃ ④ 35℃

36. 다음 중 냉동, 냉장, 해동 2차 발효를 프로그래밍에 의해 자동적으로 조절하는 기계는?
① 도우 컨디셔너 ② 발효실 ③ 로터리 래크오븐 ④ 냉동실

37. 1인당 생산가치는 생산가치를 무엇으로 나누어 계산하는가?
① 시간　　　② 인원수　　　③ 임금　　　④ 원재료비
★ 1인당 생산가치는 생산가치를 인원으로 나눈다.

38. 갓 구워낸 빵을 식혀 상온으로 낮추는 냉각에 관한 설명으로 잘못된 것은 무엇인가?
① 빵 속의 온도를 35~40℃로 낮추는 것이다.
② 곰팡이 및 기타 균의 피해를 막는다.
③ 절단, 포장을 용이하게 한다.
④ 수분함량을 25%로 낮추는 것이다.
★ 굽기 후 수분함량은 껍질 12~15%, 내부 42~45%, 냉각 후에는 전체 38%로 평형해진다.

39. 냉동 페이스트리를 구운 후 옆면이 주저앉는 원인이 아닌 것은 무엇인가?
① 토핑물이 많은 경우　　　② 잘 구워지지 않은 경우
③ 2차 발효가 과다한 경우　　　④ 해동온도가 2~5℃로 낮은 경우

40. 다음 지방은 무엇이 축합되어 만들어지는가?
① 지방산과 글리세롤　　　② 지방산과 올레산
③ 지방산과 리놀레산　　　④ 지방산과 아라키돈산
★ 지방은 탄소, 수소, 산소 3원소로 구성된 유기화합물로 3분자 지방산과 1분자 글리세롤

41. 거친 설탕 입자를 마쇄하여 고운 눈금을 가진 체로 통과 후 덩어리 방지제는 무엇인가?
① 액당　　　② 분당　　　③ 이성화당　　　④ 지방
★ 분당은 고순도의 설탕을 곱게 빻아 가루로 만든 가공당이다.

42. 장기간의 저장성을 유지해야 하는 건과자용 쇼트닝에서 가장 중요한 성질은 무엇인가?
① 안전성　　　② 가소성　　　③ 크림성　　　④ 신장성

43. 다음 가공하지 않는 비터 초콜릿에 포함되어 있는 가장 적합한 코코아의 양은?
① 25%　　　② 20%　　　③ 30%　　　④ 40%

44. 다음 강력분과 박력분의 성상에서 가장 중요한 차이점은 무엇인가?
① 비타민 함량의 차이　　　② 지방 함량의 차이
③ 전분 함량의 차이　　　④ 단백질 함량의 차이
★ 강력밀가루 단백질 함량은 11~13%, 박력분 단백질 함량은 7~9% 단백질 함량 차이다.

45. 유제품 중 일반적으로 100g당 열량을 가장 많이 내는 것은 무엇인가?
① 시유   ② 탈지분유   ③ 기공치즈   ④ 요구르트

46. 다음 부패의 진행에 수반하여 생기는 부패 산물이 아닌 것은?
① 황화수소   ② 일산화탄소   ③ 메르캅탄   ④ 암모니아

47. 부패를 판정하는 방법으로 사람에 의한 관능검사를 실시할 때 검사항목이 아닌 것은?
① 맛   ② 색   ③ 냄새   ④ 균수

48. 식품의 부패를 판정할 때 화학적 판정 방법이 아닌 것은 무엇인가?
① VBN 측정   ② TMA 측정   ③ ATP 측정   ④ LD50 측정
★ LD50은 어떤 조건에서 실험동물의 50%가 사망하는 독성물질의 양을 말한다.

49. 식품의 냉장보관에 대한 설명으로 올바르지 않는 것은?
① 세균의 증식을 억제할 수 있다.   ② 미생물의 사멸이 가능하다.
③ 식품의 보존 기간을 연장할 수 있다.   ④ 냉장고 용량의 70% 이하로 보관한다.

50. 다음 냉장의 목적과 가장 관계가 먼 것은 어느 것인가?
① 식품의 보존 기간 연장   ② 미생물의 멸균
③ 세균의 증식 억제   ④ 식품의 자기 호흡 지연
★ 냉장보관은 미생물을 멸균할수 없다. 저온균인 여시니아, 리스테리아균 등은 냉장에서 식중독을 유발한다.

51. 제품의 유통기간 연장을 위해 포장에 이용되는 불활성 가스는 무엇인가?
① 질소   ② 산소   ③ 수소   ④ 염소
★ 밀봉 포장 용기에 공기를 흡인하여 탈기하고, 불활성 가스인 질소로 치환하여 물품의 변질등을 방지한다.

52. 쥐나 곤충류에 의해서 발생될 수 있는 식중독은 무엇인가?
① 살모넬라   ② 클로스트리디움 보툴리늄
③ 포도상구균   ④ 장염 비브리오

53. 대장균에 대한 설명으로 부적절한 것은?
① 무아포 간균이다.   ② 유당을 분해한다.
③ 그람 양성이다.   ④ 호기성 또는 통성 혐기성이다.

54. 살균이 불충분한 육류 통조림으로 인하여 식중독이 발생했을 경우 해당되는 식중독균은?
① 보툴리누스균   ② 황색 포도상균   ③ 살모넬라   ④ 병원성 대장균

55. 다음 청색증 현상과 관계있는 독소로 인체 내 흡수와 배설이 빠른 것은 무엇인가?
① 아미그달린   ② 베네루핀   ③ 테트로톡신   ④ 뉴로톡신

56. 정제가 불충분한 기름 중에 남아 식중독을 일으키는 고시풀의 기름 유래는 무엇인가?
① 면실유   ② 피마자유   ③ 콩기름   ④ 미강유
★ 면실유는 목화씨를 추출하여 얻는다. 미강유는 쌀겨에서 추출한다.

57. 다음 우유에 들어있는 단백질은 무엇인가?
① 카세인   ② 판토텐산   ③ 올레산   ④ 리놀레산
★ 우유의 단백질은 필수아미노산이 함유되어 있는 카세인, 글로불린등이 있다.

58. 유지의 산패 원인이 부적당한 것은 무엇인가?
① 햇빛이 잘 드는 곳에 보관한다.   ② 고온으로 가열한다.
③ 토코페롤을 첨가한다.   ④ 수분이 많은 식품을 넣고 튀긴다.

59. 다음 중 비타민 D의 전구물질은 무엇인가?
① 콜린   ② 에탄올   ③ 이노시톨   ④ 에르고스테롤
★ 에르고스테롤은 자외선을 받으면 비타민 D가 되며, 식물성 스테롤은 버섯, 효모, 간유 등이 함유되어 있다.

60. 다음 중 비타민 A가 부족하면 결핍증은 무엇인가?
① 야맹증   ② 구순구각염   ③ 피부병   ④ 쥐의 불임증

실전 문제 제빵기능사 2회
1.① 2.① 3.② 4.③ 5.④ 6.① 7.① 8.① 9.② 10.③ 11.② 12.② 13.① 14.① 15.④ 16.① 17.③ 18.①
19.④ 20.④ 21.① 22.③ 23.① 24.① 25.③ 26.③ 27.① 28.④ 29.③ 30.① 31.① 32.③ 33.② 34.③
35.① 36.① 37.② 38.④ 39.④ 40.① 41.② 42.① 43.① 44.④ 45.③ 46.② 47.④ 48.④ 49.② 50.②
51.① 52.① 53.③ 54.① 55.① 56.① 57.① 58.③ 59.④ 60.①

실전 문제 제빵기능사 3회

1. 건강검진의 검진 주기는 검진일을 기준으로 몇 년인가?
   ① 1년　　　　　② 6개월　　　　　③ 2년　　　　　④ 3년

2. 식품위생법상 식품의 정의로 올바른 것은 어느 것인가?
   ① 모든 음식물을 말한다.
   ② 화학적 합성품을 제외한 모든 음식물을 말한다.
   ③ 의약으로 섭취하는 것을 제외한 모든 음식물을 말한다.
   ④ 음식물과 식품첨가물을 말한다.
   ★ 식품위생법상 식품이란 모든 음식물(의약 제외)을 말한다.

3. 다음 식품위생법의 식품위생대상이 아닌 것은 무엇인가?
   ① 조리방법
   ② 기구와 용가, 포장
   ③ 식품첨가물
   ④ 식품
   ★ 식품위생은 식품, 식품첨가물, 기구, 용기, 포장을 대상으로 하는 음식에 관한 위생이다.

4. 다음 개인위생 관리내용으로 적절한 내용은 무엇인가?
   ① 재질이 좋은 1회용 장갑은 여러 번 사용할 수 있다.
   ② 시간 관리를 위해 시계를 착용할 수 있다.
   ③ 메모를 위해 필기루를 소지한다.
   ④ 위생복 착용지침서에 따라 위생복을 착용한다.
   ★ 시계, 반지 기타 장신구와 필기구은 착용이나 소지하면 안 된다. 1회용 장갑 불가

5. 다음 교차오염을 예방하는 방법이 부적절한 것은 무엇인가?
   ① 원재료와 가공된 식품은 각각 다른 기구를 사용한다.
   ② 깨끗하고 위생적인 설비, 도구를 이용한다.
   ③ 철저한 개인위생과 손 씻기를 자주 한다.
   ④ 도마, 칼 사용 시 가공된 식품보다 원재료를 먼저 처리한다.

6. HACCP의 7원칙에 해당되지 않는 것은 무엇인가?
① 한계기준설정 ② 위해요소분석
③ HACCP팀 구성 ④ 문서화 및 기록유지방법 설정

7. 다음 HACCP에 대한 설명이 올바르지 않는 것은 무엇인가?
① 원료부터 유통의 전 과정에 대한 관리 ② 종합적인 위생관리체제
③ 식품위생의 수준을 향상 시킬 수 있다. ④ 사후처리의 완벽을 추구
★ 위해요소중점관리기준(HACCP)은 모든 잠재적 위해요소를 분석하여 사후적이 아닌 사전적으로 위해요소를 제거하고 개선하는 것을 말한다.

8. 위해요소중점관리기준(HACCP)을 식품별로 정하여 고시하는 사람은 누구인가?
① 고용노동부 장관 ② 국토부 장관 ③ 보건소장 ④ 식품의약품안전처장

9. 멸균의 성명으로 올바른 것은 무엇인가?
① 물리적 방법으로 병원체를 감소시키는 것
② 오염된 물질을 세척 하는 것
③ 미생물의 생육을 저지시키는 것
④ 모든 미생물을 완전히 사멸시키는 것
★ 멸균이란 모든 미생물을 사멸시켜 완전 무균상태이다.

10. 다음 빵, 과자 제조 시에 첨가하는 팽창제가 아닌 것은 무엇인가?
① 염화암모늄 ② 프로피온산나트륨 ③ 소르브산 ④ 피막제
★ 염화암모늄, 효모, 탄산암모늄은 팽창제, 프로피온산나트륨은 보존제이다.

11. 다음 연속식 제빵을 사용하는 장점이 올바르지 않는 것은 무엇인가?
① 발효향의 증가
② 인력의 감소
③ 발효손실의 감소
④ 공장면적과 믹서, 설비감소

12. 25℃에서 반죽의 흡수율이 61%일 때 반죽의 온도를 30℃로 하면 흡수율은 얼마인가?
① 58% ② 50% ③ 62% ④ 70%
★ 흡수율은 온도 5℃ 상승에 3%씩 떨어지고, 5℃ 하강시 3% 상승한다.

13. 다음 효소의 특성이 올바르지 않은 것은 무엇인가?
① 효소는 구성물질이 전분과 지방으로 구성된다.
② 20~30℃에서 최대 활성을 얻는다.
③ 효소농도와 기질농도가 효소작용에 영향을 준다.
④ 단백질이 아니다.
★ 효소의 구성은 단백질을 이룬다.

14. 다음 향신료 중 피자소스에 들어가는 것은 무엇인가?
① 생강　　　　② 겨자　　　　③ 계피　　　　④ 오레가노

15. 탄수화물은 체내에서 무엇으로 분해되어 흡수가 되는가?
① 전분　　　　② 포도당　　　　③ 젖당　　　　④ 맥아당
★ 탄수화물은 단당류로 흡수된다. 이당류와 다당류는 소화기관에서 포도당으로 분해 후 소장에서 흡수된다.

16. 과당이나 포도당을 분해하여 CO_2 가스와 알콜을 만드는 효소는 무엇인가?
① 인베르타아제　　② 치마아제　　③ 말타아제　　④ 스테압신

17. 다음 원가의 3요소가 아닌 것은 무엇인가?
① 재료비　　② 노무비　　③ 경비　　④ 간접경비

18. 제빵 시 팬기름의 조건으로 올바르지 않은 것은 무엇인가?
① 무취기름　　② 낮은 발연점　　③ 무색　　④ 산패되지 않은 기름
★ 발연점이 높아야 연기가 나지 않는다.

19. 다음 이스트가 오븐 안에서 사멸되기 시작하는 온도는 몇 ℃인가?
① 50℃　　② 60℃　　③ 40℃　　④ 70℃

20. 재료계량 시 함께 계량할 때 문제가 되는 재료는 무엇인가?
① 이스트, 소금　　② 소금, 설탕　　③ 계란, 분유　　④ 밀가루, 개량제
★ 이스트와 소금을 함께 계량 시 이스트가 사멸한다.

21. 다음 액체발효법에서 액종 발효 시 완충제 역할을 하는 재료는 무엇인가?
① 설탕　　② 개량제　　③ 소금　　④ 탈지분유
★ pH를 유지해야 하므로 완충제인 탈지분유를 첨가한다.

22. 다음 빵 냉각 시 가장 빠르게 냉각시키는 방법은 무엇인가?
① 진공냉각법　　② 자연냉각법　　③ 공기조절법　　④ 공기배출법
★ 진공냉각법 〉강제공기순환 〉자연냉각 순이다.

23. 다음 냉각시킨 식빵의 수분함량은 얼마인가?
① 10%　　② 20%　　③ 38%　　④ 40%

24. 정형한 빵의 이음매 방향은 어느 방향으로 놓아야 하는가?
① 아래쪽　　② 위쪽　　③ 좌측　　④ 우측

25. 다음 중 일시적 경수를 적절하게 설명한 것이 맞는 것은 어느 것인가?
① 황산염에 기인한다.
② 식수로 가능하다.
③ 가열 시 탄산염으로 되어 침전시킨다.
④ 끓여도 제거가 안 된다.
★ 탄산칼슘을 함유한 물을 끓이면 불용성인 $CaCO_3$가 침전되어 물이 부드러워진다.

26. 제빵 시 탈지분유를 1% 증가시마다 몇 %의 흡수량이 증가할까요?
① 75%　　② 1%　　③ 4%　　④ 9%
★ 탈지분유 증가량만큼 흡수량이 증가한다.

27. 다음 빵의 2차 발효실 상대습도는 제품에 따라 75~90%까지 다양하다. 표준습도보다 낮을 때 발생하는 상태가 아닌 것은?
① 수포가 생기고 질긴 껍질이 된다.　　② 오븐에 넣을 때 팽창이 억제된다.
③ 껍질색이 일정하지 않다.　　④ 반죽에 껍질이 빠르게 생긴다.

28. 다음 소맥분 글루텐의 질을 측정하는 그래프는 무엇인가?
① 패리노그래프　　② 아밀로그래프　　③ 믹서트론　　④ 인스텐시그래프
★ 패리노그래프는 흡수율, 믹싱 내구성, 점탄성 측정한다. 익스텐시는 신장성 측정

29. 계량한 건조이스트를 녹이기에 적당한 물의 온도는?
① 43℃　　② 20℃　　③ 30℃　　④ 50℃
★ 활성 건조 이스트는 39~45℃에서 물에 혼합하면 효과가 좋다.

30. 다음 보기 중 pH가 중성인 것은 어느 것인가?
① 증류수　　　② 소다　　　③ 베이킹파우더　　　④ 중조
★ 증류수 pH는 7

31. 다음 용해도가 가장 적합해서 냉음료에 이용되는 설탕은 무엇인가
① 설탕　　　② 과립삼당　　　③ 흑설탕　　　④ 그라뉴당
★ 그라뉴당은 순도가 높으며 용해가 쉬워 깔끔한 맛이 있는 설탕이다.

32. 제빵에 가장 적합한 물은 어떤 물인가?
① 아경수　　　② 연수　　　③ 아연수　　　④ 경수

33. 제빵 시 경수로 빵을 제조하고자 할대 조치사항이 아닌 것은 무엇인가?
① 이스트푸드 감소　　　② 맥아첨가　　　③ 이스트 증가　　　④ 물 감소
★ 경수 조치사항은 이스트 증가, 이스트푸드감소, 맥아첨가, 물 증가

34. 다음 보기에서 단순단백질이 아닌 것은 어느 것인가?
① 알부민　　　② 글로불린　　　③ 헤모글로빈　　　④ 프롤라민
★ 헤모글로빈은 색소와 단순단백질이 결합한 색소 단백질이다.

35. 다음 체내에서 사용한 단백질은 어떤 경로를 통해 배설하는가?
① 소변　　　② 대변　　　③ 대장　　　④ 위

36. 다음 빵 제조시 밀가루 체로 치는 이유가 적절하지 않는 것은?
① 고른 분산　　　② 불순물 제거　　　③ 제품의 색　　　④ 공기혼입

37. 다음 쿠키의 퍼짐성을 좋게 하기 위한 조치사항이 아닌 것은 무엇인가?
① 입상형 설탕을 사용　　　② 팽창제 사용
③ 오븐 온도를 높인다.　　　④ 암모늄염을 사용
★ 온도가 높으면 쿠키의 퍼짐이 좋지 않다.

38. 반죽형 케이크를 구웠더니 가볍고 부서지는 현상이 나타났다. 원인과 거리가 먼 것은?
① 크림화 과다　　　② 팽창제 사용 과다　　　③ 유지 사용 과다　　　④ 밀가루 사용 과다
★ 밀가루는 단백질 있어 제품의 모양, 형태를 유지하는 구조력이 있다.

39. 다음 커스터드 크림의 재료가 아닌 것은 무엇인가?
① 설탕　　　　② 계란　　　　③ 우유　　　　④ 생크림
★ 커스터드 크림은 안정제로 전분이나 박력분을 사용한다.

40. 시폰케이크 제조 시 냉각 전에 팬에서 분리되는 결점이 나타났을 때 원인이 아닌 것은?
① 밀가루 양이 많다.　② 굽기 시간이 짧다.　③ 오븐 온도가 낮다.　④ 반죽에 물이 많다.
★ 밀가루 양이 많으면 시폰케이크의 구조력이 강해서 틀에 잘 붙어 있다.

41. 다음 튀김기름의 산패를 발생하는 원인요소가 부적절한 것은 어느 것인가?
① 금속　　　　② 산소　　　　③ 열　　　　④ 수소
★ 수소는 유지를 강화시킨다.

42. 다음 필수지방산의 결핍으로 발생할 수 있는 질병은 무엇인가?
① 피부염　　　　② 결막염　　　　③ 신경통　　　　④ 구루병

43. 다음 어떤 밀가루 100g의 조성이 수분 11%, 단백질 12%, 탄수화물 72%, 지방질 1.5%, 기타 4%일 때 밀가루의 g당 열량은 얼마인가?
① 3.5kcal　　　　② 7kcal　　　　③ 9kcal　　　　④ 1kcal
★ 열량=(단백질x4kcal)+(탄수화물x4kcal)+(지방x9kcal), 100g 기준 시
　밀가루의 1g당 열량=열량÷100g
　χ= (12x4)+(72x4)+(1.5x9)÷100=3.4g

44. 다음 법정감염병 중 제1군 감염병에 속하는 것은 어느 것인가?
① 성홍열　　　　② 홍역　　　　③ 백일해　　　　④ 콜레라
★ 1군 법정 감염병은 콜레라, 장티푸스, 파라티푸스, 세균성 이질 등이다.

45. 다음 식기나 기구의 오용으로 구토, 경련 등 이타이이타이병의 원인이 되는 유해금속은?
① 아연(Zn)　　　　② 수은(Hg)　　　　③ 카드륨(Cd)　　　　④ 주석(Sn)

46. 다음 밀가루의 표백과 숙성을 위해 이용되는 첨가물은 무엇인가?
① 피막제　　　　② 유화제　　　　③ 팽창제　　　　④ 개량제
★ 유화제는 서로 혼합이 잘되지 않는 이질적인 물질을 액체에 분산시키기 위해 사용
　점착제는 식품에 물질을 달라붙게 하는 작용을 하는 재료
　팽창제는 빵, 과자의 부풀림에 이용된다.

47. 다음 허가된 천연유화제가 맞는 것은 어느 것인가?
① 면실유　　　② 솔라닌　　　③ 레시틴　　　④ 구연산
★ 구연산은 신맛을 내는 첨가물
　 솔라닌은 감자의 독성분

48. 해수세균의 일종으로 식염농도 3%에서 잘 생육하며 어패류를 생식할 때 중독되는 균은?
① 장염 비브리오균　　② 웰치균　　③ 병원성대장균　　④ 보툴리누스균
★ 장염 비브리오균은 감염형 세균성 식중독을 발생시킨다.

49. 다음 불순 면실유에서 추출했을 때 발생하는 독소은 무엇인가?
① 고시풀　　　② 세사몰　　　③ 레시틴　　　④ 구연산

50. 다음 비타민의 결핍 증상이 잘못 짝지어진 것은 어느 것인가?
① 비타민 B_1 – 각기병
② 비타민 C – 괴혈병
③ 비타민 B_2 – 야맹증
④ 니아신 – 펠라그라
★ 비타민 B_2의 결핍증은 구순구각염, 설염, 피부염, 발육장애 이다. 지용성 – 야맹증이다.

51. 다음 중 발효할 때 유산(젖산)을 생성하는 것은 무엇인가?
① 설탕　　　② 유당　　　③ 과당　　　④ 포도당

52. 다음 중 채소를 통해 감염되는 기생충은 무엇인가?
① 선모충　　　② 회충　　　③ 폐흡충　　　④ 광절열두조충

53. 흰자를 거품 내면서 뜨겁게 끓인 시럽을 부어 만든 머랭은 무엇인가?
① 냉제 머랭　　② 온제 머랭　　③ 스위스 머랭　　④ 이탈리안 머랭

54. 반죽 비중에 대한 설명으로 바르지 않은 것은 무엇인가?
① 비중이 낮으면 부피가 커진다.
② 비중이 높으면 부피가 작아진다.
③ 비중이 낮으면 기공이 열려 조직이 거칠어진다.
④ 비중이 높으면 기공이 커지고 노화가 느리다.
★ 비중이 높으면 기공이 닫혀 조직이 조밀하다.

55. 다음 언더 베이킹이란 무엇인가?
① 높은 온도에서 단시간 굽는 방법
② 낮은 온도에서 장시간 굽는 방법
③ 윗불을 낮게, 밑불을 높게 굽는 방법
④ 윗불을 낮게, 밑불을 낮게 굽는 방법
★ 언더 베이킹은 높은 온도에서 단시간 굽는 방법으로 제품이 설익어 주저앉는다.

56. 스펀지케이크의 굽기 공정 중에 나타나는 현상이 아닌 것은 무엇인가?
① 전분의 호화   ② 공기의 팽창   ③ 밀가루의 혼합   ④ 단백질의 응고

57. 다음 신경조직의 주요물질인 당지질은 무엇인가?
① 스핑고미엘린   ② 세레브로시드   ③ 레시틴   ④ 이노시톨

58. 다음 중 소화가 잘 되는 계란은 무엇인가?
① 생계란   ② 반숙 계란   ③ 완숙 계란   ④ 구운 계란

59. 다음 중 식중독 원인균 중 원인식품과 연결이 다른 것은 무엇인가?
① 장염 비브리오균 – 감자   ② 살모넬라 – 계란
③ 캡필로박터 – 닭고기   ④ 포도상구균 – 도시락

60. 화농성 질병이 있는 사람이 만든 제품을 먹고 식중독을 일으켰다면 가장 관계가 깊은 원인균은 무엇인가?
① 황색 포도상구균   ② 장염 비브리오균
③ 보툴리누스균   ④ 살모넬라
★ 황색포도상구균은 사람이나 동물의 화농성 질환의 대표적인 균으로 원인독소인 엔테로톡신은 내열성이 있어 열에 쉽게 파괴되지 않는다.

실전 문제 제빵기능사 3회
1.① 2.③ 3.③ 4.④ 5.④ 6.③ 7.④ 8.④ 9.④ 10.② 11.① 12.① 13.① 14.④ 15.② 16.② 17.④ 18.②
19.② 20.① 21.④ 22.① 23.③ 24.① 25.③ 26.② 27.① 28.② 29.① 30.① 31.① 32.① 33.④ 34.③
35.① 36.③ 37.③ 38.④ 39.④ 40.① 41.④ 42.① 43.① 44.① 45.① 46.④ 47.① 48.① 49.① 50.③
51.② 52.② 53.④ 54.④ 55.① 56.③ 57.② 58.② 59.① 60.①

실전 문제 제빵기능사 4회

1. 다음 오버런이란 무엇인가?
① 생유 안에 들어있는 큰 지방구를 미세하게 해서 안정화하는 공정이다.
② 교반에 의해 크림의 체적이 몇 % 증가하는가를 나타내는 수치이다.
③ 생크림 안에 있는 유지방이 응집해서 완전히 액체로부터 분리된 것이다.
④ 살균 등 가열조작에 의해 불안정하게 된 유지의 결정을 적온으로 안정화시킨 숙성조작
★ 오버런은 생크림을 거품 내거나 아이스크림 혼합물을 회전 동결시킨 뒤에 나타나는 현상으로 오버런이 100%라는 것은 체적이 2배로 증가 된 것이다.

2. 도넛에 묻힌 설탕이 녹는 현상을 감소시키기 위한 조치로 부적절한 것은 무엇인가?
① 충분히 냉각한다.
② 냉각 중 환기를 많이 시킨다.
③ 짧은 시간 동안 튀긴다.
④ 도넛에 묻히는 설탕의 양을 늘린다.
★ 튀김시간을 늘려 도넛의 수분함량을 21~25%로 한다.

3. 젤리 롤을 만들 때 겉면이 터지는 결점에 대한 조치사항이 아닌 것은 어느 것인가?
① 팽창제 사용량을 감소한다.
② 설탕의 일부를 물엿으로 대치한다.
③ 계란 노른자를 감소한다.
④ 반죽의 비중을 증가한다.
★ 반죽 비중을 너무 높지 않게 믹싱을 한다.

4. 비중이 높은 제품의 특징이 아닌 것은 무엇인가?
① 부피가 작다.　　　② 기공이 조밀하다.　　　③ 껍질색이 진하다.　　　④ 제품이 단단하다.
★ 반죽의 비중은 제품의 기공, 조직, 부피에 영향을 미친다.

5. 다음 고율배합의 제품을 굽는 방법으로 올바른 것은 어느 것인가?
① 고온 단시간　　　② 저온 단시간　　　③ 저온 장시간　　　④ 고온 장시간

6. 푸딩에 대한 설명으로 맞는 것은 어느 것인가?
① 계란의 열변성에 의한 농후화 작용을 이용한 제품이다.
② 우유와 설탕은 130℃로 데운 후 계란과 소금을 넣어 혼합한다.
③ 우유와 소금의 혼합비율은 100 : 10이다.
④ 육류, 과일, 야채, 빵을 혼합해 만들지 않는다.
★ 우유와 설탕은 80℃로 데운다. 우유와 소금의 비율은 100 : 2 육류, 과일, 야채, 빵은 혼합한다.

7. 단백질의 소화효소가 다른 것은 무엇인가?
① 키모트립신   ② 리파아제   ③ 아미노펩티다아제   ④ 펩신
★ 리파아제는 지방을 가수분해하는 효소이다.

8. 다음 중 단당류가 아닌 것은 무엇인가?
① 과당   ② 유당   ③ 포도당   ④ 맥아당

9. 계면활성제의 친수성 – 친유성 균형(HLB)이 다음과 같을 때 친수성인 것은?
① 11   ② 9   ③ 10   ④ 8
★ 친유성은 9이다.

10. 다음 안정제를 사용하는 목적이 적절하지 못한 것은 어느 것인가?
① 머랭의 수분 배출 촉진   ② 크림 토핑의 거품 안정
③ 아이싱의 끈적거림 방지   ④ 포장성 개선
★ 머랭에 안정제를 사용하면 수분보유가 증진된다.

11. 다음 유지의 산패 정도를 나타내는 값이 아닌 것은 무엇인가?
① 과산화물가   ② 요오드가   ③ 산가   ④ 아세틸가
★ 요오드가는 불포화지방산에 있는 2중 결합의 개수나 위치를 측정한다.

12. 다음 신선한 계란의 특징은 무엇인가?
① 흔들었을 때 소리가 난다.   ② 5% 식염수에 뜬다
③ 난황계수가 0.5 이하이다.   ④ 껍질에 광택이 없고 거칠다.

13. 유당분해효소결핍증(유당불내증)의 증상이 아닌 것은 무엇인가?
① 설사   ② 복부 경련   ③ 발진   ④ 메스꺼움
★ 유당 불내증은 유당을 분해하는 락타아제라는 효소의 결핍으로 발생한다.

14. 밀가루와 유지를 넣고 믹싱하는 유지에 의해 피복 되도록 하는 제조법은 무엇인가?
① 별립법　　　　② 크림법　　　　③ 1단계법　　　　④ 블렌딩법
★ 1단계법은 노동력과 제조시간 절약
　별립법은 흰자 + 노른자 분리 거품형
　크림법은 부피감

15. 퐁당 아이싱이 끈적거리거나 포장지에 붙는 경향을 감소시키는 방법이 다른 것은?
① 아이싱에 최대 액체를 사용한다.
② 아이싱을 뜨겁게(40℃)하여 사용한다.
③ 젤라틴, 한천 등과 같은 안정제를 적절하게 사용한다.
④ 굳은 것은 시럽을 이용해 데워 사용한다.
★ 퐁당 아이싱은 끈적거림을 방지하기 위해 액체를 사용한다.

16. 다음 비스킷을 제조할 때 유지보다 설탕이 많으면 어떤 결과가 나타나는가?
① 제품이 부드럽다.　　　　② 촉감이 단단해진다.
③ 퍼짐이 작다.　　　　　　④ 색깔이 엷어진다.

17. 다음 슈 재료의 계량 시 함께 계량해서는 안 될 재료로 맞는 것은 무엇인가?
① 밀가루 + 베이킹파우더　　　　② 물 + 버터
③ 물 + 소금　　　　　　　　　　④ 버터 + 소금

18. 초콜릿 제품을 생산하는데 필요한 기구는 무엇인가?
① 나이프　　　　② 파이롤러　　　　③ 수저　　　　④ 디핑 포크

19. 다음 중 반죽 익히는 방법이 다른 것은 무엇인가?
① 엔젤 푸드 케이크　　② 스펀지케이크　　③ 찐빵　　④ 과일 케이크

20. 스트레이트법에서 반죽시간에 영향을 미치는 요소가 아닌 것은 무엇인가?
① 이스트 양　　　　② 쇼트닝 양　　　　③ 물 양　　　　④ 밀가루 종류
★ 이스트의 양은 발효시간에 영향을 준다.

21. 2차 발효 시 완제품 용적의 몇 % 까지 팽창을 하는가?
① 70~80%　　　　② 60~70%　　　　③ 80~90%　　　　④ 90~100%

22. 2% 이스트로 4시간 발효했을 때 좋은 결과를 얻는다. 발효시간 3시간으로 감소시키려면 이스트의 양은 얼마로 결정하는가?
① 2.66%　　　　② 2%　　　　③ 3%　　　　④ 4%
★ 변경할 이스트 양 = (정상이스트의 양 × 정상발효시간) ÷ 변경할 발효시간
(2 × 4) ÷ 3 = 2.66%

23. 다음 반죽을 발효하는 동안 생성하는 물질이 아닌 것은 무엇인가?
① 탄산가스　　　② 알콜　　　③ 유기산　　　④ 질소

24. 다음 반죽온도와 관계가 없는 것은 무엇인가?
① 훅　　　② 물　　　③ 믹싱시간　　　④ 재료의 온도

25. 다음 빵효모의 발효에 적당한 pH의 범위는 어디에 속하는가?
① 4~6　　　② 2~6　　　③ 5~6　　　④ 7~6
★ 효모의 최적 pH 4.7
정상반죽의 pH 5.7, 지친반죽의 pH 5.0, 어린반죽의 pH 6.0

26. 다음 식빵 제조 시 1차 발효 손실은 몇 %인가?
① 2~4%　　　② 3~6%　　　③ 7~9%　　　④ 1~2%
★ 발효손실은 발효 전보다 발효한 후의 반죽 무게가 1~2% 감소한다.

27. 다음 ppm 이란 무슨 의미인가?
① g당 중량 백만분율　② g당 중량 백분율　③ g당 중량 십만분율　④ g당 중량 만분율

$$\text{ppm} = \frac{1}{1,000,000}$$

28. 다음 중력분의 단백질 함량은 얼마인가?
① 9~10%　　　② 7~10%　　　③ 8~11%　　　④ 7~9%

29. 다음 빵굽기 공정에서 오븐팽창에 대해 반죽 부피의 팽창은 어느 정도인가?
① 원래 크기 1/3 정도 팽창　　　② 원래 크기 2/3 정도 팽창
③ 원래 크기 1/2 정도 팽창　　　④ 원래 크기 2/4 정도 팽창
★ 오븐 팽창(오븐스프링)은 오븐 속의 증기가 차가운 반죽과 만나게 되면 처음 크기 1/3 정도 팽창

30. 다음 사용할 물 온도를 구할 때 필요한 온도가 틀린 것은 무엇인가?
① 마찰계수　　　② 수돗물 온도　　　③ 실내온도　　　④ 밀가루 온도
★ 사용할 물 온도
= 희망온도 × 3 −(밀가루 온도 + 실내온도 + 마찰계수)

31. 기계 분할 시 분할의 중심이 되는 것은 무엇인가?
① 부피　　　② 모양　　　③ 무게　　　④ 총량

32. 플로어 타임을 길게 주는 경우는 언제인가?
① 중력분을 사용 시
② 반죽 온도가 높을 때
③ 반죽 온도가 낮을 때
④ 반죽 배합이 부족할 때
★ 플로어 타임이 길어지는 경우
　본 반죽 시간이 길고 온도가 낮을 때
　스펀지 반죽에 사용한 밀가루의 양이 적을 때
　본 반죽 상태의 처지는 정도가 같다.

33. 가로 10cm, 세로 18cm, 높이 7cm의 팬을 사용 시 비용적이 $3.4cm^3$인 빵의 분할량의 얼마인가?
① 370g　　　② 400g　　　③ 390g　　　④ 300g
★ 반죽 적정 분할량 = 틀의 용적 ÷ 비용적
　가로 10cm × 세로 8cm × 높이 7cm ÷ 3.4 = 370.6g

34. 계란의 노른자 계수를 측정한 결과이다. 보기에서 신선하지 못한 무엇인가?
① 0.5　　　② 0.1　　　③ 0.8　　　④ 0.3
★ 난황계수가 작을수록 신선도가 떨어진다.

35. 밀가루 중에서 마카로니, 스파게티를 만드는 재료는 무엇인가?
① 듀럼 밀분　　　② 강력분　　　③ 박력분　　　④ 중력분
★ 듀럼 밀분은 단백질 함량이 11~12.5%, 스파게티, 마카로니 듀럼분, 초자질 이다.

36. 제빵에서 반죽 도중 소금을 클린업 단계에 넣으면 믹싱이 단축하는 방법은?
① 후염법　　　② 당장법　　　③ 염장법　　　④ 훈제법

37. 케이크 제조에 1kg 계란이 필요하면 껍질 포함한 평균 무게가 60g인 계란은 몇 개인가?
① 19개 　　　　② 15개 　　　　③ 20개 　　　　④ 8개

★ 껍질 : 노른자 : 흰자
　= 10 : 30 : 60%
　1,000 ÷ (60 × 0.9) = 19

38. 다음 설탕을 포도당과 과당으로 분해하는 효소는 무엇인가
① 치마아제 　　② 인베르타아제 　　③ 말타아제 　　④ 락타아제

39. 마가린에 풍미를 강화하고 방부의 역할도 하기 때문에 첨가하는 물질은 무엇인가?
① 소금 　　　　② 유화제 　　　　③ 지방 　　　　④ 우유

40. 다음 쇼트닝의 수분함량은 몇 %인가?
① 0% 　　　　② 3% 　　　　③ 6% 　　　　④ 8%

41. 다음 패리노그래프에 대한 설명이 아닌 것은 무엇인가?
① 500 B.U를 중심으로 그래프 작성　　② 흡수율 측정
③ 전분 호화력 측정　　　　　　　　　④ 믹싱 시간 측정

42. 아미노산 중 S-S 결합을 형성하고 있는 것은 무엇인가?
① 티록신 　　② 시스틴 　　③ 발린 　　④ 리신

43. 다음 단순지질이 아닌 것은 무엇인가?
① 인지질 　　② 면실유 　　③ 스테롤 　　④ 왁스

44. 다음 장염 비브리오균의 증상은 무엇인가?
① 신경마비 　　② 급성장염 질환 　　③ 화농 　　④ 복통

45. 다음 식중독 발생 시의 조치사항이 아닌 것은 무엇인가?
① 보건소에 신고한다.
② 환자의 상태를 메모한다.
③ 먹던 음식물은 모두 버린다
④ 식중독 의심이 있는 환자는 의사의 진단을 받는다.

46. 제과 · 제빵 작업 중 99℃의 제품 내부온도에서 생존할 수 있는 것은 무엇인가?
① 살모넬라　　　② 대장균　　　③ 리스테리아　　　④ 로프균
★ 로프균은 공기 중에 떠도는 균으로 밀가루에 들어있을 수 있고 내열성이다.

47. 빵 제품의 모서리가 예리하게 된 상태는 어떤 결과 때문인가?
① 믹싱이 지친 반죽　　　② 발효가 지친 반죽
③ 2차 발효가 지친 반죽　　　④ 어린 반죽
★ 어린 반죽은 발효가 짧은 상태로 제품의 모서리가 예리하다.

48. 다음 식품첨가물 중 표백제가 아닌 것은 무엇인가?
① 과산화수소　　　② 소르빈산　　　③ 차아황산나트륨　　　④ 산성아황산나트륨
★ 소브빈산은 보존료이다.

49. 다음 마이코톡신의 특징이 아닌 것은 무엇인가?
① 탄수화물이 풍부한 곡류에서 많이 발생한다.
② 원인식품의 세균이 분비하는 독성분이 많다.
③ 감염형이 아니다.
④ 중독의 발생은 계절과 관계가 있다.

50. 자연독 식중독과 독성물질을 다르게 설명한 것은 무엇인가?
① 베네루핀 – 모시조개 중독　　　② 무스카린 – 버섯중독
③ 테트로도톡신 – 복어중독　　　④ 솔라닌 – 맥각 중독
★ 솔라닌은 감자의 녹색부분 싹이다.

51. 설탕의 캐러멜화에 온도는 몇 ℃인가?
① 160~180℃　　　② 120~140℃　　　③ 150~170℃　　　④ 190~200℃
★ 캐러멜화는 설탕을 160~180℃ 정도로 가열하면 포도당과 과당으로 분해하여 과당이 풍미를 내고 흑갈색으로 변한다.

52. 다음 지방 1g이 생산하는 에너지양은 얼마인가?
① 9kcal　　　② 4kcal　　　③ 79kcal　　　④ 6kcal

53. 단백질의 1g이 생산하는 에너지양은 어떻게 되는가?
① 4kcal　　　② 9kcal　　　③ 2kcal　　　④ 7kcal

54. 식품첨가물 중 보존료에 구비조건이 아닌 것은 무엇인가?
① 미생물의 발육저지력이 약하다.   ② 사용법이 간단하다.
③ 식품에 나쁜 영향을 주지 않는다.   ④ 가격이 저렴하다.
★ 보존료는 미량으로도 미생물에 의한 부패를 방지할 수 있어야 된다.

55. 다음 뼈를 구성하는 무기질 중 비율이 가장 중요한 것은 무엇인가?
① K : Mg   ② P : Cu   ③ Ca : P   ④ Fe : Mg
★ 칼슘(Ca), 인(P)은 인산칼슘의 형태로 뼈와 치아를 형성해 준다.

56. 원인균이 바실러스 안트라시스이며 수육을 조리하지 않고 섭취할 때 발병하는 감염병은?
① 탄저병   ② 브루셀라병   ③ 돈단독   ④ 성홍열
★ 탄저병의 원인균은 피부상처부위로 감염되기 쉬운 인수공통감염병이다.

57. 다음 중 글루텐에 탄력성을 부여하는 것은 무엇인가?
① 글리아딘   ② 프롤라민   ③ 알부민   ④ 글루테닌
★ 글루텐에 탄력성을 주는 단백질은 글루테닌, 신장성과 점성을 주는 단백질은 글리아딘.

58. 다음 감염형 식중독이 아닌 것은 무엇인가?
① 장염 비브리오균   ② 포도상구균   ③ 병원성 대장균   ④ 살모넬라균
★ 독소형 식중독은 보툴리누스균, 웰치균이 있다.

59. 식품첨가물의 규격과 사용기준 시 누가 정하는가?
① 국립보건원장   ② 시·도 보건연구소장   ③ 보건소장   ④ 식품의약품안전처장

60. 우리나라에서 허용되지 않는 감미료는 무엇인가?
① 사카린나트륨   ② 시클라민산나트륨   ③ 스테비아 추출물   ④ 아세설팜 K
★ 허용되지 있지 않는 감미료는 둘신, 페릴라틴, 시클라메이트, 에틸렌글리콜 등

실전 문제 제빵기능사 4회
1.② 2.③ 3.④ 4.③ 5.③ 6.① 7.② 8.④ 9.① 10.① 11.② 12.④ 13.③ 14.④ 15.② 16.② 17.① 18.④
19.③ 20.① 21.① 23.④ 24.① 25.① 26.④ 27.① 28.① 29.① 30.② 31.① 32.③ 33.① 34.② 35.①
36.① 37.① 38.② 39.③ 40.① 41.③ 42.② 43.① 44.② 45.③ 46.④ 47.③ 48.② 49.② 50.④ 51.①
52.① 53.① 54.① 55.③ 56.① 57.④ 58.② 59.④ 60.②

실전 문제 제빵기능사 5회

1. 빵의 노화 현상에 따른 변화가 아닌 것은?
① 전분의 경화　　② 수분손실　　③ 곰팡이 발생　　④ 향의 손실
★ 곰팡이의 발생은 빵의 부패 현상에 속한다.

2. 제빵에서 쇼트닝의 중요한 기능은 무엇인가?
① 윤활작용　　② 글루텐 강화　　③ 유단백질의 완충작용　　④ 포도당 분해
★ 쇼트닝은 반죽 팽창을 도와주고, 빵의 속살구조와 조직의 형성에 역할을 한다.

3. 빵반죽의 글루텐을 구성하는 단백질은 몇 ℃에서 열변성이 시작하는가?
① 60~70℃　　② 20~30℃　　③ 40~50℃　　④ 80~90℃
★ 빵 속의 온도가 60~70℃에 도달하면 열변성을 일으켜 물이 전분으로 이동한다.

4. 수돗물 온도 18℃, 사용할 물 온도 9℃, 사용 물량 10kg일 때 얼음 사용량은 얼마인가?
① 1.11kg　　② 0.92kg　　③ 3kg　　④ 0.9kg
★ 얼음 사용량 =

얼음사용량 $\dfrac{\text{사용량 물량} \times (\text{수돗물온도} - \text{사용할 물 온도})}{(80 + \text{수돗물 온도})}$

$\dfrac{10 \times (18-9)}{80+18} = 0.918$

반올림 0.92

5. 보기 중 제빵 시 적량보다 설탕을 적게 넣으면 결과는 어떻게 되는가?
① 색상이 검다.　　② 부피가 작다.　　③ 모서리가 둥글다.　　④ 속결이 거칠다.

6. 빵제품이 가장 노화가 빠른 온도는 몇 ℃인가?
① 3℃　　② 10℃　　③ 15℃　　④ 20℃
★ 노화가 가장 온도는 -7~10℃

7. 다음 제빵 제조공정의 4대 중요 관리항목이 아닌 것은 무엇인가?
① 영양관리　　　　② 시간관리　　　　③ 온도관리　　　　④ 공정관리
★ 4대 관리항목은 시간, 온도, 습도, 공정을 관리한다.

8. 냉동 제법에서 믹싱 다음 공정은 무엇인가?
① 분할　　　　② 2차 발효　　　　③ 1차 발효　　　　④ 해동
★ 1차 발효 시간이 길면 반죽의 온도가 높아 냉동 중 냉해로 인해 이스트가 죽는다. 냉동 저장성이 떨어진다. 화학 첨가제를 많이 사용해 1차 발효 생략하고 바로 분할 한다.

9. 냉동 제법에서 분할 후 반죽은 어디에 저장하는가?
① 급속냉동고　　　　② 냉장고　　　　③ 발효실　　　　④ 도우컨디셔너

10. 냉동 제법 중 반죽은 급속냉동고에 몇 ℃에 얼리는가?
① -40℃　　　　② -10℃　　　　③ -5℃　　　　④ -0℃

11. 식빵 50개, 파운드 케이크 300개, 앙금빵 200개를 제조하는 데 5명이 10시간 동안 작업하였다. 1인 1시간 기준의 노무비가 1000원일 때 개당 노무비는 얼마인가?
① 50원　　　　② 91원　　　　③ 99원　　　　④ 71원
★ 1인 1시간 생산량 = 총 개수 ÷ 인 ÷ 시간
(50 + 300 + 200) ÷ 5명 ÷ 10시간 = 11개
개당 노무비 = 1인 1시간 노무비 ÷ 1인 1시간 생산량 =1000÷11= 90.991원

12. 우유식빵 완제품 500g짜리 5개를 만들 때 분할손실이 4%라면 분할 전 총 반죽무게는 얼마인가?
① 2,500g　　　　② 2,510g　　　　③ 2,560g　　　　④ 2,604g
★ 총 반죽무게 = 총 완제품 중량 ÷ 1-(분할손실 ÷ 100)
500 × 5 ÷ {1-(4÷100)} = 2,604.16 2,604g

13. 다음 식물계에는 없는 당은 무엇인가?
① 포도당　　　　② 유당　　　　③ 과당　　　　④ 설탕
★ 유당은 우유에 존재하는 동물성 당류이다.

14. 쇼트닝을 몇 % 사용했을 때 빵 제품의 최대 부피를 얻을 수 있는가?
① 8%　　　　② 6%　　　　③ 10%　　　　④ 4%

15. 다음 달걀 중에서 껍질을 제외한 고형질은 몇 % 인가?
① 35%   ② 15%   ③ 25%   ④ 45%
★ 껍질을 제외하면 전란(흰자 + 노른자)만 남고, 전란의 고형질 : 25~28% 수분 70~75%

16. 세계보건기구(W·H·O)는 성인의 경우 하루 섭취열량 중 트랜스지방의 섭취는 몇 %인가?
① 2%   ② 3%   ③ 3.5%   ④ 1%
★ 트랜스지방은 불포화지방산의 이중결합에 니켈을 촉매로 하여 수소를 첨가시켜 불포화도가 감소되어 포화도가 높아지므로 지방의 성질이 변한다.

17. 다음 전분을 가수분해할 때 처음 생성하는 덱스트린은 무엇인가?
① 말토덱스트린   ② 아크로덱스트린   ③ 에리트로덱스트린   ④ 아밀로덱스트린
★ 전분을 산, 효소, 열 등으로 가수분해하면 이당류인 맥아당으로 분해되기까지 중간생성물

18. 섬유소를 완전하게 가수분해 하면 어떤 물질로 분해되는가?
① 맥아당   ② 자당   ③ 유당   ④ 포도당
★ 섬유소는 포도당으로 이루어진 구조형성 탄수화물이다.

19. 다음 소화기관에 대한 설명으로 올바르지 못한 것은?
① 대장은 수분을 흡수하는 역할을 한다.
② 소장은 영양분을 소화·흡수한다.
③ 이자(췌장)는 당 대사 호르몬의 내분비 산이다.
④ 위는 강알칼리의 위액을 분비한다.
★ 위는 강산의 위액을 분비한다.

20. 1일 섭취 열량이 2000kcal인 성인의 경우 지방에 의한 섭취 열량으로 적합한 것은?
① 300~500kcal   ② 400~500kcal   ③ 500~590kcal   ④ 600~700kcal
★ 지질의 1일 섭취량은 15~20%
　 2000kcal × 0.15 = 300, 2000kcal × 0.25 = 500kcal

21. 음식 100g 중 질소 함량이 4g이라면 음식에는 몇 g의 단백질이 함유된 것인가?
　　(단, 단백질 1g에는 16%의 질소가 함유되어 있다).
① 45g   ② 35g   ③ 15g   ④ 25g
★ 단백질 양 = 질소의 양 × 질소계수(100÷16) = 4 × 6.25 = 25g

22. 다음 부패의 진행에 수반하여 생기는 부패산물이 틀린 것은 무엇인가?
① 일산화탄소 ② 암모니아 ③ 황화수소 ④ 메르캅탄
★ 단백질의 부패생성물에는 황화수소, 아민류, 암모니아, 페놀등이다.

23. 다음 식품의 변질에 관여하는 요인과 거리가 먼 것은 무엇인가?
① 산소 ② 압력 ③ pH ④ 수분

24. 동종간의 접촉에 의해 발병한 감염병이 없는 것은?
① 조류독감 ② 구제역 ③ 세균성 이질 ④ 광우병
★ 광우병은 동종간의 섭취에 의해 발생한다.

25. 다음 식품 등을 통해서 감염되는 경구감염병의 특징이 잘못된 것은 무엇인가?
① 화학물질이 주원인이다.
② 2차 감염이 빈번하게 일어난다.
③ 미량의 균량에서도 일어난다.
④ 원인 미생물은 세균, 바이러스 등이다.
★ 화학물질에 의한 식중독은 화학물질이 주원인이다.

26. 하스 브레드의 종류가 아닌 것은?
① 아이리시 ② 베이글 ③ 불란서 ④ 비엔나

27. 식중독균 등 미생물의 성장을 조절하기 위해 사용하는 저장방법과 그 예의 연결이 다른 것은?
① 수분활성도 저하 - 상온보관 우유
② 온도 조절 - 냉동 생선
③ 산소 제거 - 진공 포장 햄
④ pH 조절 - 오이피클
★ 수분활성도 저하 - 건어물, 견과류 등

28. 다음 팬의 온도는 몇 ℃인가?
① 32℃ ② 20℃ ③ 12℃ ④ 40℃

29. 제빵에서 발효의 목적은 무엇인가?
① 탄산가스와 알콜을 생성시킨다
② 가스를 포용할 수 있는 글루텐을 연화시킨다.
③ 분할과 정형이 잘 되기 위해서
④ 이스트를 증식시키기 위해서
★ 발효는 탄수화물이 이스트에 의해 탄산가스와 알콜로 전환되고 가스 유지력을 좋게 한다.

30. 스트레이트법에 의한 식빵제조의 경우 이스트의 사용범위는 얼마인가?
① 2~3%   ② 1~2%   ③ 4~6%   ④ 5~10%
★ 이스트의 사용범위는 2.5%

31. 다음 식빵 반죽 껍질에서 수포가 생기는 원인은 무엇인가?
① 2차발효실의 상대습도가 높았다.
② 1차발효실의 상대습도가 낮았다.
③ 2차발효실의 상대습도가 낮았다.
④ 1차발효실의 상대습도가 높았다.

32. 반죽을 믹싱할 때 반죽 온도가 높아지는 이유는 무엇인가?
① 원료 용해   ② 글루텐 발달   ③ 이스트 번식   ④ 마찰열이 발생

33. 소매점에서 사용하는 믹서로 거품형 케이크와 빵 반죽이 가능한 믹서기는 무엇인가?
① 스파이럴 믹서   ② 수직 믹서   ③ 수평 믹서   ④ 핀 믹서
★ 회전하는 축이 수직인 수직 믹서기는 소규모 제과점에서 제과와 제빵이 동시 가능하다.

34. 다음 화학적 소화에 속하는 것은 무엇인가?
① 저작 및 연하작용   ② 연동운동   ③ 소화효소의 작용   ④ 분절, 진자운동
★ 소화에는 기계적 소화, 화학적 소화가 있다. 화학적 소화는 소화효소에 의해 음식물이 작은 단위로 가수분해하는 과정. 기계적 소화는 저작 작용, 소화관 운동(분절운동, 연동운동)

35. 제빵 생산 시 물 온도를 구할 때 필요한 인자가 아닌 것은 무엇인가?
① 마찰계수   ② 밀가루 온도   ③ 실내온도   ④ 쇼트닝 온도
★ 쇼트닝 온도는 제과 제조 시 마찰계수를 구할 때 필요하다.
  사용할 물 온도 = (희망반죽온도×3) − (실내온도+밀가루 온도+마찰계수)

36. 다음 제과제빵 공장의 입지 조건으로 고려할 사항이 부적절한 것은 무엇인가?
① 상수도 시설   ② 인원 수급 문제   ③ 폐수처리 시설   ④ 주변에 경작 상태

37. 다음 중 집쥐와 들쥐가 전염시키는 질병이 아닌 것은 무엇인가?
① 페스트   ② 서교증   ③ 발진열   ④ 돈단독
★ 돈단독은 돼지의 가축의 장기나 고기를 다룰 때 피부의 창상으로 균이 침입, 경구 된다.
  서교증은 쥐에 물렸을 때 세균에 의해 감염되어 발열, 발진, 구토등의 증세가 있다.

38. 다음 건포도 식빵 제조 시 2차 발효에 대한 설명이 다른 것은 무엇인가?
① 100% 중종법보다 70% 중종법이 오븐팽창이 좋다.
② 최적의 품질을 위해서 2차 발효를 짧게 본다.
③ 식감이 가볍고 잘 끊어지는 제품을 만들 때 2차 발효를 조금 길게 본다.
④ 밀가루 단백질의 질이 좋은 것이 오븐팽창이 크다.
★ 건포도가 많이 들어가 오븐팽창이 작기 때문에 2차 발효 시간을 충분히 준다.

39. 다음 카카오 배유에 대한 설명이 올바른 것은 무엇인가?
① 단백질과 무질소 추출물이 많다.
② 배유를 카카오 빈이라 부른다.
③ 좋은 초콜릿을 만들기 위해 한 종류의 배유로 혼합한다.
④ 카카오 버터가 많이 함유되어 있다.
★ 카카오 원두를 카카오 빈이라 한다. 껍질 9~13%, 배아 0.6~1%, 배유 85~90%로 구성

40. 다음 단백질의 중요한 기능은 무엇인가?
① 유화작용   ② 체온유지   ③ 체조직 구성   ④ 체액의 압력조절
★ 단백질의 가장 중요한 기능은 체조직을 구성하고 새로운 조직의 합성과 보수를 한다.

41. 다음 인축공통감염병의 종류가 아닌 것은 무엇인가?
① 탄저병   ② 디프테리아   ③ 렙토스피라증   ④ 리스테리아
★ 디프테리아는 제1군 법정 감염병이다.

42. 다음 불란서빵의 2차 발효실 습도로 알맞은 것은?
① 75~80%   ② 65~70%   ③ 80~85%   ④ 86~90%

43. 다음 소독의 지표가 되는 소독제는 무엇인가?
① 과산화수소   ② 포르말린   ③ 크레졸   ④ 석탄산

44. 다음 베이킹파우더를 많이 사용한 제품의 결과가 다른 것은 무엇인가?
① 속 색이 어둡고 건조가 빠르다.
② 세포벽이 열려 속결이 거칠다.
③ 오븐 스프링이 커서 찌그러들기 쉽다.
④ 산성 물질이라 밝은 기공을 만든다.
★ 기공과 조직이 조밀하지 않아 속결이 거칠다. 밀도가 낮고 부피가 크다.

45. 커스터드 크림에서 계란은 주로 어떤 역할을 하는가?
① 팽창제　　② 결합제　　③ 보존성　　④ 유화작용
★ 계란의 단백질이 열에 의해 응고되어 유동성이 줄고 형태를 지탱할 구성체를 이루는 결합제(농후화)역할을 한다.

46. 다음 산화방지제가 아닌 것은?
① 비타민 A
② 몰식자산프로필
③ 부틸히드록시아니솔
④ 디부틸히드록시톨루엔
★ 비타민 중에서 산화방지제(항산화제)로 사용하는 것은 비타민 C(아스코르빈산), 비타민 E, 토코페롤이라 한다.

47. 탈지분유 구성 중 50% 정도를 차지하는 것은 무엇인가?
① 유당　　② 수분　　③ 지방　　④ 회분
★ 탈지분유의 구성(%)
　유당은 50~52%, 단백질은 35~38, 회분은 8.0~8.36, 수분은 2.7~3.6, 지방은 0.78

48. 즉석판매제조·공 대상 식품에 해당되지 않는 제품은 무엇인가?
① 엿류 : 모든 품목
② 냉동식품 : 만두
③ 커피 : 볶은 커피
④ 과자류 : 과자, 캔디류
★ 즉석판매제조·가공업소에서 소비자가 원하는 만큼 덜어서 판매할수 없는 식품은 통·병조림.

49. 튀김용 기름이 발연점 이상이 되어 발생하는 물질로 눈을 자극하고 악취 내는 것은?
① 글리세린
② 고급지방산
③ 모노글리세라이드
④ 아크롤레인 및 저급지방산
★ 기름을 발연점 이상으로 가열하면 아크롤레인 및 저급지방산이 생성되어 눈을 쏘고 나쁜 악취와 맛을 형성한다.

50. 다음 물엿을 계량할 때 올바르지 못한 방법은 무엇인가?
① 살짝 데워서 계량하면 쉽게 사용할 수 있다.
② 설탕 계량 후 그 위에 계량한다.
③ 식품지를 잘라서 그 위에 물엿을 계량한다.
④ 스텐볼 그릇이나 플라스틱 그릇을 이용하면 좋다.
★ 식품지 위에 물엿을 계량하면 달라붙어 손실이 크다.

51. 다음 멸균의 설명이 맞는 것은 무엇인가?
① 미생물의 생육을 저지시킨다.
② 오염된 물질을 세척한다.
③ 물리적 방법으로 병원체를 감소시킨다.
④ 모든 미생물을 완전 사멸시킨다.
★ 멸균은 모든 미생물을 사멸시켜 완전 무균상태로 만드는 것

52. 오븐에서 빵이 갑자기 팽창하는 현상인 오븐팽창이 발생하는 현상이 아닌 것은?
① 단백질 변성 ② 알콜의 증발 ③ 가스압의 증가 ④ 탄산가스의 증발
★ 단백질 변성이 되기 시작하면 빵이 팽창을 멈춘다.

53. 다음 겨울철 굳어버린 버터크림의 농도를 조절하기 위한 첨가물은 무엇인가?
① 식용유 ② 분당 ③ 캐러멜색소 ④ 분유
★ 겨울철 굳은 버터크림에 식용유를 넣으면 농도를 조절해줘 부드럽다.

54. 다음 감자의 독성분은 어느 부위에 있는가?
① 겉껍질 ② 노란 부위 ③ 싹튼 부위 ④ 감자즙
★ 감자는 싹튼 부위에 독성분인 솔라닌이 많이 있다. 감자에서 나오는 독성분은 셉신이다.

55. 다음 반죽형 반죽에서 모든 재료를 한꺼번에 넣고 믹싱하는 방법은 무엇인가?
① 블렌딩법 ② 1단계법 ③ 크림법 ④ 설탕/물법

56. 보기 중 크림법을 사용해 제조가 가능한 제품은 무엇인가?
① 엔젤 푸드 케이크 ② 슈 ③ 레몬 파운드 케이크 ④ 버터스펀지케이크

57. 다음 반죽 제조 시 스크랩핑을 자주 하는 제조법은 무엇인가?
① 브렌딩법 ② 별립법 ③ 공립법 ④ 크림법
★ 크림법은 반죽형 반죽의 대표적인 제조법으로 파운드 케이크가 기본이 된다.

58. 거품형 케이크를 만들 때 녹인 버터를 투입하는 시기는 언제인가?
① 밀가루와 혼합한다.
② 처음부터 다른 재료와 함께 넣는다.
③ 반죽의 최종단계에 넣는다.
④ 설탕과 혼합한다.

59. 다음 거품형 케이크 반죽을 믹싱할 때 올바른 믹싱법은 무엇인가?
① 고속 → 중속 → 저속 → 고속
② 중속 → 저속 → 고속
③ 저속 → 중속 → 고속 → 저속
④ 저속 → 고속 → 중속

60. 다음 과자의 반죽 방법 중 시폰형 반죽법이란 무엇인가?
① 모든 재료를 한꺼번에 넣고 믹싱을 한다
② 생물학적 팽창제를 이용한다.
③ 계란을 흰자와 노른자를 분리하여 믹싱을 한다.
④ 유지 및 설탕을 믹싱한다.
★ 시폰형 반죽은 별립법처럼 흰자, 노른자를 분리해 흰자는 설탕과 혼합해 거품형의 머랭을 제조하고 노른자는 다른 재료와 혼합해 반죽형 반죽을 만든 다음 두 가지 반죽을 혼합한다.

실전 문제 제빵기능사 5회
1.③ 2.① 3.① 4.② 5.① 6.① 7.① 8.① 9.① 10.① 11.② 12.④ 13.② 14.④ 15.③ 16.④ 17.④ 18.④
19.④ 20.① 21.④ 22.① 23.② 24.④ 25.① 26.② 27.① 28.① 29.① 30.① 31.① 32.④ 33.① 34.③
35.④ 36.④ 37.④ 38.② 39.④ 40.③ 41.② 42.① 43.④ 44.① 45.② 46.① 47.① 48.② 49.④ 50.③
51.③ 52.① 53.① 54.③ 55.② 56.③ 57.④ 58.③ 59.③ 60.③

실전 문제 제과기능사 1회

1. 다음 보기 중 제품의 팽창 형태가 화학적 팽창에 맞지 않는 것은 무엇인가?
① 비스킷
② 팬케이크
③ 잉글리시 머핀
④ 와플
★ 잉글리시 머핀은 제빵으로 이스트를 사용한 생물학적 팽창 방법을 이용한다.

2. 다음 케이크를 팽창하는 증기압의 주요 재료는 무엇인가?
① 밀가루
② 마가린
③ 계란
④ 베이킹소다
★ 공기팽창으로 이용되는 재료는 계란과 유지가 있고, 케이크류는 계란이 매개체이다.

3. 다음 반죽형 케이크의 특징이 올바르지 못한 것은 무엇인가?
① 식감이 부드럽다.
② 반죽의 비중이 낮다.
③ 유지의 사용량이 많다.
④ 화학 팽창제를 사용한다.
★ 반죽형 케이크는 계란보다 밀가루를 더 사용하기 때문에 반죽의 비중이 높다.

4. 다음 흰자를 사용하는 제품에 주석산 크림과 같은 산을 넣는 이유와 거리가 먼 것은?
① 머랭의 색상을 희게 한다.
② 흰자의 알칼리성을 중화시킨다.
③ 전체 흡수율을 높여 노화를 지연시킨다.
④ 흰자의 거품을 강하게 한다.
★ 주선산 크림, 식초, 등의 산은 달걀흰자의 단백질을 강화시킨다. 알카리성인 흰자의 pH를 낮춰 중화하여 색상을 희게 한다.

5. 다음 반죽 희망온도가 가장 낮은 제품은 무엇인가?
① 퍼프 페이스트리
② 슈
③ 파운드 케이크
④ 버터스펀지케이크
★ 희망 반죽 온도가 가장 낮은 제품은 파이, 퍼프 페이스트리이며 18~22℃ 이다.

6. 다음 케이크 반죽의 혼합 완료 정도는 무엇으로 알 수 있는가?
① 점도
② 색상
③ 비중
④ 온도
★ 비중은 반죽에 혼입되어있는 공기의 함유량을 나타내고 비중 측정 후 믹싱의 완료 확인함

7. 아래 보기 중 반죽의 비중과 관계가 먼 것은 무엇인가?
① 부피
② 기공
③ 조직
④ 점도
★ 비중은 반죽의 기공, 부피, 조직에 결정적인 영향을 미친다.

8. 데블스푸드케이크 시 반죽 비중을 측정하기 위해 필요한 무게가 아닌 것은 무엇인가?
① 물 무게
② 반죽 무게
③ 컵 무게
④ 버터 담은 비중컵의 무게

9. 다음 같은 용적의 팬에 같은 무게의 반죽을 팬닝 했을 때 부피가 가장 작은 반죽은?
① 레이어케이크
② 시폰케이크
③ 스펀지케이크
④ 파운드 케이크
★ 파운드 케이크의 비용적 $2.40cm^3/g$ 가장 작다.

10. 파운드 케이크의 팬닝은 틀 높이의 몇 %까지 반죽을 채울 수 있는가?
① 70%
② 80%
③ 50%
④ 90%
★ 반죽의 비용적에 따라 부피가 다르며 반죽의 팬닝량도 다르다. 파운드 케이크를 틀 높이 70% 정도 담을 수 있다.

11. 보기 중 반죽 굽기 시 팬에 팬닝량이 가장 높은 것은 어느 것인가?
① 커스터드 푸딩
② 파운드 케이크
③ 스펀지케이크
④ 엔젤 푸드 케이크
★ 커스터드 푸딩 95%   파운드 케이크은 70%
  스펀지케이크 50~60% 엔젤 푸드 케이크 60~70%

12. 다음 오버 베이킹에 대한 설명이 맞는 것은 어느 것인가?
① 제품에 남는 수분이 많아진다.
② 낮은 온도의 오븐에서 굽는다.
③ 윗면 가운데가 올라오기 쉽다.
④ 중심 부분이 읻지 않을경우 주저앉기 쉽다.
★ 오버 베이킹은 낮은 온도에서 장시간 굽는 방법으로 윗면이 팽팽하고, 부드럽고, 수분 손실이 많아 노화가 빠르다.

13. 다음 언더 베이킹에 대한 설명으로 다른 것은 무엇인가?
① 제품이 건조되어 바삭하다.
② 높은 온도에서 짧은 시간 굽는다.
③ 중앙 부분이 설 익는다.
④ 수분이 남아 있어 껍질이 쭈글하다.
★ 언더 베이킹은 높은 온도에서 단시간 굽는다. 단점은 윗면이 볼록 튀어나오고 갈라지기 쉽다. 가운데가 익지 않는 경우가 있어 주저앉기 쉽고 수분이 많이 남아 껍질이 쭈글거린다.

14. 다음 열원으로 찜(수증기)을 이용했을 때 주 열전달 방식은 무엇인가?
① 초음파   ② 전도
③ 복사   ④ 대류
★ 대류는 뜨거워진 액체나 기체가 위로 올라가고 차가워진 액체나 기체는 아래로 내려오는 순환 방식으로 열을 전달하는 방법으로 찜을 할 때 사용하는 제조법이다.

15. 보기 아래에서 가압하지 않은 찜기의 내부온도로 적합한 것은 무엇인가?
① 100℃   ② 65℃
③ 80℃   ④ 99℃
★ 찜기는 수증기로 제품을 익히는 기계로 가압하지 않는 찜기 온도는 100℃를 넘지 않는다.

16. 다음 찜을 이용한 제품에 사용되는 팽창제는 무엇인가?
① 속효성
② 지속성
③ 지효성
④ 삼중팽창
★ 찜류는 팽창의 효과가 빠르게 일어나는 속효성이 필요하다.

17. 다음 도넛을 튀길 시 사용하는 기름에 대한 설명이 올바르지 못한 것은 무엇인가?
① 발연점이 높은 기름이 좋다.
② 튀김기름의 깊이가 12~15cm이다.
③ 기름이 적으면 뒤집기가 쉽다.
④ 기름이 많으면 온도를 올리는 시간이 길다.
★ 튀김 시 기름이 적으면 뒤집기 어렵고 과열된다.

18. 보기 중 아이싱이나 토핑에 사용하는 재료의 설명이 맞지 않는 것은 어느 것인가?
① 분당은 아이싱 제조 시 끓이지 않고 사용할 수 있다.
② 안정제는 수분을 흡수하여 끈적거림을 방지한다.
③ 중성 쇼트닝은 첨가하는 재료에 따라 향과 맛을 살린다.
④ 생우유는 우유의 향을 살릴 수 있어 바람직하다.
★ 생우유는 수분이 많아 토핑, 아이싱의 재료로 적합하지 않아 분유를 사용한다.

19. 다음 문제 중 모카 아이싱의 재료 특징은 무엇인가?
① 초콜릿   ② 슈가파우더
③ 커피   ④ 계피

20. 도넛 글레이즈의 사용할 수 있는 온도는 몇 ℃ 인가?
① 49℃   ② 4℃
③ 28℃   ④ 60℃

21. 다음 버터크림을 만들 때 흡수율이 매우 높은 유지류는 무엇인가?
① 유화 쇼트닝   ② 라드
③ 식물성 쇼트닝 ④ 경화 라드
★ 유화 쇼트닝은 버터 등의 유지, 수분이 잘 혼입되므로 버터크림을 만들 때 이용된다.

22. 다음 휘핑용 생크림에 대한 설명이 올바르지 않는 것은?
① 기포성을 이용해 제조한다.
② 유지방이 기포 형성의 주체가 된다.
③ 유지방 40% 이상의 진한 생크림을 쓴다.
④ 거품의 품질 유지를 위해 높은 온도에서 보관한다.
★ 생크림 휘핑 온도는 3~7℃, 보관 온도는 0~10℃ 냉장온도이다.

23. 1,000ml의 생크림 원료로 거품을 올려 2,000ml의 생크림을 만들었다면 증량률은?
① 200%
② 100%
③ 50%
④ 160%

★ 증량률

증량률 = $\dfrac{\text{휘핑 후 부피} - \text{휘핑 전 부피}}{\text{휘핑 전 부피}}$

= $\dfrac{2,000 - 1,000}{1,000} \times 100 = 100\%$

24. 보기 중 가나슈 크림에 대한 설명이 올바른 것은 무엇인가?
① 초콜릿과 생크림의 배합 비율은 10 : 1이 규칙이다.
② 초콜릿 종류는 다르지만 카카오 성분은 같다.
③ 생크림은 끓여서 사용하지 않는다.
④ 끓인 생크림에 초콜릿에 넣고 혼합한다.

★ 가나슈 크림은 초콜릿과 생크림의 배합 비율 1:1이 규칙이며 초콜릿의 종류에 따라 카카오 성분의 차이가 다르다.

25. 무스 크림을 제조할 때 많이 사용되는 머랭의 종류는 무엇인가?
① 스위스 머랭   ② 온제 머랭
③ 냉제 머랭   ④ 이탈리안 머랭

★ 무스 냉과 제조시 이탈리안 머랭을 사용한다. 시럽 온도는 114~118℃이다.

26. 포장된 케이크류에서 변패의 중요한 원인은 무엇인가?
① 고온   ② 흡수
③ 작업자   ④ 저장 기간

27. 다음 파이 껍질이 질고 단단한 원인이 바르지 못한 것은?
① 반죽시간이 길었다.
② 자투리 반죽을 많이 사용했다.
③ 강력분을 사용했다.
④ 밀어펴기를 완전히 하지 않았다.

★ 밀어펴기를 덜 하면 반죽이 단단하게 일어나지 않고 껍질이 단단하지 않고 바삭해진다.

28. 빵의 노화현상에 따른 변화가 아닌 것은 무엇인가?
① 전분의 경화   ② 곰팡이 발생
③ 향의 손실   ④ 수분 손실

29. 제빵용의 밀가루는 무엇인가?
① 강력분   ② 박력분
③ 중력분   ④ 듀럼분
★ 제빵 전용 밀가루는 강력분으로 단백질 함량이 11~13%이다.

30. 성장촉진 작용과 피부, 점막을 보호하고 부족하면 구각염이나 설염을 유발하는 비타민은?
① 비타민 B_2 ② 비타민 B
③ 비타민 C   ④ 비타민 D

31. 보기 중 필수지방산의 결핍으로 인하여 발생할 수 있는 질병은 무엇인가?
① 피부염   ② 결막염
③ 신경통   ④ 안질
★ 필수지방산은 성장을 촉진하고 피부건강, 혈액 내의 콜레스테롤양을 저하시킨다.

32. 단당류가 아닌 것은 무엇인가?
① 과당   ② 포도당
③ 갈락토오스   ④ 맥아당
★ 맥아당은 이당류이다. 이당류 종류는 맥아당, 설탕, 유당이다.

33. 파운드 케이크 제조 시 유지 함량의 증가에 따른 조치가 맞는 것은 무엇인가?
① 소금과 베이킹파우더 증가
② 계란 증가, 우유 감소
③ 우유 증가, 소금감소
④ 계란과 베이킹파우더 감소
★ 유지를 증가시키면 계란의 사용은 증가시키고, 우유의 사용은 감소해야 한다.

34. 반죽형 케이크 제조 시 유화제는 쇼트닝의 몇 %를 넣은 것이 좋은가?
① 6~8%   ② 2~5%
③ 10~14%   ④ 2~4%

35. 다음 파운드 케이크 제조 시 이중팬을 사용하는 이유가 아닌 것은?
① 반죽 옆면의 두꺼운 껍질형성을 방지하기 위해
② 바닥의 두꺼운 껍질형성을 방지하기 위해
③ 오븐에서의 열전도 효율을 높이기 위해
④ 조직과 맛을 좋게 하기 위해
★ 오븐에서의 열전도 효율은 떨어진다.

36. 화이트 레이어 케이크를 만들 때 밀가루를 기준으로 적합한 설탕양은 얼마인가?
① 50~70% ② 110~160%
③ 80~90% ④ 170~190%
★ 엘로우 레이어 케이크 110~140%, 데블스 푸드 케이크, 초콜릿 케이크 110~180%

37. 엘로우 레이어 케이크의 반죽 굽기온도는 몇 ℃ 인가?
① 180℃ ② 160℃
③ 200℃ ④ 140℃
★ 180℃ 30~35분

38. 보기 중 밀가루 성분 중 함량이 많을수록 노화가 빠른 것은?
① 수분 ② 단백질
③ 아밀로오스 ④ 비수용성 펜토산

39. 다음 차아염소산나트륨 100ppm은 몇%인가?
① 0.01% ② 1%
③ 0.1% ④ 10%
★ 100/10,000=0.01%
  %에 1만을 곱한다. 1% × 1만=1만ppm, 0.1% × 1만=1천ppm, 10% × 1만=10만ppm
  0.01% × 1만=100ppm

40. 유지의 가소성은 구성성분 중 어떤 물질의 종류와 양에 의해 결정이 되는가?
① 스테롤 ② 토코페롤
③ 유리지방산 ④ 트리글리세라이드
★ 유지는 지방산 3분자와 글리세린이 결합한 트리글리세라이드로 유지의 가소성은 트리글리세라이드의 종류와 양에 의해 결정된다.

41. 식품공장이나 단체급식소에서 기계·기구의 살균·소독제로 사용되지 않는 것은 무엇인가?

① 차아염소산나트륨
② 포름알데히드
③ 산-음이온 계면활성제
④ 제4암모늄 화합물

★ 포름알데히드는 보존료, 살균제로 사용된다. 인체에 독성이 강해 식품공장에서는 사용안함.

42. 퍼프 페이스트리 제조 시 냉장휴지를 주는 목적이 아닌 것은 무엇인가?

① 반죽과 유지의 되기를 같게 한다.
② 밀어펴기 작업을 쉽게 한다.
③ 글루텐의 신장성을 좋게 해준다.
④ 반죽에 충전용 유지가 충분히 흡수될 수 있게 한다.

★ 접기와 밀어펴기 시 손상된 글루텐을 재정돈된다. 반죽의 절단 시 수축방지

43. 다음 빵 제품의 냉각에 대한 설명이 아닌 것은 무엇인가?

① 빵의 수분은 내부에서 외부로 이동하여 평형을 이룬다.
② 냉각 중에 수분 손실이 12% 정도 된다.
③ 냉각된 빵의 내부 온도가 32~35℃에 도달 시 절단, 포장을 한다.
④ 냉각된 제품의 수분 함량은 38℃를 넘지 않는다.

★ 빵 냉각 시 평균 2% 수분 손실이 발생한다. 냉각온도 35~40℃, 38% 된다.

44. 버터크림의 시럽 제조 시 설탕에 대한 물 사용량으로 바른 것은?

① 25~30℃ ② 45~50℃
③ 55~60℃ ④ 75~90℃

45. 부패의 화학적 판정 시 이용되는 지표 물질은 무엇인가?

① 곰팡이독
② 대장균군
③ 휘발성유
④ 휘발성 염기질소

★ 대장균군은 식품오염지표측정사용, 단백질의 부패생성물은 암모니아, 아민류, 황화수소, 휘발성 염기 질소는 부패 정도 측정하는 지표이다.

46. 해수세균의 일종으로 식염농도 3%에서 잘 생육하며 어패류를 생식할 때 중독발생이 되는 균은 무엇인가?
① 웰치균
② 장염 비브리오균
③ 살모넬라
④ 병원성 대장균

47. 다음 표준 스트레이트법에서 믹싱 후 반죽온도가 맞는 것은?
① 27℃
② 30℃
③ 24℃
④ 35℃

48. 1차 발효실의 가장 알맞은 습도는 몇 % 인가?
① 75~80%
② 45~55%
③ 65~70%
④ 85~90%
★ 습도는 반죽 속의 수분량을 밀가루를 기준으로 하여 나타낸 백분율보다 조금 올린다.

49. 아미노산과 아미노산 간의 결합은 무엇인가?
① 펩타이드 결합
② 에스테르 결합
③ 글리코사이드 결합
④ a-1,4 결합

50. 식중독에 대한 설명이 부적절한 것은 무엇인가?
① 식이성 알레르기는 식이로 들어온 특정 탄수화물 성분에 면역계가 반응하지 못한다.
② 세균성 식중독에는 감염형과 독소형이 있다.
③ 자연독 식중독에는 동물성과 식물성이 있다.
④ 곰팡이독 식중독은 맥각, 황변미 독소 등에 의해 발생한다.
★ 식이성 알레르기를 발생하는 성분과 식품은 유황화합물과 꽁치, 고등어가 있다.

51. 다음 강력분의 특징이 아닌 것은 무엇인가?
① 비스켓과 튀김옷의 용도로 이용된다.
② 중력분. 박력분에 비교해 단백질 함량이 많다.
③ 경질소맥을 원료로 한다.
④ 박력분에 비교해 점탄성이 크다.
★ 비스켓과 튀김옷을 만들 때 바삭한 식감을 주기 위해 단백질 함량이 적고 전분 함량이 많은 밀가루를 쓴다.

52. 과당이나 포도당을 분해하여 CO_2와 알콜을 만드는 효소는 무엇인가?
① 락타아제　　② 아밀라아제
③ 말타아제　　④ 치마아제

53. 다음 부패 판정 시 관능검사 항목이 아닌 것은 무엇인가?
① 색　　② 맛
③ 냄새　　④ 신맛

54. 연수로 빵을 만들 때 조치사항이 아닌 것은?
① 2% 흡수율을 낮춘다.
② 이스트푸드를 증가한다
③ 소금를 증가한다.
④ 소금을 감소한다.
★ 경수 사용 시 소금을 감소한다. 발효시간이 길어지기 때문이다.

55. 다음 향신료 중에서 생강의 특징이 맞는 것은 무엇인가?
① 매운맛 특유의 향
② 크림소스에 사용한다.
③ 케이크, 카레등에 사용한다.
④ 녹나무과에 속한다.

56. 다음 수용성 비타민 중에서 비타민 C가 부족하면 무슨 병에 걸리는가?
① 야맹증　　② 구루명
③ 각기병　　④ 괴혈병
★ 비타민 C는 일명 아스코르브산이라 부른다.

57. 제빵에서 믹싱의 주된 기능이 아닌 것은 무엇인가?
① 혼합　　② 이김
③ 두드림　　④ 재료분산

58. 반죽의 흡수율에 영향을 미치는 요인으로 맞지 않는 것은?
① 물의 경도　　② 반죽의 온도
③ 소금 첨가 시기　　④ 이스트 사용량
★ 이스트의 사용량은 영향이 작다.

59. 스펀지법에서 스펀지 반죽온도는 몇 ℃ 인가?
① 22~26℃
② 12~20℃
③ 32~40℃
④ 42~56℃

60. 오버 나이트 스펀지법에 대한 설명이 잘못된 것은 무엇인가?
① 12~24시간 발효한다.
② 발효손실이 적다.
③ 이스트 사용량이 작아 천천히 발효한다.
④ 강한 신장성과 발효향을 가진다.
★ 발효시간이 길기 때문에 발효손실이 크다.

실전 문제 제과기능사 1회

1.③ 2.③ 3.② 4.③ 5.① 6.③ 7.④ 8.④ 9.④ 10.① 11.① 12.② 13.① 14.④ 15.④ 16.① 17.③ 18.④ 19.③ 20.① 21.① 22.④ 23.② 24.④ 25.④ 26.② 27.④ 28.② 29.① 30.① 31.① 32.④ 33.② 34.① 35.③ 36.② 37.① 38.③ 39.① 40.④ 41.② 42.③ 43.② 44.① 45.① 46.② 47.① 48.① 49.① 50.① 51.① 52.④ 53.④ 54.④ 55.① 56.④ 57.④ 58.④ 59.① 60.②

실전 문제 제과기능사 2회

1. 빵, 과자 제조 시에 첨가하는 팽창제가 바르지 못한 것은 무엇인가?
① 염화암모늄
② 프로피온산나트륨
③ 암모늄명반
④ 탄산수소나트륨
★ 프로피온산나트륨은 빵, 과자 제조 시에 첨가하여 보존료로 쓰인다.

2. 식품제조 공정 중에서 제품을 없애는 용도로 첨가하는 것은?
① 실리콘수지
② 글리세린
③ 프로필렌 글리콜
④ 피페로닐 부톡사이드
★ 식품 제조 시 거품을 없애는 용도로 사용하는 첨가물은 소포제이며 허가된 소포제는 규소수지(실리콘수지)1종이다.

3. 비열처리법이 아닌 것은 무엇인가?
① 냉동법
② 자외선멸균법
③ 초음파멸균법
④ 간헐살균법
★ 간헐살균법은 건열멸균법에 속한다.

4. 우유를 살균할 때 고온 단시간살균법으로 적합한 것은 무엇인가?
① 130℃에서 2~3초 살균
② 71℃에서 15초 살균
③ 100℃에서 2~3초 살균
④ 60℃에서 2~3초 살균
★ 저온 장시간은 60~65℃ 30분 살균, 고온 단시간은 71~75℃ 15초 초고온 순간 130℃에서 3초 살균

5. 다음 물수건의 소독법이 올바른 것은 무엇인가?
① 삶거나 차아염소산 소독 후 일광 건조한다.
② 비누로 세척한 다음 건조한다.
③ 크레졸 비누액으로 소독하고 일광 건조한다.
④ 3% 과산화수소로 살균 후 소독하고 일광 건조한다.

6. 보기 중 식품첨가물공전상 표준온도는 몇 ℃ 인가?
① 30℃
② 20℃
③ 40℃
④ 50℃
★ 식품첨가물 공전 표준온도 20℃
  상온은 15~25℃, 실온은 1~35℃, 미온은 30~40℃

7. 다음 중 제품의 유통기간에 대한 설명이 바르지 못한 것은 무엇인가?
① 소비자가 섭취할 수 있는 최대기간을 말한다.
② 냉장 유통제품은 냉장 온도까지 표시한다.
③ 통조림 식품은 유통기한 또는 품질유지기한을 표시한다.
④ 식품위생법규에 따라 유통기한을 설정해야 한다.
★ 유통기한은 제품의 제조일부터 소비자에게 판매가 허용되는 기한을 의미한다.

8. HACCP에 대한 설명이 잘못된 것은 무엇인가?
① 식품위생의 수준을 향상 시킨다.
② 종합적인 위생관리체계이다.
③ 원료부터 유통의 전 과정에 대한 관리이다.
④ 사후처리의 완벽을 추구한다.
★ 위해요소중점관리기준(HACCP)헤썹은 모든 잠재적 위해요소를 분석하여 사후적이 아닌 사전적으로 위해요소를 제거하고 개선하는 해결책을 말한다.

9. 다음 중 단백질의 소화효소가 다른 것은 무엇인가?
① 키모트립신
② 리파아제
③ 아미노펩티다아제
④ 펩신
★ 리파아제는 지방분해효소이다.

10. 파이 롤러를 사용하지 않아도 되는 제품은 무엇인가?
① 롤 케이크　　　　　　　② 케이크 도넛
③ 데니시 페이스트리　　　④ 퍼프 페이스트리
★ 롤 케이크는 거품형 제품으로 긴 밀대를 사용하여 말기를 한다.

11. 퍼프 페이스트리나 파이는 어떤 재료에 의하여 팽창하는가?
① 중조　　　　　　　　　② 화학적인 팽창
③ 이스트　　　　　　　　④ 유지
★ 퍼프 페이스트리나 파이는 충전용 유지에 의해 팽창하는 물리적인 방법을 이용한다.

12. 다음 보기에서 도넛에 기름이 많이 흡수되는 이유가 아닌 것은?
① 튀김온도가 높다.
② 믹싱이 짧았다.
③ 반죽에 수분이 많다.
④ 배합에 설탕과 팽창제가 사용되었다.
★ 튀김온도가 높으면 튀기는 시간이 짧기 때문에 도넛에 기름이 적게 흡수된다.

13. 쇼트 도우법 쿠키의 제조 시 주의사항이 아닌 것은 무엇인가?
① 덧가루를 뿌린 면포 위에서 밀어 편다.
② 성형하기 위해 밀어 펴기 전에 냉장고에 휴지를 준다.
③ 두께가 균일하게 밀어 편다.
④ 밀어 펼 때 많은 양의 덧가루를 뿌린다.
★ 밀어 펼 때 덧가루 많이 뿌리면 생 밀가루 맛이 나고 착색이 일정하지 않다.

14. 다음 도넛의 설탕이 수분을 흡수하여 녹는 현상을 방지하기 위한 방법으로 틀린 것은?
① 냉각 중 환기를 많이 시키고 냉각을 충분히 해 준다.
② 도넛에 묻는 설탕량을 증가시킨다.
③ 포장용 도넛의 수분은 38% 전후로 한다.
④ 튀김시간을 증가한다.
★ 포장용 도넛의 수분은 21~25%로 한다.

15. 슈 반죽에 들어가는 재료가 아닌 것은 어느 것인가?
① 계란　　② 밀가루　　③ 이스트　　④ 설탕
★ 슈 반죽은 제과에 해당되고 이스트는 제빵의 생물학적 팽창제에 속한다.

16. 슈 성형은 무엇으로 하는가?
① 짤주머니   ② 용기로 채운다.   ③ 팬닝 한다.   ④ 둥글리기 한다.

17. 반죽형 케이크의 결점과 원인의 연결이 맞지 않는 것은 무엇인가?
① 케이크 껍질에 반점이 생김 - 입자가 굵고 크기가 서로 다른 설탕을 사용했다.
② 고율배합 케이크의 부피가 작음 - 설탕과 액체 재료의 사용량이 적었다.
③ 케이크가 단단하고 질김 - 고율배합 케이크에 맞지 않은 밀가루를 사용했다.
④ 굽는 동안 부풀어 올랐다가 가라 앉음 - 설탕과 팽창제 사용량이 많았다.

18. 다음 보기 중에서 좋은 튀김기름의 조건이 맞지 않는 것은?
① 저장성과 안정성이 높다.   ② 천연의 항산화제가 있다.
③ 발연점이 높다.   ④ 수분이 10% 정도 된다.
★ 튀김기름의 수분은 0%이다.

19. 스펀지법에서 스펀지 발효점으로 올바른 것은 어느 것인가?
① 핀홀이 생길 때
② 처음 부피의 7배가 될 때
③ 겉표면의 탄성이 가장 클 때
④ 발효된 생지가 최대로 팽창했을 때
★ 스펀지 발효의 완료점
  반죽 부피가 처음 4~5배로 부풀 때
  반죽 중이 오목하게 들어갈 때
  pH가 4.8을 나타낼 때
  핀홀(바늘 구멍)이 있을 때

20. 케이크 제조에 있어 계란의 기능이 아닌 것은 무엇인가?
① 팽창작용   ② 착색작용
③ 유화작용   ④ 결합작용
★ 계란은 케이크 제조에서 결합제, 유화제, 팽창제 등으로 사용된다.

21. 케이크 반죽 중 pH가 가장 낮은 제품은 무엇인가?
① 데블스 푸드 케이크   ② 스펀지 케이크
③ 파운드 케이크   ④ 엔젤 푸드 케이크
★ 산도가 높은 제품으로 과일 케이크, 엔젤 푸드 케이크가 있다.

22. 설탕 120%, 유화쇼트닝 60%, 초콜릿 32%를 사용하는 초콜릿 케이크에서 탈지분유 사용량은 얼마인가?
① 11.4%   ② 10.4%   ③ 14.6%   ④ 13.4%
★ 달걀의 양 = 쇼트닝×1.1 = 60×1.1=66%   코코아의 양 = 32×(5/8) = 20%
  우유의 양 = 설탕+30+(코코아×1.5) − 전란
  = 120+30+(20×1.5) − 66 = 114, 분유 사용량(우유의 10%) = 114×0.1=11.4%

23. 제과 기기 및 도구 관리가 올바르지 못한 것은?
① 스크레이퍼에 흠집이 있으면 교체한다.
② 체는 물로 세척하여 건조시킨 후 사용한다.
③ 붓은 용도별로 구분하여 사용한다.
④ 밀대의 이물질은 철 수세미를 사용해 제거한다.
★ 밀대는 상처가 나지 않도록 부드러운 솔이나 헝겊을 사용해 청소한다.

24. 질 좋은 단백질을 많이 함유하고 있는 식품은 무엇인가?
① 쌀   ② 고기류   ③ 버섯류   ④ 감자류
★ 단백질의 급원식품은 육류, 계란, 우유 등

25. 다음 보기 중 포도당을 합성할 수 있는 아미노산은 무엇인가?
① 트립토판   ② 알라닌   ③ 페닐알라닌   ④ 메티오닌
★ 비필수아미노산인 알라닌은 알라닌 회로를 통해 단백질로부터 포도당을 합성한다.

26. 설탕 시럽 제조 시 주석산 크림을 사용하는 이유는 무엇인가?
① 시럽을 하얗게 하기 위해   ② 설탕을 빨리 용해시키기 위해
③ 시럽을 빠르게 끓이기 위해   ④ 냉각 시 설탕의 재결정을 막기 위해
★ 설탕 시럽의 냉각 시 설탕이 재결정을 막기 위해 주석산 크림을 이용한다.

27. 초콜릿에 대한 설명이 올바르지 못한 것은?
① 커버추어 초콜릿은 초콜릿 리쿼 50%, 코코아버터 10%와 설탕 40%로 구성된다.
② 화이트 초콜릿은 코코아 고형분을 제외한 코코아버터와 설탕, 분유, 레시틴을 첨가한다.
③ 다크 초콜릿은 코코아 함량이 30~80% 정도 된다.
④ 밀크 초콜릿은 다크 초콜릿에 우유를 첨가하여 만든다.
★ 커버추어 초콜릿은 카카오버터(코코아버터) 함유량이 30% 이상인 초콜릿을 의미한다.

28. 엔젤푸드케이크 배합율 조정 시, 밀가루 15%, 달걀흰자를 45% 사용하면 분당 사용량은?
① 13%   ② 16%   ③ 20%   ④ 25%
★ 엔젤푸드케이크는 트루스(True %)를 사용한다.
 소금+주석산 크림 = 1%를 사용하므로, 설탕 사용량은 = 100−(15+45+1) =39%,
 이중 분당은 1/3을 사용하므로 39% × 1/3 = 13%

29. 다음 박력분의 설명이 맞는 것은 무엇인가?
① 연질소맥을 제분한다.   ② 글루텐의 함량은 11~13%이다.
③ 경질소맥을 제분한다.   ④ 식빵이나 마카로니를 만들 때 사용한다.
★ 박력분은 연질소맥을 제분한 것으로 단백질 함량 7~9%, 제과용으로 사용된다.

30. 제품 중에서 비용적이 가장 큰 케이크는 어느 것인가?
① 스펀지 케이크   ② 옐로우 레이어 케이크
③ 파운드 케이크   ④ 초콜릿 케이크
★ 스펀지 케이크 5.08, 파운드 케이크 2.40

31. 다음 가소성에 대한 설명이 맞는 것은 무엇인가?
① 유동성 있는 물체에 있어 흐름에 대한 저항 성질
② 점성과 탄성을 동시에 가지고 있는 성질
③ 반죽이 팬이나 용기에 가득 차도록 흐르는 성질
④ 외력에 의해 형태가 변한 물체가 외력이 없어도 원래 형태로 돌아가지 않는 성질
★ 점성은 유동성 있는 물체에 있어 흐름에 대한 저항 성질
 점탄성은 점성과 탄성을 동시에 가지고 있는 성질
 흐름성은 반죽이 팬이나 용기에 가득 차도록 흐르는 성질

32. 스펀지법으로 만든 제품의 특징은 무엇인가?
① 내상막이 얇다.   ② 발효향이 적다.
③ 부피가 감소한다.   ④ 노화가 빠르다.
★ 내상막이 얇기에 식감이 부드럽다. 내상막이란 빵 속의 기공을 감싸고 있는 기공막이다

33. 직접법으로 식빵을 제조하려고 한다. 실내 온도 23℃, 밀가루 온도 23℃, 수돗물 온도 20℃, 마찰계수 20일 때 희망 반죽 온도를 28℃로 만들려면 사용할 물의 온도는 인가?
① 18℃   ② 19℃   ③ 20℃   ④ 24℃
★ 물의 온도=(희망반죽온도 × 3)−(실내 온도+밀가루 온도+마찰 계수) = (28×3)=(23+23+20)=18℃

34. 튀김기름의 산패를 일으키는 원인 요소가 아닌 것은?
① 열　　　　② 수소　　　　③ 금속　　　　④ 산소
★ 수소는 유지를 강화시킬 때 이용된다.

35. 반죽을 팬에 넣기 전에 팬에서 제품이 잘 떨어지게 하기 위해 이형제를 사용하는데 설명이 맞지 않는 것은 무엇인가?
① 이형제는 고온이나 산패에 안정해야 한다.
② 이형제는 발연점이 높은 것을 사용한다.
③ 이형제는 사용량이 많으면 튀겨진다.
④ 이형제의 사용량은 반죽무게 4% 정도 바른다.
★ 이형제는 반죽무게의 0.1~0.2%를 바른다.

36. 틀의 안치수 지름이 12cm, 높이 4cm인 둥글 틀에 케이크 반죽을 채우려 한다. 반죽이 1g당 2.40cm³의 반죽을 넣어야 하는가?
① 88g　　　② 100g　　　③ 150g　　　④ 188g
★ 반죽량=용적÷비용적=(6×6×3.14×4)÷2.4=188g

37. 빈 컵의 무게가 120g이다. 여기에 물을 가득 채웠더니 250g이 되었다. 물을 빼고 우유를 측정하였더니 254g이다. 우유의 비중은 얼마인가?
① 1.03　　　② 1.08　　　③ 1.20　　　④ 1.80
★ 비중
비중 = (우유무게 − 컵무게) / (물무게 − 컵무게)
비중 = (254 − 120) / (250 − 120) = 1.03

38. 어떤 물속에 녹아 있는 칼슘(Ca)과 마그네슘(Mg)염을 탄산칼슘($CaCO_3$)으로 환산한 경도가 200ppm일 때, 이때 물은 어떤 물에 해당되는가?
① 아경수　　② 경수　　③ 아연수　　④ 연수
★ 아경수 120~180ppm, 아연수 60~120ppm, 연수 60ppm, 경수 180ppm이상

39. 보기 중에서 4대 맛이 잘못된 것은 무엇인가?
① 신맛　　　② 단맛　　　③ 짠맛　　　④ 아린맛
★ 4대 기본맛은 단맛, 짠맛, 신맛, 쓴맛

40. 우유 가공품이 아닌 것은 무엇인가?
① 생크림　　② 치즈　　③ 연유　　④ 마요네즈
★ 마요네즈는 노른자, 소금, 식초, 식용유 등을 넣고 휘핑한다.

41. 다음 반죽이 팬 또는 용기에 가득 차는 성질과 관련된 것은 무엇인가?
① 가소성　　　　　　② 흐름성
③ 점성　　　　　　　④ 크림성

42. 반죽 중에서 믹싱을 가장 짧게 해도 되는 제품은 무엇인가?
① 식빵　　　　　　　② 프랑스빵
③ 데니시 페이스트리　④ 단과자빵
★ 데니쉬 페이스트리는 밀어펴는 작업에서 글루텐 형성이 있기 때문에 짧게 해도 된다.

43. 반죽의 단계에서 생기 있는 외관이 되며 매끈하고 부드러우며 탄력성이 증가되는 단계는?
① 픽업 단계　　　　　② 클린업 단계
③ 발전 단계　　　　　④ 최종 단계

44. 건포도 식빵, 야채식빵 등을 제조 시 충전물은 어느 단계에 투입하는가?
① 클린업 단계　　　　② 발전 단계
③ 픽업 단계　　　　　④ 최종 단계
★ 충전물은 최종단계 전에 투입하면 제품의 글루텐 형성을 방해하므로 최종단계에 넣는다.

45. 다음 반죽 혼합에 대한 설명이 아닌 것은?
① 반죽 형성 후기단계는 반죽이 얇고 일정한 막이 생긴다.
② 반죽에 글루텐을 형성한다.
③ 모든 재료를 고른 분포 후 수화시켜 한 덩어리 반죽을 만든다.
④ 브레이크다운 단계는 반죽이 건조하고 부드러운 상태이다.

46. 다음 빵의 혼합이 지칠 때 조치사항이 적절하지 않은 것은?
① 환원제를 사용한다.
② 신속하게 분할하고 성형한다.
③ 산화제를 사용한다.
④ 반죽온도를 내린다.
★ 환원제를 넣으면 반죽의 구조를 연화시켜 나쁘다. 산화제를 넣으면 반죽에 힘을 주고 탄력성, 신장성을 좋게 한다.

47. 다음 손상된 전분 1% 증가 시 흡수율의 변화는 무엇인가?
① 1% 감소　　② 2% 증가　　③ 1% 증가　　④ 3% 증가

48. 다음 지방의 기능이 아닌 것은 무엇인가?
① 외부의 충격으로부터 장기를 보호한다.
② 지용성 비타민의 흡수를 돕는다.
③ 변의 크기를 증대시켜 장관 내 체류 시간을 짧게 한다.
④ 높은 열량을 제공한다.
★ 장관 내 체류 시간을 단축시켜 변비 예방하는 영양소는 섬유소(셀룰로오스)이다.

49. 다음 순수한 지방 20g의 열량은 얼마인가?
① 180kcal　　② 150kcal　　③ 120kcal　　④ 200kcal
★ 지방은 1g당 9kcal 열량이다. 20g × 9kcal =180kcal

50. 유당불내증의 원인은 무엇인가?
① 변질된 유당의 섭취
② 대사과정 중 비타민 B군의 부족
③ 소화액 중 락타아제의 결여
④ 우유 섭취량의 절대적인 부족
★ 유당불내증은 사람에 따라 유당을 분해하는 효소(락타아제)가 없거나 부족해 유당을 소화 시키지 못해 설사나, 복부경련, 구토, 메스꺼움 등의 증상이 있다.

51. 다음 보기 중 환원당이 아닌 당은 무엇인가?
① 과당　　② 포도당　　③ 맥아당　　④ 설탕
★ 모든 단당류와 유당, 맥아당은 환원당이다. 설탕(자당)과 전분은 비환원성이다.

52. 단당류 2~10개로 구성된 당으로 장내 비피더스균의 증식을 활발하게 하는 당은?
① 물엿　　② 올리고당　　③ 이성화당　　④ 과당
★ 올리고당은 항충치성, 청량감, 저칼로리, 변색방지 등의 효과가 있다.

53. 포화지방산을 가장 많이 가지고 있는 식품은 무엇인가?
① 홍화유　　② 올리브유　　③ 버터　　④ 콩기름
★ 포화지방산은 동물성 지방인 버터 등의 유제품, 우유, 돈지 등에 많다.

54. 건강유지를 위해서 필요한 지방산으로 체내에서 합성되지 않아 음식으로 공급하는 것은 무엇인가?
① 필수지방산　　　② 포화지방산　　　③ 불포화지방산　　　④ 고급지방산
★ 필수지방산은 체내에 합성되지 않아 반드시 음식으로 섭취해야 한다. 필수지방산의 종류는 올레산, 리놀레산, 리놀렌산, 아리키돈산이 있다.

55. 다음 체장에서 생성되는 지방분해효소는 무엇인가?
① 프로테아제　　　② 트립신　　　③ 말타아제　　　④ 리파아제
★ 트립신은 췌장에서 효소 전구체 트립시노겐의 형태로 생성된다. 단백질 분해효소

56. 우유 성분으로 제품의 껍질색을 빠르게 일어나게 하는 것은 무엇인가?
① 유당　　　② 젖산　　　③ 카제인　　　④ 무기질
★ 우유의 성분 중에서 열반응을 일으키는 성분은 이당류 유당이다.

57. 카제인은 다음 어디에 속하는가?
① 당단백질　　　② 당단백질　　　③ 색소단백질　　　④ 인단백질
★ 카제인은 우유에 들어있는 단백질이며, 단백질과 유기 인이 결합한 인단백질이다.

58. 다음 우리나라에서 식품위생법 등 식품위생 행정업무를 담당하고 있는 기관은 어디인가?
① 보건복지부　　　② 고용노동부　　　③ 환경부　　　④ 식품의약품안전처
★ 식품의약품안전처는 국무총리 산하 기관으로 식품위생 행정을 담당하는 중앙기구이다.

59. 다음 이스트가 사멸하기 시작하는 온도는 몇 ℃인가?
① 30℃　　　② 40℃　　　③ 50℃　　　④ 60℃

60. 다음 중 감염형 식중독이 아닌 것은 무엇인가?
① 병원성대장균 식중독　　　② 장염비브리오균 식중독
③ 살모넬라균 식중독　　　④ 포도상구균 식중독
★ 포도상구균 식중독은 장독소(엔테로톡신)을 생성하는 독소형 식중독이다.

실전 문제 제과기능사 2회
1.② 2.① 3.④ 4.② 5.① 6.② 7.① 8.④ 9.② 10.① 11.④ 12.① 13.④ 14.③ 15.③ 16.① 17.② 18.④
19.① 20.② 21.④ 22.① 23.④ 24.② 25.② 26.④ 27.① 28.① 29.① 30.① 31.② 32.① 33.① 34.②
35.④ 36.④ 37.① 38.② 39.④ 40.④ 41.② 42.③ 43.③ 44.① 45.④ 46.① 47.② 48.③ 49.① 50.③
51.④ 52.② 53.③ 54.① 55.④ 56.① 57.④ 58.④ 59.④ 60.④

실전 문제 제과기능사 3회

1. 다음 중 화학적 팽창 제품이 다른 것은 무엇인가?
① 시폰케이크　　　　　② 과일 케이크
③ 마블 케이크　　　　　④ 초코머핀 컵 케이크
★ 시폰케이크는 물리적 팽창과 화학적 팽창방법을 모두 이용한다.

2. 다음 식물성 안정제가 아닌 것은 무엇인가?
① 한천　　　　　　　　② 젤라틴
③ 로커스트빈검　　　　④ 펙틴
★ 젤라틴은 동물의 껍질이나 연골 속에 있는 콜라켄에서 추출하는 동물성 단백질로 안정제, 젤화제로 이용된다.

3. 다음 스펀지케이크에서 사용되는 주요 재료가 다른 것은 무엇인가?
① 베이킹파우더　　　　② 박력분
③ 계란　　　　　　　　④ 설탕
★ 거품형 스펀지케이크는 계란의 기포성을 이용한 팽창을 이용하는 제품이다.

4. 다음 젖산균에 대한 설명으로 거리가 먼 것은 무엇인가?
① 젖산균은 포도당을 발효하여 다량의 젖산을 생성한다.
② 젖산균은 기능적인 측면에서 보면 프리바이오틱스에 속한다.
③ 샤워 도우에서 이스트와 함께 발효에 관련된다.
④ 젖산균 중 비피도박테리아균은 포도당을 발효하여 젖산과 초산을 생성한다.
★ 샤워 도우는 공기 중의 젖산균, 효모균을 배양한 발효종법으로 이스트를 사용하지 않는다.

5. 다음 보기에서 반죽형 반죽법과 거품형 반죽법을 혼합하여 제조한 제품은 무엇인가?
① 과일 케이크
② 마데라컵 케이크
③ 스펀지케이크
④ 시폰케이크
★ 흰자는 머랭을 만들고, 노른자는 다른 재료와 혼합해서 반죽을 만들어 두 가지를 혼합한다.

6. 다음 밤과자를 성형한 다음 물을 뿌리는 이유가 잘못된 것은?
① 껍질색의 균일화　　　　　　② 껍질의 터짐 방지
③ 굽기 후 철판에서 분리 쉽게　④ 덧가루 제거
★ 성형 후 물을 뿌리면 수분으로 인해 굽기 후 철판에서 잘 떨어지지 않는다.

7. 파운드 케이크를 구울 때 윗면이 자연적으로 터지는 경우가 다른 것은 무엇인가?
① 반죽 내 수분이 불충분했을 때
② 설탕 입자가 용해되지 않고 남았을 때
③ 굽기 시작 전에 증기 분무할 때
④ 오븐 온도가 높아 껍질 형성이 빠를 때
★ 굽기 전 증기를 분무하는 이유는 제품 윗면의 터짐 방지 위해서

8. 다음 중 데블스푸드 케이크에서 전체 액체량을 구하는 공식은 무엇인가?
① 설탕-30+(코코아 × 1.5)　　② 설탕+30+(코코아 × 1.5)
③ 설탕-30-(코코아 × 1.5)　　④ 설탕+30-(코코아 × 1.5)
★ 전체 액체량은 우유와 계란의 합으로 이루어진다.
　우유+계란=설탕+30+(코코아 × 1.5)

9. 반죽의 온도가 정상보다 높으면 어떤 결과가 나타날까?
① 표면이 터진다.　　　　　　② 노화 촉진
③ 부피가 작다.　　　　　　　④ 기공이 열린다.
★ 온도가 정상보다 높으면 기공이 열리고 큰 공기구멍이 생겨 조직이 거칠고 노화 촉진된다.

10. 옥수수 단백질에서 부족하기 쉬운 아미노산은 무엇인가?
① 트립토판　　　　　　　　　② 라이신
③ 트레오닌　　　　　　　　　④ 메치오닌
★ 옥수수 단백질 제인은 필수아미노산인 트립토판, 라이신이 부족, 트립토판이 더 부족하다.

11. 합성보존료가 아닌 것은 무엇인가?
① 소브르산　　　　　　　　　② 데히드로초산
③ 부틸히드록시아니솔　　　　④ 안식향산
★ 부틸히드록시아니솔은 유지의 산패로 인하여 품질 저하를 방지하는 산화방지제이다.

12 지질의 대사에 관여하고 뇌신경 등에 존재하며 유화제로 작용하는 것은 무엇인가?
① 스쿠알렌　　　　　　② 글리시닌
③ 레시틴　　　　　　　④ 에르고스테롤
★ 레시틴은 인지질로 뇌신경, 대두, 계란 노른자에 존재하고 유화제의 역할을 한다.

13. 다음 물엿을 계량할 때 올바르지 않는 것은?
① 살짝 데워서 계량하면 쉽다.
② 일반 위생지를 잘라서 계량한다.
③ 스텐 그릇 또는 플라스틱 그릇을 사용한다.
④ 설탕을 계량한 다음 위에 계량한다.
★ 위생지 위에 계량을 하면 물엿이 붙어 재료의 손실이 크다.

14. 다음 보기 중 쿠키의 퍼짐이 작은 이유가 맞지 않는 것은?
① 너무 고운 입자의 설탕 사용　　② 진 반죽
③ 지나친 믹싱　　　　　　　　　④ 높은 오븐의 오븐
★ 반죽이 질면 흐름성이 있고 퍼진다.

15. 머랭을 제조 시 설탕을 끓여서 시럽인 상태로 제조하는 것은?
① 스위스 머랭　　　　　② 이탈리안 머랭
③ 냉제 머랭　　　　　　④ 온제 머랭
★ 이탈리안 머랭은 흰자로 거품을 올려 끓인 시럽을 조금씩 흘려 내린다.

16. 보기 중 제품회전율을 계산하는 공식이 올바른 것은?
① 순매출액/(기초제품 + 기말재품) ÷ 2
② 순매출액/(기초원재료 + 기말원재료) ÷ 2
③ 경비/(기초원재료 + 기말원재료) ÷ 2
④ 고정비/(기초원재료 + 기말원재료) ÷ 2
★ 제품회전율
제품회전율 = $\dfrac{순매출액}{평균재고액}$

17. 포장된 제과 제품의 품질 변화 현상의 거리가 먼 것은?
① 향의 변화　　　　　　② 촉감의 변화
③ 수분의 이동　　　　　④ 전분의 호화
★ 전분의 호화는 굽기 과정에서 발생하며 화학반응이다.

18. 다음 파리가 전파 시키는 질병이 다른 것은?
① 파라티푸스　　　　　　② 발진티푸스
③ 결핵　　　　　　　　　④ 회충
★ 파리는 파라티푸스, 장티푸스, 이질, 콜레라, 결핵 등을 전파 시키는 매개체이다.

19. 스펀지케이크를 팽창시키는 주요 방법은 무엇인가?
① 이스트　　　　　　　　② 계란의 기포성
③ 수증기 팽창　　　　　　④ 화학 팽창제
★ 물리적 팽창방법을 계란의 기포성을 이용한다.

20. 과일 케이크에서 건포도의 전처리 목적이 다른 것은?
① 반죽과 건포도 사이의 수분 이동을 방지한다.
② 씹는 조직감을 개선 시킨다.
③ 과일 본래의 풍미를 살아나게 한다.
④ 반죽의 색깔을 개선한다.
★ 반죽의 색깔 개선은 건포도 전처리의 목적이 아니다.

21. 적혈구, 뇌세포, 신경세포의 주요 에너지원으로 혈당을 형성하는 당은 무엇인가?
① 설탕　　　　　　　　　② 과당
③ 포도당　　　　　　　　④ 유당
★ 포도당은 포유동물의 혈당(혈액 속에 있는 당)으로 0.1% 정도 포함된다.

22. 빵 제조 시 분할기에서 달라붙지 않게 할 목적으로 허용되는 첨가물은?
① 피막제
② 글리세린
③ 호료
④ 유동 파라핀
★ 유동 파라핀는 분할기나 팬에서 달라붙지 않게 할 목적으로 사용된다.

23. 다음 밀가루의 표백과 숙성을 위해 사용하는 첨가물은 무엇인가?
① 유화제　　　　　　　　② 점착제
③ 팽창제　　　　　　　　④ 개량제
★ 밀가루를 하얗게 만드는 첨가물을 표백제, 밀가루를 산화(숙성)시키는 첨가물은 산화제이다. 이 둘을 합쳐 밀가루 개량제라 한다.

24. 다음 결핵의 주요한 감염원이 되는 것은?
① 소고기　　　　　　　　② 닭고기
③ 불완전 살균우유　　　　④ 돼지고기
★ 결핵은 소와 관련이 있는 불완전 살균 우유가 감염원이 된다.

25. 살모넬라에 의한 식중독 증상이 아닌 것은?
① 발열　　　　　　　　　② 복통
③ 설사　　　　　　　　　④ 신경마비
★ 신경마비는 보툴리누스균의 독소인 뉴로톡신의 증상

26. 다음 위생 동물의 특성이 다른 것은?
① 음식물과 농작물에 피해를 준다.
② 식성 범위가 넓다.
③ 발육 기간이 길다.
④ 병원미생물을 식품에 감염시키는 것도 있다.
★ 위생 동물인 파리, 쥐, 바퀴벌레는 발육 기간이 짧다.

27. 급성 감염병을 발생하는 병원체로 포자는 내열성이 강해 생물학전이나 생물테러에 사용될 수 있는 위험성이 높은 병원체는 무엇인가?
① 리스테리아균　　　　　② 파상열
③ 탄저병　　　　　　　　④ 이질
★ 탄저병은 원인균이 바실러스 안트라시스

28. 다음 글루텐을 형성하는 단백질이 다른 것은 무엇인가?
① 글리아딘　　　　　　　② 미오신
③ 메소닌　　　　　　　　④ 글루테닌
★ 글루텐을 형성하는 단백질에는 글리아딘(신장성)과 글루테닌(탄력성), 메소닌, 알부민 등

29. 다음 충전물을 제조할 때 사용하는 농후화제가 다른 것은 무엇인가?
① 옥수수 전분
② 충전용 유지
③ 검류
④ 타피오카 전분
★ 충전물 제조 시 농후화제 재료는 전분, 박력 밀가루, 계란, 검류 등을 안정제라 한다.

30. 계란의 고형질은 몇 % 인가?
① 25% ② 88%
③ 12% ④ 50%

★ 계란의 구성
  껍질 : 노른자 : 흰자 = 10% : 30% : 60%
  수분비율 :
  전란 : 노른자 : 흰자 = 75% : 50% : 88%, 고형분 : 25%

31. 보기 중에서 제품의 비중이 다른 것은?
① 젤리 롤 케이크 : 0.7~0.8
② 레이어 케이크 : 0.76~0.80
③ 파운드 케이크 : 0.8~0.88
④ 시폰케이크 : 0.45~05

★ 거품형 롤 케이크는 반죽 비중 0.45~0.5이다.

32. 세균에 의한 오염 위험성이 가장 낮은 것은 무엇인가?
① 습도가 낮은 상태의 냉동고 안에서 보관 중인 완제품 식품
② 분뇨처리가 부족한 농촌 지역의 채소나 열매
③ 항구 주변에서 잡은 민물고기
④ 상수도가 공급되지 않는 지역의 세척수나 식수

★ 냉동고에 보관 중인 포장 식품이 세균에 의해 오염 위험성이 가장 낮은 편이다.

33. 다음 중 빵의 노화 현상이 아닌 것은?
① 빵 껍질의 변화
② 빵 내부조직의 변화
③ 빵의 풍미 저하
④ 곰팡이 번식

★ 곰팡이 번식에 대한 변화는 변질에 속한다.

34. 식물성 기름을 원료로 해서 쇼트닝, 마가린을 제조 시 건강에 나쁜 영향을 주는 것은?
① 시스 지방 ② 트랜스지방
③ 포화지방산 ④ 불포화지방산

★ 트랜스지방은 유화를 경화시키기 위해 수소를 첨가하는 과정(부분 경화)에서 생성되는 지방으로 섭취하면 몸의 건강상태가 좋지 않다.

35. 다음 식물성 자연독의 관계가 다른 것은?
① 감자 - 솔라닌
② 청매 - 라이신
③ 목화씨 - 고시폴
④ 독버섯 - 무스카린
★ 은행, 청매, 살구씨 등의 자연독 식중독은 아미그달린이다.

36. 아이싱에 사용하는 안정제 중 적정한 농도의 설탕과 산이 있어야 쉽게 응고되는 것은?
① 펙틴
② 한천
③ 젤라틴
④ 검류
★ 당분 60~65%, 펙틴 1.0~1.5%, pH 3.2등의 산이 되면 젤리가 된다.

37. 다음 설탕공예용 당액 제조 시 고농도화된 당의 결정을 막아주는 재료는 무엇인가?
① 주석산
② 중조
③ 베이킹파우더
④ 유당
★ 설탕의 재결정화를 방지할 목적으로는 주석산을 사용한다.

38. 다음 보기에서 냉과류 제품이 맞는 것은?
① 떡
② 흑미 롤 케이크
③ 초코롤 케이크
④ 무스 케이크
★ 냉과류에 속하는 제품류는 무스, 푸딩, 바바루아, 블라망제

39. 초코롤을 말 때 겉면이 터지는 경우 이에 대처방법이 다른 것은?
① 덱스트린의 점착성을 사용한다.
② 설탕의 일부를 물엿으로 대치한다.
③ 팽창이 과도한 경우는 팽창제 사용을 감소한다.
④ 저온 처리하여 말기를 한다.
★ 초코롤을 냉각 후 생크림, 버터크림, 가나슈를 바른 다음 말기를 하는 제품이다. 저온 처리 후 말기 하지만 겉면이 터지는 경우 조치사항에 해당 없다.

40. 다음 공장 설비 중 배수관의 최소 내경으로 바른 것은?
① 10cm
② 15cm
③ 20cm
④ 30cm
★ 바닥은 미끄럽지 않고 배수가 잘되어야 하므로 공장 배수관의 최소 내경은 10cm가 적당.

41. 비용적의 단위로 맞는 것은?
① cm³/g　　　　　　　　② cm³/m
③ cm³/ml　　　　　　　④ cm²/m

42. 다음 오버 베이킹에 대한 설명이 적절한 것은?
① 제품의 노화가 빠른 편이다.　　② 높은 온도의 오븐에 굽기한다.
③ 수분함량이 많다.　　　　　　④ 짧은 시간 굽는다.

43. 제빵의 스펀지 반죽 방법에서 적당한 스펀지 온도는?
① 20~30℃　　　　　　　② 23~26℃
③ 13~16℃　　　　　　　④ 28~34℃
★ 일반 스펀지법의 스펀지 반죽 온도는 24℃, 본 반죽 27℃

44. 빵을 굽는 동안 오븐 조건에 영향을 주는 환경요인이 아닌 것은 무엇인가?
① 공기　　　　　　　　② 습도
③ 온도　　　　　　　　④ 시간
★ 빵을 굽기 시 영향을 주는 인자는 온도, 시간, 습도이다.

45. 빵 굽기의 설명이 다른 것은?
① 고율배합의 제품은 낮은 온도에서 굽기한다.
② 너무 뜨거운 오븐은 제품은 부피가 작고 껍질이 진하다.
③ 높은 온도에서 구울 때 오버 베이킹 한다.
④ 남은 당 함유량이 높은 어린 반죽은 낮은 온도에서 굽기한다.
★ 낮은 온도에서 굽기 시 오버 베이킹이 된다.

46. 식빵 굽기 시 빵 내부의 최고온도에 대한 설명이 바른 것은?
① 100℃를 넘지 않는다.　　　② 150℃를 넘지 않는다.
③ 200℃를 넘지 않는다.　　　④ 250℃를 넘지 않는다.
★ 식빵 굽기 할때는 100℃를 넘지 않는다.

47. 다음 오븐에서 빵이 갑자기 팽창하는 현상인 오븐팽창이 일어나는 이유가 아닌 것은?
① 알콜의 증발　　　　　　② 가스압의 증가
③ 단백질의 변성　　　　　④ 탄산가스의 증발
★ 오븐팽창은 가스압, 수증기압의 증가, 알콜과 탄산가스의 증발로 팽창한다. 색깔이 나면 멈춘다.

48. 열량 영양소의 단위 g당 칼로리에 대한 설명이 바른 것은?
① 탄수화물은 단백질보다 칼로리가 많다.
② 탄수화물은 지방보다 칼로리가 적다.
③ 단백질은 지방보다 칼로리가 많다
④ 탄수화물은 단백질보다 칼로리가 적다.
★ 단백질 1g당 4kcal, 탄수화물 1g당 4kcal, 지방 1g당 9kcal의 열량을 낸다.

49. 식품의 열량(kcal) 계산공식이 올바른 것은?
① (지방의 양+지방의 양)×4+(단백질의 양×9)
② (탄수화물의 양+단백질의 양)×4+(지방의 양×9)
③ (단백질의 양+단백질의 양)×4+(지방의 양×9)
④ (탄수화물의 양+단백질의 양)×4+(지방의 양×9)
★ 단백질 1g당 4kcal, 탄수화물 1g당 4kcal, 지방 1g당 9kcal의 열량을 낸다.

50. 보기 중 성장기 어린, 빈혈 환자, 임신부 등 생리적 요구가 높을 시 흡수율이 높은 영양소는 무엇인가?
① 아연
② 나트륨
③ 철분
④ 칼륨
★ 철분(Fe)은 혈색소인 헤모글로빈의 구성요소이다.

51. 유지의 산패와 적절하지 못한 것은?
① 수분
② 온도
③ 공기
④ 비타민E
★ 비타민E는 유지의 산패를 억제시키는 산화방지제(항산화제)에 속한다.

52. 다음 술에 대한 설명이 아닌 것은?
① 혼성주란 증류주를 기본으로 정제당을 넣고 과실 등의 추출물로 제조해 알콜 농도가 낮다.
② 달걀 비린내, 생크림의 비린내 등을 완화해준다.
③ 양조주란 곡물, 과실을 원료로 하여 효모로 발효시킨 것이다.
④ 증류주란 발효시킨 양조주를 증류 시킨 것이다.
★ 혼성주는 알콜 농도가 높다.

53. 다음 아래 보기에서 설명하는 식중독 원인균은 무엇인가?

> - 발육온도는 30~46℃
> - 미호기성 세균
> - 원인식품은 오염된 식육 및 식육 가공품, 우유
> - 소아에게는 설사와 이질이 나타난다.

① 병원성 대장균　　　　② 장염비브리오
③ 캄필로박터 제주니　　④ 바실러스 안트라시스

★ 캄필로박터 제주니는 그람음성의 간균, 나선균에 속한다. 사람과 동물 인수공통감염병으로 동물은 유산을 사람은 구토, 설사, 복통이 나타난다. 설사원인균이다.

54. 다음 변질되기 쉬운 식품을 생산지에서 소비자에게 전달하기까지 저온으로 보존하는 시스템은 무엇인가?
① 상온유통체계　　　　② 냉동유통체계
③ 냉장유통체계　　　　④ 저온유통체계

55. 다음 병원체가 손, 음식물, 식기, 완구, 곤충 등을 통해 입으로 침입하여 감염을 유발시킨 것 중 바이러스에 의한 것은 무엇인가?
① 콜레라　　　　　　② 장티푸스
③ 이질　　　　　　　④ 폴리오

★ 바이러스 감염의 종류로 유행성 간염, 감염성 설사, 폴리오, 홍역, 천열 등

56. 다음 식중독 발생의 경로인 배설물 → 구강 오염경로를 차단하기 위한 방법이 바른 것은?
① 음식물을 철저하게 끓인다.
② 손 씻기와 개인위생 깨끗하게 한다.
③ 남은 음식물을 냉장 보관한다.
④ 조리 후 빠르게 섭취한다.

★ 경구감염병이나 식중독균은 오염물질과 접촉한 손을 통해 입으로 경구감염 되기 때문에 손 씻기와 개인위생을 철저하게 지켜야 한다.

57. 식중독 발생 현황을 보면 빈도가 높은 우리나라 3대 식중독의 원인 세균이 다른 것은?
① 포도상구균　　　　② 살모넬라균
③ 바실러스 세레우스　④ 장염 비브리오균

★ 바실러스 세레우스는 토양세균의 일종으로 자연계에 분포하고 농작물로 식품에 오염된다. 발생빈도는 낮다.

58. 다음 중 비중이 가장 작은 케이크는?
① 시폰케이크   ② 레이어 케이크
③ 과일 케이크   ④ 초코머핀 케이크
★ 파운드 케이크 0.75, 레이어 케이크 0.85, 스펀지 케이크 0.55, 시폰 케이크 0.4

59. 파운드 케이크의 팬닝은 몇 % 채우는가?
① 70%   ② 80%
③ 90%   ④ 50%
★ 푸딩 95%, 초콜릿 케이크 55~60%, 스펀지케이크 50~60%

60. 냉동 반죽법에서 혼합한 반죽의 결과 온도는?
① 20℃   ② 25℃
③ 30℃   ④ 27℃
★ 냉동 반죽법의 반죽온도는 반죽의 글루텐 생성과 발전능력, 급속냉동 시 냉해에 대해 피해 방지를 설정한다.

실전 문제 제과기능사 3회
1.① 2.② 3.① 4.③ 5.④ 6.③ 7.③ 8.⑤ 9.② 10.① 11.③ 12.③ 13.② 14.② 15.② 16.① 17.④ 18.④ 19.② 20.④ 21.③ 22.④ 23.④ 24.③ 25.④ 26.③ 27.③ 28.② 29.② 30.① 31.③ 32.① 33.④ 34.② 35.② 36.① 37.① 38.④ 39.④ 40.① 41.① 42.① 43.② 44.① 45.③ 46.① 47.③ 48.② 49.④ 50.③ 51.③ 52.① 53.③ 54.④ 55.④ 56.④ 57.③ 58.① 59.① 60.①

실전 문제 제과기능사 4회

1. 제조 방법에 따라 계란 흰자와 설탕으로 만든 머랭 쿠키는 무엇인가?
① 밀어펴서 찍는 쿠키
② 짜서 성형하는 쿠키
③ 마카롱 쿠키
④ 프랑스식 쿠키
★ 계란 흰자, 설탕으로 만든 머랭 쿠키에 아몬드 분말이나 코코넛 가루를 넣어 마카롱 쿠키를 제조한다.

2. 다음 도넛을 글레이즈 할 때 글레이즈의 적당한 온도는?
① 29~35℃
② 20~28℃
③ 43~49℃
④ 30~38℃
★ 글레이즈란 과자류 표면에 광택을 내는 일, 제품의 표면 마름 방지을 위해 젤라틴, 시럽, 젤리, 퐁당, 초콜릿 등을 바르는 일이다. 온도는 43~49℃

3. 보기 중 글리세린에 대한 설명으로 다른 것은?
① 물보다 비중이 가벼우며, 물에 녹지 않는다.
② 지방의 가수분해 과정을 통해서 얻어진다.
③ 무색, 무취로 시럽과 같은 액체이다.
④ 식품의 보습제로 사용된다.
★ 글리세린은 물보다 비중이 무거우며, 물에 잘 혼합된다.

4. 다음 유지의 기능 중 크림성의 기능은 무엇인가?
① 산패를 방지한다.
② 밀어펴지는 성질을 부여한다.
③ 공기를 포집하여 부피를 좋게 한다.
④ 제품을 부드럽게 한다.
★ 유지의 물리적 특성인 크림성은 버터크림, 파운드 케이크, 공정에 필요한 기능이다.

5. 제과 · 제빵공장에서 생산관리 시 매일 점검할 사항이 다른 것은?
① 출근율   ② 제품당 평균단가
③ 설비 가동률   ④ 원재료율
★ 제품당 평균단가는 원가관리에 해당된다. 출근율, 설비 가동률, 원재료율을 매일 점검하여 손실을 막는다.

6. 다음 생산액이 2,000,000원, 외부가치가 1,000,000원, 생산가치가 500,000원, 인건비가 800,000원 일 때 생산 가치율은 얼마인가?
① 25%   ② 30%
③ 39%   ④ 47%
★ 생산가치
   생산가치율 = 생상가치/생산금액 × 100 = 500,000/2,000,000 × 100 = 25%

7. 완제품 600g 짜리 파운드 케이크 1200개를 제조하려고 한다. 완제품의 총 무게는?
① 720kg   ② 520kg
③ 400kg   ④ 320kg
★ 총무게 = 개당 무게 × 개수 = 600 × 1,200개 = 720,000 = 720kg

8. 다음 제품의 판매가격은 어떻게 결정되는가?
① 총원가 + 이익   ② 총원가 + 직접경비
③ 직접재료비 + 이익   ④ 제조원가 + 이익

9. 총원가의 구성은 어떻게 되는가?
① 제조원가 + 판매비 + 일반관리비
② 총원가 + 판매비 + 일반관리비
③ 제조원가 + 총원가 + 일반관리비
④ 제조원가 + 판매비 + 직접경비

10. 수평형 믹서를 청소하는 방법으로 거리가 먼 것은?
① 금속으로 만든 스크래퍼를 이용해 반죽을 긁어낸다.
② 청소하기 전에 전원을 끄고 한다.
③ 생산 직후 청소를 한다.
④ 물을 가득 채운 후 회전시킨다.
★ 제과 · 제빵에 관련된 믹서의 청소는 플라스틱 스크래퍼로 청소한다.

11. 한 번에 많은 반죽을 혼합하여, 단백질 함량이 높은 밀가루에 적절한 믹서는?
① 스파이럴 믹서　　　② 에어 믹서
③ 수직형 믹서　　　　④ 수평형 믹서

12. 유럽빵, 건강빵, 바게트 종류의 빵은 어느 믹서기에 반죽을 해야 하는가?
① 수직형 믹서　　　　② 수평형 믹서
③ 스파이럴 믹서　　　④ 에어 믹서

13. 다음 전분의 노화에 대한 설명이 아닌 것은?
① 노화된 전분은 소화가 잘 된다.
② 노화란 α전분이 β전분으로 되는 것을 의미한다.
③ −18℃ 이하의 온도에서는 잘 일어나지 않는다.
④ 노화된 전분은 향이 손실된다.
★ 호화된 전분은 소화가 잘 된다.

14. 다음 중 중화가를 구하는 공식은 무엇인가?
① 중조의 양/산성제의 양 × 100
② 중조의 양/산성제의 양
③ 산성제의 양 × 중조의 양/100
④ 중조의 양 × 100
★ 중화가란 산염제(산성제) 100g을 중화시키는데 필요한 중조의 양을 말한다.

15. 다음 우유에 대한 설명이 맞는 것은?
① 우유 단백질 중 가장 많은 것은 카제인이다.
② 시유의 비중은 1.3 이다.
③ 시유의 현탁액은 비타민 B_2에 의한 것이다.
④ 우유의 유당은 이스트에 의하여 쉽게 분해된다.
★ 시유(시장에서 판매하는 우유)의 비중은 1.030이다.

16. 보기 중 과실이 익어감에 따라 어떤 효소의 작용에 의해서 수용성 펙틴이 생성하는가?
① 아밀라아제　　　　② 펙틴리가아제
③ 브로멜린　　　　　④ 프로토펙틴 가수분해효소
★ 과실의 껍질에 있고 껍질을 단단하고 윤기나게 하며 수용성 펙틴이 말랑하게 한다.

17. 안정제의 사용 목적이 다른 것은?
① 크림 토핑의 거품 안정
② 흡수제로 노화 지연 효과
③ 머랭의 수분 배출 유도
④ 아이싱이 부서지는 것 방지
★ 안정제는 물, 기름, 기포 등의 불안정한 상태를 안정된 구조로 바꾸는 역할을 한다.

18. 제과 · 제빵용 건조재료와 팽창제, 유지재료를 알맞은 배합률로 일정하게 혼합한 원료는?
① 팽창제
② 프리믹스
③ 분유
④ 이스트 푸드
★ 가루재료를 미리 혼합하여 액체재료만 부쳐 반죽할 수 있게 한다.

19. 카카오 버터의 결정이 거칠고 설탕의 결정이 석출되어 초콜릿의 조직이 노화하는 현상은?
① 파이
② 템퍼링
③ 콘칭
④ 블룸

20. 템퍼링이 잘못되면 카카오 버터에 의한 블룸이 있는데 이것은 무엇인가?
① 지방 블룸
② 슈가 블룸
③ 템퍼링
④ 페이스트

21. 아이싱에 사용하는 안정제 중 적중한 농도의 설탕과 산이 있어야 쉽게 응고되는 것은?
① 로커스트 검
② 젤라틴
③ 한천
④ 펙틴

22. 페이스트리 정형 자동 밀대에 대한 설명이 올바른 것은?
① 기계에 반죽이 달라붙는 것을 방지하고 덧가루를 많이 사용한다.
② 기계를 사용하여 밀어 펴기의 반죽과 유지와의 경도는 다른 것이 좋다.
③ 기계를 사용하여 반죽과 유지는 따로 밀어 편 후 감싸 밀어펴기 한다.
④ 냉동휴지 후 밀어 펴면 유지가 굳어 갈라지므로 냉장휴지 하면 좋다.
★ 반죽과 유지의 경도가 같은 것이 좋다. 덧가루는 적게 사용한다. 손밀대 사용해서 반죽과 유지를 밀어 편 다음 기계로 밀어펴기가 좋다.

23. 다음 보기에서 식빵 반죽의 제조 공정에서 사용하지 않는 것은 기계는 무엇인가?
① 데포지터
② 분할기
③ 라운더
④ 정형기
★ 데포지터는 과자 반죽, 크림을 자동 모양짜기하는 쿠키의 자동 성형 기계이다.

24. 제빵에서 빵을 분할 할 때 사용하는 도구는 무엇인가?
① 돌림판 ② 모양깍지
③ 플라스틱 스크레퍼 ④ 비닐 짤주머니
★ 돌림판, 모양깍지, 짤주머니는 제과용에 속하는 도구이다.

25. 반죽형 케이크의 특성이 다른 것은?
① 식감이 부드럽다. ② 반죽의 비중이 낮다.
③ 주로 화학적 팽창제를 이용한다. ④ 유지의 사용량이 많다.
★ 반죽형 케이크는 밀가루가 많이 들어간 제품이며 비중은 높다.

26. 크림법을 이용해 제조할 수 있는 제품은?
① 스펀지케이크 ② 바나나 파운드 케이크
③ 롤 케이크 ④ 마카롱
★ 크림법은 반죽형 반죽의 대표적인 제조법으로 파운드 케이크가 기본이다.

27. 반죽형 과자 반죽의 믹싱법과 장점이 다르게 짝지은 것은?
① 1단계법 - 사용 재료의 절약
② 블렌딩법 - 제품의 내상이 부드럽다.
③ 크림법 - 부피를 크게 한다.
④ 설탕/물법 - 계량의 정확성과 운반의 편리성
★ 1단계법은 모든 재료를 한꺼번에 혼합해 반죽하므로 노동력과 제조 시간을 절약한다.

28. 보기에서 거품형 케이크의 특징에 대한 설명으로 거리가 먼 것은?
① 계란 노른자가 제품의 부피를 만든다.
② 계란 단백질 변성에 의해서 공기 포집성을 이용한다.
③ 유지는 적게 사용하거나 쓰지 않는다.
④ 밀가루 사용량보다 계란 사용량이 많다.
★ 계란 노른자은 밀가루 단백질을 보완하여 구조를 튼튼하게 한다.

29. 스펀지케이크 제조 후 더운 믹싱법을 사용할 때 계란과 설탕의 중탕온도는 몇 ℃ 인가?
① 43℃ ② 26℃
③ 50℃ ④ 70℃
★ 더운 믹싱법은 중탕의 온도를 40~45℃ 가 적당하다. 보통 43℃에 중탕을 끝낸다.

30. 다음 잠열이란 무엇인가?
① 물질의 온도 변화 없이 상태 변화만 일어나는 경우의 열을 의미한다.
② 온도 변화도 없고 상태 변화도 없이 일어나는 경우의 열을 의미한다.
③ 물질의 온도 변화가 있고 상태 변화가 일어나는 경우의 열을 의미한다.
④ 속효성이 좋아 상태 변화가 일어나는 경우의 열을 의미한다.

31. 튀김기름의 온도가 낮으면 제품의 미치는 영향이 아닌 것은?
① 반죽이 부풀어 껍질이 거칠어진다. ② 기름이 많이 흡수된다.
③ 익는 시간이 오래 걸린다. ④ 기름 흡수가 되지 않는다.

32. 베이커스 퍼센트에서 재료의 기준이 되는 것은?
① 밀가루 ② 물
③ 계란 ④ 이스트
★ 밀가루의 양을 100%로 한다. 그 외 각 재료는 비율을 %로 나타낸다.

33. 고율배합에 대한 설명이 아닌 것은?
① 설탕 사용량이 밀가루 사용량보다 많다.
② 믹싱 중 공기 혼입이 많다.
③ 촉촉한 상태를 오랫동안 유지시켜 신선도를 높인다.
④ 화학 팽창제를 많이 쓴다.
★ 고율배합는 화학 팽창제를 적게 사용하고 계란이 부피를 형성한다.

34. 밀가루를 체로 치는 목적이 아닌 것은?
① 표피색 개선을 한다. ② 공기의 혼입을 좋게 한다.
③ 불순물을 제거한다. ④ 재료를 분산한다.
★ 껍질색의 개선은 배합율, 발효, 굽기 등에서 조절이 된다.

35. 흑미 롤 케이크 반죽 굽기에 대한 설명이 아닌 것은?
① 열이 식으면 압력을 더해 수평을 맞춘다.
② 양이 적은 반죽은 높은 온도에서 굽는다.
③ 구운 다음 철판에서 꺼내지 않고 그대로 냉각을 한다.
④ 두껍게 편 반죽은 낮은 온도에서 굽는다.
★ 흑미 롤 케이크를 구운 다음 철판에서 바로 꺼내지 않으면 수축이 된다.

36. 퍼프 페이스트리를 정형할 때 수축하는 이유가 맞는 것은?
① 휴지시간이 길을 때
② 반죽이 질을 때
③ 밀어펴기를 무리하게 했을 때
④ 반죽 중 유지 사용량이 많을 때
★ 밀어펴기를 무리하게 하면 글루텐에 탄력성이 강해 정형할 때 수축이 된다.

37. 빵을 굽기할 때 글루텐이 응고되기 시작하는 온도는 몇 ℃ 인가?
① 54℃
② 65℃
③ 89℃
④ 74℃
★ 단백질의 열변성에 의한 글루텐이 응고되는 온도는 74℃이다.

38. 정형한 버터 롤 반죽을 팬에 놓을 때 이음매의 방향은 어디인가?
① 아래쪽
② 위쪽
③ 옆쪽
④ 왼쪽

39. 튀김의 온도는 몇 ℃ 인가?
① 180℃
② 160℃
③ 230℃
④ 210℃

40. 빵의 생산 시 고려해야 할 원가요소와 관계가 없는 것은?
① 학술비
② 노무비
③ 재료비
④ 경비
★ 재료비, 노무비, 경비는 직접비에 해당에 속하고 학술비는 간접비에 해당된다.

41. 인축(수)공통감염병의 예방조치가 맞지 않는 것은?
① 이환된 동물의 고기는 익혀 먹는다.
② 우유의 멸균처리를 철저하게 한다.
③ 외국으로부터 유입된 가축은 항구, 공항에서 검역을 철저하게 한다.
④ 가축의 예방접종을 한다.
★ 이환된 동물의 고기란 병에 걸린 동물의 고기이다.

42. 버터크림을 만들 때 흡수율이 가장 높은 유지는 무엇인가?
① 유화 쇼트닝　　　　　　② 라드
③ 경화 라드　　　　　　　④ 경화 식물성 쇼트닝
★ 유화 쇼트닝은 버터의 유지와 수분이 혼합되기 때문에 버터크림을 만들 때 사용한다.

43. 데커레이션 케이크 재료인 생크림에 대한 설명이 맞지 않는 것은?
① 생크림의 보관 온도는 3~7℃가 좋다.
② 휘핑 시간이 적정시간보다 짧으면 기포의 안정이 약하다.
③ 크림 100에 대해 2.0~3.5%의 분설탕을 사용하여 단맛을 준다.
④ 유지방 함량이 35~45% 정도의 진한 생크림을 휘핑하여 작업한다.
★ 생크림 100에 대해 10~15%의 분설탕을 넣어 단맛을 준다.

44. 초콜릿 템퍼링의 방법이 맞지 않는 것은?
① 중탕시 물의 온도는 50℃로 한다.
② 중탕 그릇이 초콜릿 그릇보다 넓어야 한다.
③ 용해된 초콜릿의 온도는 40~45℃로 한다.
④ 용해된 초콜릿에 물이 들어가지 않게 주의를 한다.
★ 중탕 그릇이 초콜릿 용기보다 넓으면 증기가 초콜릿 용기에 들어가 블룸 현상을 보인다.

45. 야채를 통해 감염되는 기생충은 무엇인가?
① 회충　　　　　　② 선모충
③ 요충　　　　　　④ 간흡충

46. 제품 특성상 노화가 가장 빠른 것은 무엇인가?
① 도넛　　　　　　② 단과자빵
③ 식빵　　　　　　④ 카스테라
★ 노화는 수분의 함량이 낮고 당류가 적을수록 빠르다. 당류의 함량이 낮은 것은 식빵이다.

47. 데니시 페이스트리에 사용하는 유지에서 중요한 성질은 무엇인가?
① 크림성　　　　　　② 유화성
③ 안정성　　　　　　④ 가소성
★ 가소성은 파이용 마가린를 접기 및 밀어펴기에 알맞은 가소성을 가진다. 형태가 변한 고체가 다시 원래대로 돌아가지 않는 성질을 의미한다.

48. 불란서 빵에서 스팀을 사용하는 목적이 아닌 것은?
① 반죽의 흐름성을 크게 증가시킨다.
② 거칠고 불규칙하게 터지는 것을 막아준다.
③ 겉껍질에 광택을 낸다.
④ 얇고 바삭한 껍질이 구워진다.
★ 프랑스빵은 모양틀을 사용하지 않고 컨버스(바게트천)을 이용해 발효한다. 굽기 시 구움대에 바로 굽는 하스 브레드로 흐름성이 필요없다.

49. 빵 제품 중 반죽의 되기가 가장 된 반죽은 무엇인가?
① 단팥빵   ② 잉글리시 머핀
③ 피자 반죽   ④ 단과자빵
★ 빵반죽은 물을 밀가루 중량대비 55~60% 넣는데 피자 반죽은 50% 사용해 된 반죽이다.

50. 제과 작업장의 시설 설명이 아닌 것은?
① 방충·방서용 금속망은 30메쉬(mesh)가 적당하다.
② 창의 면적은 바닥면적을 기준으로 30%가 좋다
③ 조명은 50Lux 이하가 좋다.
④ 벽면은 매끄럽고 청소하기 편리해야 한다.
★ 조명은 작업 용도에 따라 50Lux 이상이 좋다.

51. 식품제조·가공 및 취급과정 중 교차오염이 발생하는 경우가 아닌 것은?
① 생새우를 다루던 도마로 야채 썰기
② 반죽을 자른 칼로 구운 과일 자르기
③ 반죽을 정형하고 씻지 않은 손으로 샐러드 만들기
④ 반죽에 생고구마 조각을 얹어 버터쿠키 굽기
★ 반죽에 생고구마 조각을 얹어 쿠기 굽기는 조리과정을 거치므로 교차오염이 아니다.
  바로 섭취 가능한 식품과 소독과 세정 되지 않는 제품을 사용할 경우 오염이 생긴다.

52. 다음 미생물의 일반적 성질에 대한 설명이 맞는 것은?
① 바이러스는 출아법으로 수를 늘리고 스스로 필요한 영양분을 합성한다.
② 세균은 출아법으로 수를 늘리고 술 제조에 이용된다.
③ 효모는 분열법으로 수를 늘리고 식품부패에 관여하는 미생물이다.
④ 곰팡이는 포자에 의해 수를 늘리고 빵, 밥 등의 부패에 관여하는 미생물이다.
★ 세균은 단세포로 미분법으로 증식, 효모는 출아법, 바이러스는 복제에 의해 증식한다.

53. 대장균군이 식품 위생학적으로 중요한 이유는 무엇인가?
① 부패균이다
② 대장염을 발생한다
③ 분변 오염 지표 세균
④ 식중독을 발생하는 원인균
★ 대장균은 식품을 오염시키는 다른 균들의 오염 정도를 측정하는 지료로 이용된다.

54. 다음 발효가 부패와 차이점은 무엇인가?
① 생산물을 식용으로 한다.
② 성분의 변화가 발생한다.
③ 미생물이 작용한다.
④ 단백질의 변화반응이다.

55. 미생물이 작용하여 식품을 흑변시켰다. 흑변 물질에 적합한 것은?
① 메르캅탄
② 일산화탄소
③ 암모니아
④ 황화수소
★ 황화수소는 함황 단백질의 부패에 의해 생성되는 물질로 식품을 흑변시킨다.

56. 부패가 진행됨에 따라 어류의 체내에 존재하는 트리메틸아민 옥사이드가 생성하는 부패의 원인이 되는 물질로 미생물로 환원효소에 의해서 생성되는 것은 무엇인가?
① 암모니아
② 트리메틸아민
③ 만니톨
④ 페놀
★ 트리메틸아민(TMA) Trimethylamine
생선의 비린내 성분으로 살아있는 생선에서 트리메틸아민 옥사이드가 존재하다가 시간이지나면 미생물의 활동으로 환원되어 생성된다.

57. 다음 식품의 부패를 판정할 때 화학적 판정 방법이 다른 것은?
① TCA 측정　　　　　　② TMA 측정
③ VBN 측정　　　　　　④ LD_{50} 측정
★ LD_{50}은 어떤 실험동물의 50%가 사망하는 독성물질의 양이다.

58. 다음 냉장의 목적과 거리가 먼 것은?

① 세균의 증식 억제
② 식품의 보존 기간 연장
③ 식품의 자기 호흡 지연
④ 미생물의 멸균

★ 냉장보관으로 미생물을 멸균할 수 어렵고 저온균인 여시니아, 리스테리아균 등은 냉장해도 식중독을 발생시킨다.

59. 세균성 식중독 중 치사율이 가장 높은 것은 어느 것인가?

① 장염 비브리오균
② 살모넬라균
③ 보툴리누스균
④ 웰치균

★ 세균성 식중독 중 가장 치사율이 높은 것은 보툴리누스균이며, A, B형에 70%나 된다.

60. 반추위 동물의 위액에 존재하는 우유 응유효소는 무엇인가?

① 레닌　　　　　　　　　② 트립신
③ 트립토판　　　　　　　④ 히스티딘

★ 반추위 동물이란 되새김질을 하는 소, 염소를 말한다. 위액에 카세인을 응유 시키는 레닌이 들어있다.

실전 문제 제과기능사 4회

1.③ 2.③ 3.① 4.③ 5.① 6.① 7.① 8.① 9.① 10.① 11.④ 12.③ 13.① 14.① 15.① 16.④ 17.③ 18.② 19.④ 20.①
21.④ 22.④ 23.① 24.③ 25.② 26.② 27.① 28.① 29.① 30.① 31.④ 32.① 33.④ 34.① 35.③ 36.③ 37.② 38.①
39.① 40.① 41.① 42.① 43.③ 44.② 45.① 46.③ 47.④ 48.① 49.③ 50.③ 51.④ 52.④ 53.② 54.① 55.④ 56.②
57.④ 58.④ 59.③ 60.①

실전 문제 제과기능사 5회

1. 달걀 흰자의 기포성을 좋게 하는 재료가 아닌 것은?
① 주석산 크림　　　　② 레몬즙
③ 식초　　　　　　　　④ 설탕
★ 설탕은 흰자의 안정성을 좋게 하는 재료이다.

2. 커스터드 푸딩을 컵에 채워서 몇 ℃로 구워야 하는가?
① 140~150℃
② 180~190℃
③ 200~220℃
④ 160~170℃
★ 커스터드 푸딩은 중탕법으로 낮은 온도에서 굽기한다. 높은 온도에서는 기포가 생긴다.

3. 제품 중에서 유지가 들어가지 않는 반죽은 어느 것인가?
① 베이킹파우더　　　② 중조
③ 주석산　　　　　　④ 포도당
★ 구연산, 레몬즙, 주석산 등을 첨가하여 설탕의 일부가 분해되어 전화당으로 변한다. 전화당에 들어있는 과당이 설탕의 재결정화를 방지한다.

4. 머랭을 만드는 재료가 맞는 것은?
① 노른자　　　　　　② 전란
③ 흰자　　　　　　　④ 중력 밀가루
★ 머랭은 흰자를 휘핑하여 만든 제품으로 공예과자나 아이싱 크림을 사용된다.

5. 단백질 분해효소인 프로테아제를 햄버거 빵에 혼합하는 목적이 맞는 것은?
① 껍질색 개선을 위해
② 저장성 증가를 위해
③ 발효 내구력을 증가시키기 위해
④ 팬 흐름성을 위해
★ 햄버거 빵은 반죽을 렛다운 단계까지 해야 팬 흐름성이 있다.

6. 굽기 손실이 가장 큰 제품은 무엇인가?
① 바게트
② 크림빵
③ 소브르
④ 트위스트형
★ 바게트 굽기 손실 20~25%, 굽기 손실이 가장 작은 것은 뚜껑 있는 풀만 식빵 7~9%

7. 냉각손실에 대한 설명이 아닌 것은?
① 냉각손실은 5%가 적당하다.
② 여름철보다 겨울철이 냉각손실이 크다.
③ 식히는 동안 수분 증발로 무게가 감소한다.
④ 상대습도가 높으면 냉각손실이 작다.
★ 냉각손실은 냉각하는 동안 수분이 증발하여 무게가 감소하는 현상이다.

8. 다음 냉각의 손실은 몇 % 인가?
① 2%
② 4%
③ 7%
④ 10%
★ 냉각손실은 평균 2%의 수분 손실이 발생한다.

9. 케이크를 부풀게 하는 증기압의 재료는 무엇인가?
① 박력 밀가루
② 설탕
③ 계란
④ 유지
★ 케이크는 계란이 매개체 역할을 하여 팽창한다.

10. "비단처럼 부드럽다"라는 뜻을 가진 제품은 무엇인가?
① 스펀지케이크
② 롤 케이크
③ 시폰케이크
④ 푸딩
★ 시폰케이크는 시폰법으로 흰자는 머랭을 휘핑하고, 노른자는 다른 재료와 혼합한 다음 머랭을 혼합하는 제조법으로 아주 부드러운 케이크이다.

11. 크림법의 제조 순서가 맞는 것은?
① 밀가루와 설탕
② 계란과 설탕
③ 밀가루와 계란
④ 유지와 설탕
★ 크림법은 유지를 부드럽게 풀고 설탕, 소금 → 계란 → 가루재료를 혼합하는 제조법이다.

12. 더운 여름에 얼음을 사용하여 반죽온도를 조절 시 계산 순서가 맞는 것은?
① 물 온도 → 마찰계수 → 얼음 사용량
② 마찰계수 → 얼음 사용량 → 물 온도
③ 얼음 사용량 → 물 온도 → 마찰계수
④ 마찰계수 → 물 온도 → 얼음 사용량
★ 얼음 사용 시 반죽 온도를 조절할 때 마찰계수, 물 온도, 얼음 사용량을 순서로 한다.

13. 다음 크림법에 대한 단점의 설명이 맞는 것은?
① 스크랩핑을 자주(옆면, 바닥) 한다.   ② 밑면만 긁어 준다.
③ 계란을 한 번에 투입한다.   ④ 설탕을 한 번에 넣는다.
★ 크림법의 단점은 옆면과 바닥을 자주 긁어준다.

14. 1단계법에 대한 설명이 맞는 것은?
① 모든 재료를 한꺼번에 넣고 반죽하는 법
② 유지와 설탕을 넣고 반죽하는 법
③ 유지와 밀가루를 먼저 콩알 크기로 다진다.
④ 설탕과 물을 넣고 균일하게 혼합한다.

15. 반죽형 케이크를 제조할 때 크림법으로 믹싱하는 방법은 무엇인가?
① 설탕 + 계란   ② 유지 + 설탕
③ 밀가루 + 쇼트닝   ④ 설탕 + 밀가루

16. 스펀지케이크 제조 시 더운 믹싱법으로 계란과 설탕의 온도는 몇 ℃ 인가?
① 15℃   ② 26℃
③ 43℃   ④ 38℃

17. 밀가루, 설탕, 노른자, 식용유, 물과 함께 혼합한 다음 머랭을 넣고 만드는 제법는?
① 시폰법   ② 공립법
③ 별립법   ④ 단단계법

18. 다음 흰자를 이용한 머랭 제조 시 좋은 머랭을 얻기 위한 조건이 아닌 것은?
① 노른자를 추가한다.   ② 사용 시 용기 내에 유지가 없어야 한다.
③ 머랭의 온도를 따뜻하게 한다.   ④ 주석산 크림을 투입한다.

19. 과자 반죽의 온도 조절에 대한 설명이 아닌 것은?
① 반죽 온도가 높으면 기공이 열리고 구멍이 생긴다.
② 반죽 온도가 낮으면 기공이 조밀 조밀해진다.
③ 반죽 온도가 높은 제품은 노화가 느리다.
④ 반죽 온도가 낮으면 부피가 작고 식감도 나쁘게 된다.

20. 일반적인 과자 반죽의 온도는 몇 ℃ 인가?
① 22~24℃ ② 26~28℃
③ 30~32℃ ④ 34~36℃

21. 다음 반죽 희망온도가 가장 높은 제품은 무엇인가?
① 슈 ② 버터스펀지 케이크
③ 퍼프 페이스트리 ④ 브라우니
★ 슈 반죽은 호화한 다음 성형을 하는 제품이다. 반죽 온도는 40℃이다.

22. 반죽 온도가 가장 낮은 제품이 맞는 것은?
① 롤 케이크 ② 스펀지 케이크
③ 퍼프 페이스트리 ④ 엔젤 푸드 케이크
★ 퍼프 페이스트리 반죽의 온도는 20℃이다.

23. 반죽 중 비중이 가장 낮은 제품은 무엇인가?
① 마데라컵 케이크 ② 레이어 케이크
③ 파운드 케이크 ④ 스펀지케이크
★ 거품형 스펀지케이크 비중 0.5 ± 0.05, 레이어 케이크 0.8, 파운드 케이크 0.8이다.

24. 고율배합에 대한 설명이 맞는 것은?
① 믹싱 중 공기 혼입은 많다. ② 반죽의 비중이 낮다.
③ 저온 단시간으로 굽는다. ④ 화학적 팽창제 사용량은 줄인다.
★ 고율배합의 굽는 방법은 저온 장시간으로 굽는다. 오버 베이킹이라고도 한다.

25. 케이크 반죽 중에서 pH가 가장 낮은 제품은 무엇인가?
① 데블스 푸드 케이크 ② 초코머핀 컵케이크
③ 엔젤 푸드 케이크 ④ 초콜릿 케이크
★ 엔젤 푸드 케이크는 주 재료가 흰자를 이용해 제조한다. 반죽의 pH 5.2~6.0이다.

26. 다음 반죽의 pH가 가장 높은 것은 무엇인가?
① 엘로우 레이어 케이크 ② 과일 케이크
③ 데블스 푸드 케이크 ④ 파운드 케이크
★ 데블스 푸드 케이크는 반죽 pH 8.5~9.2이다.

27. 파운드 케이크 반죽을 팬에 넣을 때 팬닝량은 얼마인가?
① 50~60% ② 55~60%
③ 95% ④ 70%
★ 파운드 케이크 70%, 푸딩 95%, 레이어 케이크 55~60%, 스펀지 케이크 50~60%이다.

28. 반죽 무게를 구하는 공식이 맞는 것은?
① 틀부피 ÷ 비용적 ② 틀부피 × 비용적
③ 틀부피 + 비용적 ④ 틀부피 – 비용적

29. 제품 종 비용적이 가장 큰 제품은 무엇인가?
① 과일 케이크 ② 스펀지케이크
③ 레이어 케이크 ④ 사과파이
★ 스펀지케이크 비용적은 5.08cm³/g이다.

30. 스펀지케이크 비용적이 맞는 것은?
① 5.08cm³/g ② 4.08cm³/g
③ 2.08cm³/g ④ 2.40.cm³/g

31. 소프트 롤 케이크를 말 때 터지는 경우가 발생하면 조치사항으로 맞지 않는 것은?
① 덱스트린의 점착성을 이용한다.
② 팽창이 과도한 경우는 팽창제 사용량을 감소시킨다.
③ 설탕의 일부를 물엿으로 대치한다.
④ 계란에 노른자를 추가해서 사용한다.
★ 노른자의 비율이 높은 경우에는 부서지기 쉬우므로 노른자를 줄이고 전란을 증가시킨다.

32. 보기에서 계란 노른자를 이용하는 제품이 아닌 것은?
① 엔젤 푸드 케이크 ② 파운드 케이크
③ 소프트 롤 케이크 ④ 엘로우 레이어 케이크
★ 엔젤 푸드 케이크는 흰자로만 만든다

33. 캐러멜화를 일으키는 것은 무엇인가?
① 지방　　　　　　　② 비타민
③ 당류　　　　　　　④ 단백질

34. 밀가루 반죽을 끊어질 때까지 늘여서 힘과 반죽의 신장성을 알아보는 기계는?
① 믹소그래프　　　　② 익스텐소그래프
③ 패리노그래프　　　④ 아밀로그래프
★ 반죽의 신장성에 대한 저항을 측정한다.

35. 퍼프 페이스트리의 기본 배합률로 강력분 : 유지 : 냉소 : 소금의 비율로 적당한 것은?
① 100 : 100 : 50 : 1　　② 100 : 50 : 50 : 1
③ 50 : 100 : 50 : 1　　④ 150 : 100 : 50 : 1
★ 강력분과 유지는 같은 비율이다.

36. 쇼트닝을 몇 % 사용했을 때 제품의 부피가 최대가 되는가?
① 3~5%　　　　　　② 2~3%
③ 8~10%　　　　　　④ 13~15%
★ 최대 부피의 쇼트닝 사용량 3~5%이다.

37. 다음 빵 반죽이 발효되는 중에 이스트가 생성하는 것은 무엇인가?
① 탄산가스, 알콜　　② 물, 초산
③ 산소, 알데히드　　④ 수소, 젖산
★ 이스트는 당을 먹고 이산화탄소와 알콜을 생성한다.

38. 이스트에 거의 들어있지 않은 효소로 디아스타제라고 불리는 것은 무엇인가?
① 말타아제　　　　　② 프로테아제
③ 아밀라아제　　　　④ 인베르타아제
★ 디아스타제는 엿기름이나 누룩곰팡이를 조제한 효소제로 아밀라아제를 주성분으로 한다.

39. 다음 탄수화물 식품은 어디에서 소화되기 시작하는가?
① 소장　　　　　　　② 입
③ 십이지장　　　　　④ 소장
★ 탄수화물은 입에서부터 소화된다.

40. 다음 필수지방산을 가장 많이 함유하고 있는 식품은 무엇인가?
① 마가린　　　　　　　　　② 계란
③ 식물성 유지　　　　　　　④ 버터
★ 필수지방산(비타민F)은 식물성 유지(대두유, 면실유, 옥수수기름)에 있다.

41. 보기 중에서 독소형 세균성 식중독균은 무엇인가?
① 살모넬라　　　　　　　　② 장염 비브리오균
③ 아리조나균　　　　　　　④ 보툴리누스균
★ 보툴리누스균은 통조림 속에서 번식하는 독소형 세균성 식중독균이다.

42. 다음 팥앙금, 케첩, 잼 등 식육 가공품에 사용하는 보존료는 무엇인가?
① 디히드로초산　　　　　　② 소르브산
③ 파라옥시 안식향산　　　　④ 프로피온산
★ 소르브산은 보존료 중 안정되고 독성이 낮아 좋고 팥앙금, 케찹, 잼 등 식육 가공품이다.

43. 일반 스트레이트법의 반죽 순서가 옳은 것은?
① 반죽-발효-분할-성형-굽기
② 반죽-분할-발효-성형-굽기
③ 반죽-성형-발효-분할-굽기
④ 반죽-분할-성형-발효-굽기
★ 스트레이트법의 반죽순서는 재료계량-원료전처리-반죽(믹싱)-1차발효-분할-둥글리기-중간 발효-정형-팬닝-2차발효-굽기-냉각

44. 다음 물에 대한 설명이 다른 것은?
① 소금 등의 재료를 분산시킨다.　　② 효소의 활성을 제공해 준다.
③ 유화작용을 한다.　　　　　　　　④ 반죽 농도를 조절해 준다.
★ 이스트 푸드 성분은 암모늄염, pH 조절, 효소제, 산화제, 환원제 등

45. 향신료를 사용하는 목적이 다른 것은 무엇인가?
① 육류나 생선의 냄새를 완화 시킨다.
② 향기를 주고 식욕을 증진시킨다.
③ 식욕을 주고 맛있는 색을 준다.
④ 매운맛과 향기로 자극하여 식욕을 억제시킨다.
★ 매운맛과 향기로 자극하여 식욕을 향상시켜준다.

46. 다음 인축공통감염병은 무엇인가?
① 이질
② 탄저병
③ 살모넬라
④ 소아마비
★ 인축공통감염병은 동물과 사람이 같이 걸리는 감염병으로 광견병, 탄저병, 결핵 등

47. 다음 이타이이타이병의 원인물질은 무엇인가?
① Mg
② Hg
③ Fe
④ Cd
★ 이타이이타이병은 기구, 식기, 용기에 도금되어 있는 카드륨(Cd)이 용출되어 중독됨.

48. 다음 2차 발효 과다 현상에 대한 설명이 올바르지 못한 것은?
① 껍질색이 어두워진다.
② 부피가 커진다.
③ 터짐성이 좋아진다.
④ 저장성이 감소한다.
★ 2차 발효가 과다하면 껍질색이 희다.

49. 제빵용 팬 기름에 대한 설명이 바르지 못한 것은?
① 정제라드, 혼합유, 식물유도 사용한다.
② 많이 칠하면 밑껍질이 두껍고 어둡게 된다.
③ 종류에 상관없이 발연점이 낮아야 된다.
④ 백색 광유도 사용한다.
★ 종류에 상관없이 발연점이 높아야 된다.

50. 설탕 시럽 제조 시 주석산 크림을 넣는 이유는 무엇인가?
① 시럽을 하얗게 하기 위해
② 설탕을 빠르게 용해 시키기 위해
③ 시럽을 빠르게 끓이기 위해
④ 냉각 시 설탕의 재결정을 방지하기 위해
★ 설탕 시럽 제조 시 설탕이 냉각되었을 때 재결정을 방지하기 위해 주석산 크림을 넣는다.

51. 이스트가 오븐 안에서 사멸되기 시작하는 온도는?
① 50℃
② 60℃
③ 80℃
④ 70℃
★ 이스트는 60℃에서 사멸되기 시작한다.

52. 다음 중 pH가 중성인 것은 무엇인가?
① 증류수   ② 식초
③ 수산화나트륨용액   ④ 중조
★ 증류수는 7이다.

53. 제빵 시 경수를 사용할 때 조치사항이 아닌 것은 무엇인가?
① 급수량 감소
② 이스트 푸드량 감소
③ 이스트 사용량 증가
④ 맥아 첨가
★ 경수 사용 시 조치사항은 이스트 사용량 증가, 맥아첨가, 이스트 푸드량 감소, 급수량 증가

54. 설탕을 포도당과 과당으로 분해하는 효소는 무엇인가?
① 치마아제   ② 인베르타아제
③ 알파 아밀라아제   ④ 말타아제

55. 장염 비브리오균에 감염되었을 경우 증상은 무엇인가?
① 피부농포   ② 이질
③ 급성장염   ④ 신경마비
★ 장염 비브리오균에 감염되면 증상은 구토, 복통, 발열, 설사 등 급성 위장염이다.

56. 테트로도톡신 식중독의 원인물질이 맞는 것은 무엇인가?
① 복어   ② 조개
③ 버섯   ④ 감자
★ 복어 중독은 복어가 가지고 있는 테트로도톡신이라는 독소에 의해 발병한다.

57. 당질이 혈액 내에 존재하는 형식은 무엇인가?
① 갈락토오스   ② 프록토오스
③ 글리코겐   ④ 글루코오스
★ 글루코오스는 알도헥소오스(탄소원자) 6개를 가지고 알데히드기를 가진 단당류이다.

58. 다음 제과·제빵 직업에 종사해도 무관한 질병은 무엇인가?
① 변비   ② 이질
③ 약물중독   ④ 결핵

59. 표면장력을 변화시켜 빵과 과자의 부피와 조직을 개선하고 노화를 지연시키는 것은?
① 감미료 ② 계면활성제
③ 팽창제 ④ 토코페롤
★ 계면활성제는 빵 속을 부드럽게 하고 수분 보유도가 높아 노화를 지연시킨다.

60. 유지의 도움으로 흡수 운반되는 비타민으로만 구성된 것은 무엇인가?
① 비타민 A D E K
② 비타민 A G E K
③ 비타민 A B E K
④ 비타민 A D E F
★ 유지는 지용성 비타민 A D E K의 운반과 흡수를 돕는다.

실전 문제 제과기능사 5회
1.④ 2.④ 3.③ 4.③ 5.④ 6.① 7.① 8.① 9.③ 10.③ 11.④ 12.④ 13.① 14.① 15.② 16.③ 17.① 18.①
19.③ 20.① 21.① 22.③ 23.④ 24.③ 25.③ 26.① 27.④ 28.① 29.② 30.① 31.④ 32.① 33.③ 34.②
35.① 36.① 37.① 38.③ 39.② 40.③ 41.④ 42.② 43.① 44.④ 45.④ 46.② 47.④ 48.① 49.③ 50.④
51.② 52.① 53.① 54.② 55.③ 56.① 57.④ 58.① 59.② 60.①

아~보인다 자격증 제과 & 제빵 기능사 이론

초판인쇄 2025년 5월 20일
초판발행 2025년 5월 30일

발행처 문예운동사
발행인 김 귀 희
등　록　2007년 11월 21일 제2007-000052호
주　소　서울시 서대문구 서소문로 27(충정리시온) 423호
전　화　(02) 312-5817
전　송　(02) 363-5816
이메일　skj907@hanmail.net / skj908@hanmail.net
홈페이지　http://cafe.daum.net/munyaeundong
정가 20,000원　　　　　ISBN 978-89-5879-378-6